내 고향, 그곳엔

마이산·용담댐이 있는 내 고향, 진안 그곳엔

별이 쏟아지고 반딧불이가 난다

내 고향, 그곳엔

마이산·용담댐이 있는 내 고향 진안, 그곳엔

별이 쏟아지고 반딧불이가 난다

황의영 지음

청어람 M&B

코끼리가 죽을 때는 태어난 곳으로 돌아온다고 합니다. 코끼리
뿐만 아니라 다른 동물도 귀소성(歸巢性)이 있다고 하지요. 저는 고
등학교에 진학하면서 고향을 떠났습니다. 50년이 지난 지금도 고
향이 그립습니다. 가고 싶습니다. 어릴 적 고향에서의 일들이 뇌리
에 선합니다. 나도 코끼리와 별반 다를 바 없기 때문일 것입니다.

낳아 길러 주시고 자기를 희생하면서까지 공부시켜 주신 부모
님의 은혜가 가슴에 사무칩니다. 뒷동산에 올라 둥근 달 아래 술
래잡기하며 뛰어놀던 동무가 그립습니다. 새 옷 앞섶에 손수건 달
고 초등학교에 입학하던 날, 눈보라 속에서 길게 늘어선 줄에서
오돌오돌 추위에 떨며 발을 동동 구르던 내 모습이 머릿속에 선명
합니다. 오랜 가뭄 끝에 비가 내려 모내기 일손 돕기 갔다가 깊은
강물에 빠져 허우적거릴 때 과감히 뛰어들어 구해 준 친구의 고마
움이 아직도 뇌리에 생생합니다.

농민의 아들로 태어나 농민을 위한 직장에서 40년을 일했습니
다. 아버지를 위해 일한다는 생각을 한 번도 머릿속에서 지워 본
적이 없습니다. 복이 많아 고향 진안에서도 근무할 기회를 잡았
고, 나름 고향을 위해 일한다고 이리 뛰고 저리 뛰며 열심히 현장

을 누볐습니다. 척박한 산골에서 숙명이라 여기며 농사일만 열심히 하는 농민들이 조금이라도 더 허리 펴며 살 수 있게 하려고 노력했습니다. 온몸을 짓누르는 빚더미 속에서 벗어나 숨이라도 제대로 쉬게 할 요량으로 제값 받고 농산물을 팔아 주려고 동분서주(東奔西走)했습니다. 어머니를 먼저 여의시고 홀로 고독한 삶을 이어 가시던 아버지를 자주 찾아뵙고 가까이하려고 노력했습니다. 진안에서 근무할 때 더 열심히 아버지를 찾아 뵙고 효도하지 못한 것이 지금 큰 회한(悔恨)으로 남아 있습니다.

수년 후 전주에서 일할 기회도 주어졌습니다. 농도(農道) 전라북도 농민들을 위해 열심히 일했습니다. 돈이 되는 농산물 생산을 장려했습니다. 1지역 1특산품 생산을 지원하며 장려했습니다. 벼멸구 피해를 본 개화도 전체의 논에 헬기를 띄워 방제를 하며 농민들과 함께 땀과 눈물을 흘렸던 추억이 이제는 입가에 웃음을 짓게 합니다. 벼 베어낸 논에 비닐하우스를 짓고 감자를 심어 겨우내 키워서 이른 봄 출하하여 농가 소득을 증진토록 하는 데 마음을 보탰습니다.

AI(조류인플루엔자) 확산 방지에 전 임직원이 밤낮을 가리지 않고 진력했습니다. 농산물을 수출하고 농업 자재를 수입하는 무역회사에서 CEO로도 근무했습니다. 농약원제, 비료원료, 축산기기, 사료원료, 종자 등 농민들이 저렴하게 영농 활동을 할 수 있도록 외국에서 농업원료와 기자재를 수입하여 농가에 공급했습니다. 농가 소득 증대를 위해 우리 농산물과 그 가공품을 오대양 육대주에 수출했습니다. 세계인을 상대로 우수한 우리 농산물을 팔았습니다.

농협을 나와 전북대학교 무역학과에서 학생들에게 강의했습니다. 그동안 제가 겪고 터득한 경험을 바탕으로 학생들과 같이했습니다. 학생들에게 단순한 지식의 전달이 아니라 진로를 정하고 앞으로의 인생을 설계해 보도록 했습니다. 선진국이 어떤 것이고 행복이 무엇이며 이를 이루기 위해 어떻게 해야 할 것인지를 함께 고민했습니다.

전주에 근무하던 때인 2007년부터 지금까지 신문에 칼럼을 쓰고 있습니다. 고향의 진안신문에도 2012년부터 지금까지 칼럼을 쓰고 있습니다. 기고했던 글이 200여 편에 다다랐습니다. 수려한 문체의 아름다운 글은 아닙니다. 다만 그 시대 농업인과 소시민들의 아픔을 제가 겪었던 경험에 비추어 반추(反芻)해 보았습니다.

때로는 정부 당국자들에게 정책으로 도입할 것을 촉구하기도 했습니다. 농업인들에게는 우수한 농산물 생산과 유통 과정의 정상화 과정에 참여하도록 일깨웠습니다. 도시의 소비자들에게는 안전하고 우수한 우리 농산물 애용을 호소했습니다.

나를 뒤돌아보는 글도 썼고 일상에서의 느낀 바를 쓰기도 했습니다. 때로는 사회적 반향을 크게 일으키는 사건에 대하여 의견을 제시했습니다. 고향과 내가 다닌 학교, 부모님에 대한 애절한 마음도 썼습니다.

매년 여름·겨울방학에 한·일 대학생들이 함께 개최하는 환경연수에 참석했습니다. 일본과 한국을 오가며 연수를 시행했습니다. 우리 동해안과 맞닿은 일본 서해안을 따라 올라가면서 일본 대학·지자체와 함께 했습니다. 해안에서 한·일 대학생과 주민이 함께 표류해 온 해양 쓰레기를 줍고 종류별, 발생국별로 분류했습니다. 매년 어떻게 변화하는지도 분석하며 환경에는 국경이 없다는 것을 배우기도 했습니다. 친환경적으로 운영되는 기업의 현장을 방문하여 그들의 활동을 배웠습니다. 연수에 참여한 우리는 수돗물을 마시고 일본 사람들은 먹지 않는 빵 모서리를 먹으며 자전거를 타고 이동하면서 환경 활동을 직접 실천하는 연수를 진행했습니다. 대학에서는 한·일 대학생 합동 강의를 했고 토론회도 가졌습니다. 머무르는 지역마다 밤에는 우리 숙소에 '한국어 공부회 (韓國語工夫會)' 회원인 일본 주민이 찾아와 환경과 양국 문화에 대하여 같이 토론하며 공부했습니다. 민간 외교사절로 양국 간의 선린우호 증진에 크게 이바지했습니다.

시간이 있을 때마다 세계 여러 나라를 여행하기도 했습니다. 출장 업무를 수행하거나 관광을 하면서 보고 느낀 점을 신문에 기고했습니다. 외국의 좋은 점을 우리도 받아들이자고 강조했습니다.

이렇게 기고한 글을 책으로 묶었습니다. 한 권은 농업·농촌·농업인·농정·농협에 대한 글을 실었고 또 한 권에는 내 신상과 고향, 부모님, 환경 연수, 다른 나라 여행, 사건·사고, 일상생활에서의 느낌에 대한 글을 묶었습니다.

칼럼은 수필이나 문학작품과는 다르게 딱딱하고 감칠맛이 없습니다. 칼럼은 이슈가 되는 어떤 사안의 현상을 정확히 분석, 이해하고 문제점은 무엇이며 어떻게 이 문제점들을 없앨 것인가에 대하여 대안을 제시하는 글이라고 생각합니다. 정부 당국자들에게 정책 입안을 촉구하기도 했습니다. 때로는 농업인이나 도시민인 농산물 소비자, 불특정 다수 사람에게 이해나 참여, 실천을 부탁하기도 했습니다.

이 책에 있는 글이 필자의 일방적인 주장일 수도 있습니다. 그것은 독자 여러분의 판단에 맡깁니다. 다만 지금까지 써 온 글들이 사회의 발전에 조금이라도 이바지하기를 바라면서 칼럼을 썼고 또 이 책을 발간하게 되었습니다.

출간을 흔쾌히 허락해 주신 '청어람'의 서경석 대표이사님, 출간을 도와주신 편집부에 감사드립니다. 그리고 오늘의 나를 있게 해 주신, 지금은 하늘나라에 계신 부모님께 감사드리고 가정을 이루고 40여 년 동안 나를 도와준 사랑하는 아내 조순진 님과 잘 자라 국가와 사회를 위해 열심히 일하고 있는 아들 옥연, 딸 정연에도 고맙다는 말을 전합니다. 뭐니 뭐니 해도 이 책을 읽으시는 독자 여러분에게 감사드립니다. 참으로 고맙고 감사합니다.

2017년 겨울을 맞으며

황의영

차례

제1장
물 위에 비친 내 모습

제2장

언제나 그리운 부모님과 내 고향 그 곳은……

제3장

후손에게 물려줄 아름다운 자연, 해양 연수 참가

제4장

세계 이곳저곳을 가 보며 느끼고 배우다

제5장
함께 생각해 봄직한 사건과 말들

제6장

일상생활, 더 알차게 할 수 있다면

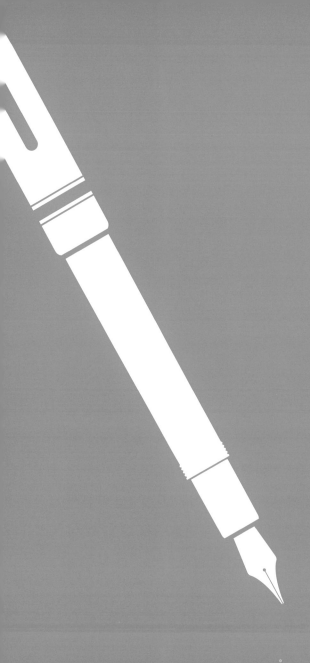

제1장

물 위에 비친
내 모습

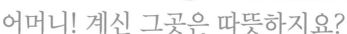

어머니! 계신 그곳은 따뜻하지요?

ⓒ 진안신문(2014년 3월 17일 월요일 황의영 전북대학교 무역학과 강의전담교수)

어머니!

오늘이 경칩(驚蟄)이네요. '겨울잠을 자던 개구리가 깨어나 밖으로 나온다'고 하는 날입니다. 따듯해야 할 오늘, 봄이 오는 것을 시샘이라도 하듯 영하의 기온에 찬바람이 붑니다.

에미와 같이 동네 산에 왔어요. 얼굴이 시리고 옆구리가 차네요. 간간이 눈발도 흩날립니다. 양지바른 곳에는 벌써 망초·쑥·냉이·구실뎅이가 활짝 웃는 얼굴로 반기고 있네요. 버드나무·찔레나무·쥐똥나무·물푸레나무는 금방이라도 참새 새끼 혓바닥같이 여린 새잎을 터트릴 것처럼 물이 잔뜩 올랐네요.

어머니!

어머니 계신 그곳은 춥지 않고 따뜻하지요? 사시사철 봄이지요? 꽃피고 새 울며 벌·나비 날아들어 아름다운 꽃 희롱하는 근심 걱정 없는 극락정토(極樂淨土) 맞지요? 어머니 계신 그곳은 천사들만 사는 하늘나라니까요.

어머니!

어머니는 열여섯 살 어린 나이에 호랑이 같은 시아버지와 하나도 아닌 두 분의 시어머니를 모셔야 하는 가난한 집 2대 독자 며느리가 되셨지요. 시누이가 위로 하나 아래로 둘이나 되었지요. 어머니가 시집올 때는 '대동아 전쟁'이라는 미명 아래 식량은 물론 놋그릇까지도 공출해 가는 참으로 먹고살기 힘든 시기였지요. 질곡의 시대를 사시면서 우리 집안을 일으키신 어머니는 현자(賢者)이심에 틀림없습니다.

또한, 탁월한 리더십을 가진 경영자셨습니다. 할아버지께서는 집안 대소사를 스무 살이 안 된 어머니와 의논하시고 곳간의 열쇠 꾸러미도 넘겨주셨다면서요? 종중(宗中) 일에다 지역일 때문에 바깥출입이 많으신 할아버지의 의복을 빨고 다듬이질하여 꿰매느라 밤을 지새운 날이 하루 이틀이 아니셨다죠?

6·25 전쟁 땐 경찰관이던 아버지 때문에 집안이 화(禍)를 입을까 봐 얼마나 노심초사하셨습니까?

어머니!

지는 기억합니다. 제가 어머니 손잡고 초등학교에 입학하는 날도 오늘처럼 매섭게 추운 날씨였지요. 어머니께서 지어 주신 솜바지 저고리를 입은 저는 춥지 않았어요.

200여 명의 햇병아리 신입생들에게 교장 선생님의 훈화는 지루하기만 했지요. 그래서 해찰을 했더니 "똑바로 서서 교장 선생님 말씀 잘 들어라. 그래야 훌륭한 사람이 된다."고 어머니께서 부드럽지만 단호하게 말씀하셨죠.

초등학교 2학년, 어느 추운 겨울날이었죠. 학교 가는 길에 상급학년 형들이 "추우니까 학교에 가지 말고 여기서 놀다가 집에 가자."고 꼬드겼습니다.

상여집 뒤에서 놀다가 집에 갔는데 그만 어머니께 들키고 말았죠. 진노하신 어머니는 수수비를 들고 저를 마구 때리셨고요, "이정도 추위에 학교를 빼먹는 놈이 공부는 해서 뭣에 쓰겠냐? 당장 때려치우고 나무나 해 오너라."고 야단치셨습니다.

그때 손으로 빗자루를 막다가 검지손가락 윗부분 손등에 상처를 입었고 지금도 그 흉터가 남아 있어요.

그날 이후 저는 어려운 일이 있거나 의지가 약해질 때 그 흉터를 보며 어머니가 염려하시는 마음으로 저 자신을 채찍질했습니다.

어머니!

옥연이와 정연이가 아직 애를 낳지 않고 있어요. 맞벌이하느라 힘들어서라고 하지만 저는 답답하네요. 낳고 기르는 것이 아무리 힘들고 어렵다고 하더라도 바다같이 깊고 하늘같이 높은 부모와 자식 간의 정을 느끼며 살아가야 하잖아요.

필자의 모친, 김기선(1926~1997) 님의 40대 후반 모습

요새 젊은이들이 애를 안 낳아 출산율이 떨어져 OECD(경제협력 개발기구) 국가 중 맨 꼴찌가 됐대요. 그러나 염려하지 마세요. 옥연이는 곧 낳는다고 하니 어머니께서 점지해 주세요.

어머니!

죄송합니다. 어머니가 편찮으실 때 원하시는 대로 다 못 해 드렸지요. 말기 췌장암을 앓으시며 마약 성분 진통제로도 통증이 멈추지 않아 어머니가 크게 고통스러워할 때, 제가 그 고통을 조금도 덜어 드리지 못했습니다.

입원실이 제때 나지 않아 응급실에서 사나흘 기다려야 했지요.

응급실이 어떤 곳인가요? 위급 환자가 매 시간 죽어 나가며 "아이고맴!"을 질러 대는 곳, 그곳에서 생사의 갈림길에 선 어머니가 얼마나 큰 공포에 떠셨겠어요?

"얘야, 너는 아는 사람도 없냐? 이 옆자리 사람은 나보다 늦게 들어왔는데 오늘 입원실로 올라가더라……."

"예, 알았습니다. 알아볼게요." 하고 아는 사람을 수소문해 어머니도 그날 1인실로 올라가셨죠. 화로 숯불이 재가 되듯 어머니의 삶이 사위어 가는 것을 곁에서 지켜보면서 제 무능함을 한없이 원망했습니다.

어머니 계신 그곳에는 질병도 없지요? 편안하시죠? 아버지도 치매로 누워 계신데 어머니 곁으로 가실 날이 머지않은 것 같아요. 아버지 외도로 가슴앓이도 참 많이 하셨죠. 아버지 가시면 그곳에서는 오순도순 살갑게 잘 지내세요. 아니, 아닙니다. "개똥밭에 굴러도 이승이 좋다."는 말처럼 아버지 더 잘 모셔서 어머니 뵙는 시간을 조금이라도 늦추겠습니다. 아버지 보고 싶어도 참으세요. 어머니~이!

2014. 3. 6.
어머니와 영원한 이별 앞에 한없이 미약했던,
큰아들 의영 올림

아버지! 이 불효자를
용서해 주십시오

ⓒ 진안신문(2015년 4월 20일 월요일 황의영 전북대학교 무역학과 강의전담교수)

2015년 2월 17일 아버지께서 돌아가셨다. 한 많은 이 세상에 오셔서 이렇다 할 행복을 누려 보지 못하고 오셨던 곳으로 되돌아가셨다. 아버지는 일제가 식민지 수탈의 고삐를 바짝 조여 매던 시기에 태어났다. 이후 일제는 대륙침탈(大陸侵奪)의 야욕(野慾)을 실현시키기 위해 만주국(滿洲國)을 세우고 중일전쟁(中日戰爭)을 일으킨다.

전쟁의 소용돌이에 휩쓸린 식민지 경제는 잔인한 수탈로 빈사(瀕死) 상태가 되어 식량과 물자 부족으로 국민 생활은 도탄(塗炭)에 빠진다. 이런 어려운 시기에 유·소년기(幼少年期)를 보낸 아버지는 보통학교를 졸업하고 할아버지를 도와 농사일을 하다가 열여섯 살에 동갑내기 처녀, 어머니와 결혼했다.

해방 후 대한민국 정부가 들어서면서 경찰에 잠시 몸담았다가 조상 대대로 살아오던 고향으로 돌아와 농업에 전념하였다. 슬하에 4남 1녀를 두고 넉넉지 못한 생활 속에서도 교육에 남다른 열정을 가지고 자식들을 지원하였다.

내가 어릴 때부터 우리 집에서는 인삼 농사를 지었다. 그 덕분에 배는 곯지 않고 학교에 다닐 수 있었다.

아버지는 고지식한 분이셨다. 콩 가리를 치우면 콩 낱알이 떨어지는데 그 낱알을 하나하나 주워 담는다. 새끼를 꼬고 가마니를 짜도 설렁설렁 대충 형태만 갖추는 것이 아니라 예쁘고 튼튼하고 크게 짠다. 아버지가 짠 가마니는 쌀 열세 말이 들어가고도 남는다. 아버지가 하시는 일은 조금 시간이 걸려서 그렇지 빈틈이 없고 정확했다.

이런 아버지의 성품 때문에 어머니는 평생 가슴앓이를 하셨다. 농번기에 놉이 없어 새벽부터 밤늦게까지 들 바깥에서 일해야만 하는데도 평소 그 꼼꼼한 성격 탓에 일하는 데 제대로 진척되지 않았다. 어머니는 아버지가 꾸물거린다고 생각하였다. 바쁠 때는 바쁜 대로 융통성 있게 빨리빨리 일을 처리해야 하는데 아버지에게는 그런 것이 용납되지 않았다.

나도 무슨 일이든 할 때면 정확하고 꼼꼼하게 잘하려고 하는 성격이 있는데 아버지로부터 물려받은 것 같다. 그 덕에 오늘의 내가 있었다고 생각하며 아버지의 꼼꼼하고 정확한 일 처리에 감사드린다.

아버지는 말씀이 없고 과묵한 분이셨다. 꼭 필요한 말도 거의 하지 않았다. 어릴 적 학교 다닐 때 나와 형제들에게도 공부 열심히 하라거나, 무엇을 어떻게 하라는 아버지의 말씀을 들어 본 적이 거의 없다. 그저 마음속으로 응원해 주신 분이다.

혹여 막걸리라도 한잔 하셔서 기분이 좋아지면 그제야 "공부 열심히 해야 훌륭한 사람 된다."고 짧고 간결하게 한마디 하시는 것이 고작이다. 내가 학교를 마치고 사회에 나올 때도 "남에게 피해 주지 말고 조화롭게 살아라."라는 말씀뿐이셨다.

나는 아버지의 말씀을 이제껏 가슴에 안고 그렇게 살려고 노력하고 있다.

이런 아버지에게 시련이 닥쳤다. 60대 중반에 어머니가 암 선고를 받으면서 평탄했던 아버지의 인생에 먹구름이 드리워졌다. 어머니는 병환 치료를 위해 살림하는 것을 모두 접어놓고 투병 생활에 진력했다.

아버지는 자식들이 주말에 들러 도와드리긴 했지만 아내 없는 설움을 수년간 겪으시다가 아버지 일흔두 살에 어머니를 앞세웠다. 지으시던 농사도 다 내놓고 고향 집에 혼자 계셨다. 아버지는 가끔 친구들을 만나기는 하였으나 외향적, 적극적 성격이 아니셨기에 주로 집에서 TV를 보며 지내셨다. 새어머니를 맞이하기 위해 싫다는 아버지를 설득하여 두어 번 선을 보도록 자리를 마련하였으나 아버지가 끝내 마다하시어 새어머니 맞는 일은 성사되지 못했다. 이렇게 외롭게 여생을 보내시던 아버지께 병마의 악령(惡靈)이 미소 지으며 찾아들었다.

여든다섯 살에 약한 뇌졸중(腦卒中) 현상과 치매(癡呆)기가 보이기 시작하였다. 부득이 치료를 위해 병원에 입원하면서 고향 집을 비웠다. 노인의 병세는 점점 악화되면 악화됐지 호전되는 경우가 정말 흔치 않다.

뇌졸중 증세는 약간씩 호전되는데 치매기는 서서히 아버지의 기억을 지워 버리며 진행됐다. 아버지의 기억이 사위어 가는 것을 곁에서 보면서도 내 힘으로 어떻게 막을 방법이 없었다. 내 무능함이 참으로 한스러웠다. 이렇게 5년을 투병하시다가 아흔 살이 되는 2015년 2월에 이승을 하직하셨다.

아버지가 안 계신 지금 만감(萬感)이 교차하면서 불효자의 자책이 큰 바윗돌이 되어 가슴을 짓누른다. 살아 계실 때 더 자주 찾아뵐걸, 더 잘해 드릴걸, 하는 회한(悔恨)의 눈물이 앞을 가린다. 얼마나 쓸쓸하셨을까? 얼마나 자식들이 보고 싶었을까? 얼마나 외로우셨을까?

필자의 부친, 황창주(1926~2015) 님의 40대 후반 모습

내성적인 성격 탓에 자식들에게 이야기도 못 하시고 속으로만 외로워하셨을 것이다. 바쁜 체하면서 살아온 지나간 내 삶이 야속하고 밉기만 하다. 아버지가 떠나신 지금, 후회한들 무슨 소용이 있단 말인가? 살아 계셨을 때 잘했어야지!

아버지께 불효한 죄, 천형(天刑)이 되어 내 생명 다 할 때까지 내 마음속에서 '주홍글씨'처럼 낙인(烙印)이 찍혀 따라다닐 것 같다. 이제 와서 내가 후회한다고 돌아가신 아버지가 다시 살아오실 수는 없지 않는가? 오호, 통재라! 살아 계셨을 때 더 잘해 드렸어야 하는데……

삼모작(三毛作) 인생을
행복하게 살아가려면?

© 진안신문(2017년 7월 17일 월요일 황의영 경제학박사)

며칠 전 이번 학기에 대학교수를 정년으로 퇴임한 친구와 저녁 식사를 했다. 그날 친구와 같이 나눈 얘기들이다.

"자네와 난 이제 삼모작 인생을 살아가는데 어떻게 살아야 행복한 인생을 살았다고 할 수 있을까?"

인생을 삼모작하는 농사에 비유한다면, 일모작은 태어나서 부모님의 도움으로 학교 다니며 공부하고 꿈을 키우며 풍요로운 인생을 맞을 준비를 하는 청년기를 의미한다.

이모작은 직장을 얻어 열심히 일하고 가정도 꾸려 아들딸 낳고 살아가는 시기다.

삼모작은 직장을 떠나 행복한 노년을 맞으며 가지고 있는 재능을 사회에 나누어 주면서 죽을 때까지 사는 동안을 의미한다.

"자네와 난 직장을 정년퇴직했으니 이제부터 삼모작 인생을 시작하는 것이네."

"그렇지! 백세 인생이라 하더라도 앞으로 우리가 살아갈 날은 그리 많지 않으니 더욱 보람되고 행복하게 살아야 하지 않겠나!"

"그럼, 맞는 말일세! 암, 그렇게 해야지……."

친구와 난 60대 후반에 접어들었다. 지하철 공짜 카드가 나왔다. 지하철이나 버스의 노약자석에 앉아도 마음에 거리낌이 덜하다. 고궁이나 국립공원, 문화재 관람도 할인받거나 무료로 입장할 수 있다. 평일에는 KTX 열차 요금도 할인받는다. 이름하여 '노인 세대'에 접어들었다. 삼모작 인생이 시작된 것이다.

누구나 삼모작 삶을 풍요롭고 행복하게 살아야 한다. 이를 위해서는 몇 가지 조건이 충족돼야 한다. 편안한 가정, 건강한 몸, 적당한 일, 다소의 경제력, 여생을 함께할 친구 등이 있어야 한다.

먼저 편안한 가정을 이루는 것이 무엇보다도 중요하다. 노년에 혼자 산다는 것은 참으로 고독하고 우울한 일이다. 고대 그리스 철학자 소크라테스도 "악처가 효자보다 낫다."고 했나. 아무리 부모에게 잘하는 자녀가 있다고 하더라도 배우자보다는 못하다는 얘기다.

2016년 말, 우리나라 1인 가구는 전체 가구의 27.1%로 500만 가구가 넘는다고 한다. 이 중 60세 이상 독거노인도 34%나 된다. 오래도록 부부가 해로(偕老)하는 것이 노년 행복의 필요·충분조건이다. 본인의 건강도 챙겨야겠지만 배우자의 건강을 내 건강보다도 더 잘 챙겨야 한다. 그래야 배우자와 오랫동안 함께하며 여생을 행복하게 보낼 수 있다.

　　두 번째로 필요한 것은 건강한 몸이다. '오래 산다.'는 것은 '건강하게 오래 산다.'는 것을 의미한다. 건강하게 오래 살기 위해서는 몇 가지 조건이 있다.

　　건전한 정신이다. 하루하루 사는 것이 축복이고 행복이라 여기고 감사하는 마음으로 살아야 한다. 새로운 아침을 맞을 수 있도록 해 준 모든 것에 대하여 감사해야 한다.

　　'덕분에'라고 생각하며 고마운 마음으로 살면 세상 다툴 일이 어디 있겠는가? 긍정적으로 살아야 한다. 웃으면서 살아야 한다. 웃음은 근심·걱정을 떨쳐 낸다.

　　다음으로 주기적으로 운동을 해야 한다. 나이 들어 과격한 구기 종목이나 달리기, 높은 산 등산보다는 평지나 야산을 걷는 것이 건강에 더 좋다. 등에 땀이 나, 옷을 적실 정도로 하루 한 시간 이상 걸으면 좋다. 또한, 균형 있는 식단(食單)과 식습관도 중요하다.

극단적인 육식(肉食)·채식(菜食)은 균형적인 식단이 될 수 없다. 과음(過飮)도 노년기 건강을 해치기 쉽다.

  세 번째 적당한 일이다. 늙어서도 할 수만 있다면 일을 하는 것이 좋다. 농사를 짓거나 자영업을 하는 사람들은 굳이 나이 들었다고 하던 일을 포기하기보다는 역량에 맞게 규모를 조정하는 편이 건강 유지에 더 좋다. 주위에서 보면 장수하는 분들은 100세에 가까워도 땀 흘리며 하는 일이 반드시 있다.
  얼마 전 KBS 〈인간극장〉에 나온 강원도 철원의 할아버지는 98세인데도 아직도 매일 트럭을 직접 운전해서 20여㎞ 떨어진 농장에 나가 농사를 짓고 서울에 있는 딸네 집을 찾아가는 등 노익장을 과시하고 있었다. 적당한 일은 성취감을 높여 주고 희망을 품게 하며 건강을 유지하는 데 큰 도움을 준다.

  네 번째로는 다소의 경제력이다. 노년에 사람답게 살기 위해서는 돈이 있어야 한다. 먹고 살아야 하고 병원에도 가야 한다. 요새는 평균 수명이 늘어나 오래 산다. 늙어서는 돈을 잘 벌 수 없다. 어쨌든 대다수 사람들은 젊었을 때 벌어 놓은 돈을 쓰고 산다. 그런데 몇 가지 함정(陷穽)이 있다. 사기꾼을 조심해야 한다. 사기를 당하는 사람들이 대략적으로 보면 욕심이 많은 사람이다.

과욕은 화(禍)를 부른다. 재산을 자녀에게 다 넘겨줘도 안 된다. 두 내외가 늙어 죽을 때까지 먹고 싶고 병원에 다닐 정도의 돈은 가지고 있어야 한다. 은행의 정기예금으로 가지고 있는 것이 좋다. 이상한 상품에 예치하면 원금이 날아가는 수가 있기 때문이다.

다섯째로 여생을 함께 보낼 친구가 있어야 한다. 만나서 운동이나 여행도 같이 하고 세상 돌아가는 얘기, 자식들 흉도 볼 수 있는 흉허물 없는 친구가 있어야 한다. 좋은 인간관계를 유지하기 위해서는 내가 먼저 배려해야 한다. 관심을 갖고 전화하며 안부를 묻고 밥도 사고 술도 사며 관계를 돈독하게 유지해야 한다. 인간관

진안신문 2017. 7. 17. 필자의 기고문

계에서 일방통행이란 있을 수 없다. 좋은 친구를 얻기 위해선 내가 먼저 좋은 친구가 돼야 한다.

지금부터 시작된 우리의 인생 삼모작이 언제 마무리될지는 아무도 모른다. 그 삼모작 인생이 풍작(豊作)을 이루느냐, 흉작(凶作)을 이루느냐는 오로지 내 할 요량에 달려 있다. 풍작을 이루기 위해서는 좋은 땅에 좋은 모종을 심는 것도 중요하지만, 거름 주고 김도 매고 물도 주며 순도 짓고 정성으로 가꾸는 것이 더욱 중요하듯이 우리들 인생 삼모작에서도 편안한 가정, 건강한 몸, 적당한 일, 다소의 경제력, 여생을 함께할 친구 등을 얻기 위하여 본인 스스로 최선의 노력을 다할 때 비로소 얻어질 수 있는 귀한 선물일 것이다.

친구여! 우리 풍요로운 인생 삼모작을 위하여 자네와 나, 우리 스스로 정성을 다해 노력해 나갑시다.

어느 시골 중학교 동문회의 모습

ⓒ 신안신문(2012년 6월 4일 월요일 황의영 NH부역 대표이사)

"선배님은 연세가 어떻게 되셨어요?"

"여든 살이여, 살 만치 살았지."

"여든 살이 아니라 일흔 살 정도로밖에 안 보입니다."

테이블마다 둘러앉아 선·후배가, 동기생들이 정담을 나눈다. 2012년 5월 26일 안천면 체육공원 안에 있는 천막실내체육관에서 안천중학교 총동문회가 열렸다. 서울과 부산, 경기도, 강원도에서부터 바다 건너 제주도에서까지 대한민국 방방곡곡에서 열심히 사는 동문이 300여 명 가까이 모였다. 경기수별로 무리 지어 앉아 각자 중학교 시절로 되돌아가 즐거운 시간을 갖는다. 어느 기수는 단체로 상의(上衣)를 제작하여 같이 입고 단합된 동기 애를 과시하기도 하였다.

안천중학교는 1952년 1월 17일 6학급으로 정식 인가를 받아 개교하여 올해 개교 60주년이 됐다. 이 학교의 역사는 조금 더 앞으로 거슬러 올라간다. 1945년 8월 15일 우리나라가 일제로부터 해방되었을 때, 지역의 선각자와 유지들은 이곳 안천이 산간벽촌 오지(奧地)여서 초등학교를 마치고 대부분 상급학교 진학을 포기하는 젊은이들에게 중학교 교육을 받을 기회를 주고자 했다. 뜻을 모아 안천에 중학교를 건립하기로 하고 모금 활동을 전개했다. 지역의 많은 분이 적은 액수의 돈이었지만 돈과 토지 등 재산을 내놓고 재산이 없는 사람들은 학교를 짓는 데 노동력을 보탰다.

제2회 안천중학교 총동창회 한마음대회 광경

이렇게 많은 지역민의 참여와 호응 속에 1947년 대덕중학원이 설립되고 중학교 교육을 시작했다. 대덕중학원은 정식 학교로서 인가받지 못했다. 그러나 안천면뿐만 아니라 인근의 동향면, 상전면, 정천면 그리고 무주군 부남면, 적상면에서도 배움에 목마른 젊은이들이 구름처럼 몰려들었다. 당시에는 학교가 처음 생기다 보니 한집안에서 여러 형제가 같이 다니기도 했다. 또한, 초등학교를 졸업한 지 오래된 늙은 학생도 있어 같은 동기라고 하더라도 10여 살 차이가 나는 동기생도 있었다. 이렇게 시작된 학교가 올해 개교 60주년, 회갑(回甲)을 맞게 된 것이다.

이 학교 졸업생 중 어떤 사람은 마라톤 동호인으로 마라톤 완주를 292회나 했는데, 개교 60주년을 기념하기 위하여 동문회가 열렸던 날, 60㎞를 달려 동문회장에 참석하기도 하였다. 동문회장(同門會場)에는 1회 선배에서 45회 후배들까지 세대를 뛰어넘어 많은 동문이 참석하여 성황을 이루었다. 안천중학교는 개교 이래 61회에 걸쳐 5,387명의 졸업생을 배출하였고 졸업생 중에는 대한민국 요소요소에서 중책을 맡아 큰일을 하였거나 하고 있는 인재가 많이 있다.

동문 중에는 국립대학교 총장을 지낸 대학자(大學者), 장관급인 중앙선거관리위원회 상임위원을 지낸 국무위원급 공직자, 지방경찰청장을 역임한 고위 공직자, 현직으로 1,000만 서울 시민을 대표하는 서울시의회 의장, 1,200만 경기도민을 대표하는 경기도의회 의장, 진안군민을 대변하는 진안군의회 의장, 고위 공무원, 판사와 검사 변호사 등 법조인들이 다수 참석하였다.

그 외에도 공부를 열심히 하여 박사 학위를 받고 전라북도발전연구원장을 역임한 분, 현직 대학교수, 선생님 등 학자들, 그리고 국가 경제 발전에 초석을 다지고 있는 경제인들이 다수 참석하였다. 더 중요한 것은 남들은 자기를 낳아 준 고향을 버리고 다 떠났는데도 끝까지 남아 고향을 지켜 낸 소중한 분도 다수 참석하였다는 점이다.

동문들 중에는 3,000만 원의 장학금을 쾌척하면서도 익명(匿名)을 고집한 사람이 있는가 하면 재학생과 결연을 하고 정기적으로 후원하고 있는 졸업생도 있다. 학교에 명언(名言)의 표지석(標識石)을 세워 재학생들이 생활의 지표로 삼도록 한 동문 형제들도 있다. 회의를 마친 동문들은 기수별 장기자랑을 하는 등 즐거운 시간을 보냈다. 참석자 모두 참으로 흐뭇한 하루였음을 느꼈고 모교와 지역 사회가 더욱 발전하기를 간절히 기원하였다.

고향은 마치 어머니의 가슴같이 언제나 따뜻하고 포근한 곳이다. 사람이 버리려 해도 버려지지 않고 바꾸려고 해도 바꿀 수 없으며 지우려고 해도 지워지지 않는 것이 세 가지가 있다고 한다. 그것은 자기를 낳아 주신 어머니, 태어난 고향, 그리고 자기가 공부했던 모교라고 한다. 한 사람의 일생에 이 세 가지가 얼마나 소중한가? 누구나 이 세 가지는 자기를 생성(生成) 발전시키는 데 큰 영향을 끼쳤을 것이다. 이날 안천중학교 총동문회에서는 학교와 지역사회 발전을 위해 동문회에서 발 벗고 나설 것을 결의하였다. 모교의 후배들이 열심히 공부할 수 있도록 장학기금을 확대 조성하기로 결의하였다.

조그마한 산골 학교 안천중학교가 훌륭한 인재를 많이 배출한 명문 중학교로 자리매김한 것을 기회로 하여 더 높은 곳으로의 도약을 위해 각자 위치에서 맡은 바 소임을 더욱 열심히 하겠다고 하는 결의를 참석자의 얼굴에서 읽을 수 있었다.

대한민국의 발전에 큰 역할을 한 안천중학교 동문들이여! 앞으로도 더 많은 관심과 배려, 사랑을 모교 안천중학교와 지역 사회에 쏟아부어 주실 것을 간절히 부탁드린다.

우리의 모교 안천중학교가 영원히 빛나길 기원해 본다. 그리고 다시 한번 부탁드린다.

안천중학교 동문들이여, 우리의 조국 대한민국을 위해 더 큰일을 해 나가도록 더욱 노력합시다. 안천중학교 파이팅! 안천중학교 총동문회 파이팅! 안천중학교 재학생, 졸업생 파이팅!

중학교 총동창회에
참석하여 행복하다

© 진안신문(2016년 6월 20일 월요일 황의영 경제학박사)

2016년 5월 28일 중학교 총동창회가 고향에 있는 모교 교정에서 열렸다. 도내는 물론 서울·부산·강원도 등 전국 각지에서 200여 명이 넘는 졸업생이 모였다. 80대의 1회 졸업생에서부터 중·장년의 40~50회 졸업생까지 고루 모였다. 몽골식 천막 안에 기수별로 자리했다. 지난해 만난 친구도 있지만 졸업하고 처음 만나는 친구도 있다.

반갑다. 만나는 것만으로도 좋다. 50년 만에 만나니 어찌 반갑지 아니하랴! 여드름 돋던 소년·소녀들이 초로(初老)가 돼서 만났다. 야들야들 여린 잎이 울긋불긋 단풍이 되어 만난 것이다. 세월의 흐름이 어디 순탄만 했겠는가? 세파(世波)에 찌든 삶이 이마에 주름을 깊게 하고 인생의 중후함이 얼굴에 평온함으로 묻어난다.

누구는 건강이 이떻고, 누구는 아직도 일하고, 누구는 자식이 어떻게 되고, 누구는 고향에 돌아와 살겠냐고 한다. 이야기꽃이 활짝 폈다. 우리는 타임캡슐(Time Capsule)을 타고 50년 전 중학교 3학년으로 되돌아가 즐겁기만 하다.

모교, 안천중학교는 1952년 개교하여 올해에 65회 졸업생을 배출했다. 나는 1964년에 입학하여 1967년에 졸업했다. 그때는 한 학년에 두 학급, 전체 6학급이었다. 한 학급 정원이 60명, 전체 정원이 360명이었다. 그러나 학생 수가 정원을 다 채우지 못했다.

내가 중학교를 졸업할 때만 해도 가정 형편들이 어려워 중학교를 마치면 겨우 10%만이 고등학교에 진학했다. 1971년에는 안천고등학교가 6학급으로 개교했다. 인근에 중학교들이 생기고 대부분의 취학 구역이 용담댐 건설로 수몰되면서 교세가 급격히 약화되었다. 학교도 수몰돼 현재 위치로 이전했다.

1991년에는 유치원·초등학교·중학교·고등학교의 4개교가 한 교정에서 한 분의 교장 선생님을 모시는 우리나라의 최초의 종합학교가 됐다.

현재, 유치원 18명, 초등학교 43명, 중학교 16명, 고등학교 34명 총 111명의 학생이 이 학교에서 공부하고 있다. 교장 선생님을 비롯하여 41명의 선생님과 직원들이 학생들을 뒷바라지하고 있다.

교직원 한 명이 3명이 안 되는 학생을 돌보고 있으니 교직원이 지도할 학생 수가 매우 적은 좋은 학교다. 장학금도 많이 주고 수학여행도 제주도가 아니면 외국으로 문화 탐방을 간다고 한다.

비록 농촌에 소재하고 있지만 학생에 대한 복지가 매우 잘 되어 있고 선생님들 열정도 넘치는 좋은 학교라고 교장 선생님과 학부모의 자랑이 이만저만이 아니다.

독서실 서가도 책이 꽉 찰 정도로 충실하다. 역사관을 만들어 학교 유물과 졸업생의 자료를 기증받아 전시하면서 재학생들이 훌륭한 선배들을 본받게 하고 있다. 가사실·전산실·음악실·미술실·과학실·영어 교실 등 특별 교실에서 학생들이 적성에 맞는 맞춤 교육을 받고 있다.

이렇게 좋은 환경과 선생님의 헌신적인 노력은 학생을 상급 학교에 많이 진학시키고 그것도 좋은 학교에 진학시키며 충실한 결실을 보고 있다.

참으로 바람직하여서 학교에 머무르는 동안 가슴 뿌듯했다. 나뿐 아니라 동창회에 참석한 모든 이의 마음을 흐뭇하게 해 주기에 충분했다. 고사리손으로 꽹과리·장구·징·북을 치는 초등학교 사물놀이패는 참석자들의 흥을 돋워 어깨춤을 덩실덩실 추게 하며 식전 분위기를 고조시켰다. 재학생들에게 장학금을 지급했다. 학교 발전에 기여한 선생님들과 관계자에게 감사패를 수여했다. 4인조 록밴드는 1970~80년대 노래를 연주하며 노·장년의 님너 졸업생을 무대 앞으로 불러내 춤을 추게 한다. 일상을 잊고 선·후배가 어우러져 축제 한마당을 흥겹게 엮어 간다.

당시의 교복을 입은 동창회 간부들은 참석자를 학창 시절 추억의 늪으로 빠져들게 한다. 참석자보다도 더 많은 경품, 행운권을 뽑아 배분하고 도전 골든벨 퀴즈 대항전을 열어 상품으로 지급한다.

'우리 학교 교화(校花)는 철쭉, 교목(校木)은 느티나무, 교조(校鳥)는 학, 맞느냐 틀리냐?' '안천중학교 학교 생활 목표가 성실·창조·자주가 맞느냐?' '진안군은 11개 읍·면으로 돼 있다, 맞느냐?' '금강이 발원(發源)하는 샘을 써라' 등 고향을 떠난 지 오래된 졸업생들에게 모교와 고향을 기억하고 사랑해 달라는 문제가 참석자의 가슴속 깊이 자리한다.

참석한 동창생 모두 즐겁고 행복해한다. 도토리묵과 두부, 돼지고기가 잃어버린 고향 맛을 되찾게 한다. 시원한 고향 막걸리 한 잔은 더위를 가시게 하고 선·후배·동기간에 친밀감을 북돋운다. 마음이 흐뭇하니 모든 것이 너그럽다. 그저 좋기만 하다.

우리가 떠난 그곳에서 묵묵히 고향을 지켜 온 모교! 기껏 우리는 일 년에 한 번 찾는 것으로 중학 시절을 반추(反芻)하며 행복해한다. 모교를 잘 가꾸고 후배를 나라의 동량으로 훌륭하게 키워내는 선생님과 지역민의 노고에 감사드린다. 그분들이 계시기에 내 가슴속 깊이 자리한 모교가 더욱 훌륭하게 발전한다. 그래서 좋다. 나는 이런 모교가 있어서 행복하다. 내년에도 이런 행복을 누려야겠다. 선·후배님들 내년에도 건강히 다시 만납시다. 재학생들도 더욱 좋은 재목이 되도록 충실하게 나이테를 굵게 하나 더 키웁시다!

안천중학교 총동문회장이 되다

ⓒ 진안신문(2017년 6월 19일 월요일 황의영 경제학박사)

지난 2017년 5월 27일 안천면 소공원 다목적구장에서 안천중학교 총동문회 제7차 정기총회 및 한마음대회가 열렸다. 서울, 경기도, 강원도, 충청도, 부산, 경상도, 전라도에서 동문들이 참석했다. 80세가 넘은 대선배님에서부터 30~40대 젊은 층까지 200여 명이 모였다. 20여 명이 넘게 참석한 기수가 있는가 하면 한 명도 참석하지 않은 기수도 있다. 손자 손을 잡고 참석한 부부 동문도 있다. 노인이 되어 지팡이를 짚고 참석한 선배님이 계신가 하면 아침 일찍 지장산 등반을 마치고 참석한 동문도 있다.

행사장은 아침부터 테이블과 의자를 놓고 참석자 이름표를 준비하며 음식물과 다과를 마련하느라 분주하다. 모교의 교장·교감 선생님과 재학생 일부, 이 지역 출신 국회의원, 도의원, 군수, 군의

회 의장과 의원, 면장 등 관계자들도 참석하여 총동문회 정기총회를 축하해 줬다. 2부 회의에서 결산보고와 임원선출이 있었는데 여러모로 부족하고 미욱한 필자가 제4대 안천중학교 총동문회 회장으로 선출되어 어깨가 무겁고 부담감이 크다.

총동문회는 크게 다음과 같은 세 가지 측면에서 역할이 강조되고 활동해야 한다고 생각한다.

첫째, 모교 발전에 기여(寄與)해야 한다. 모교가 더욱 발전할 수 있도록 교육 환경을 조성하는 데 기여해야 한다. 후배들이 좋은 환경 속에서 공부할 수 있도록 지원을 아끼지 않아야 한다. 안천중학교는 한때 한 학년에 3개 반을 운영할 정도로 농촌지역 학교로서는 학생 수가 많은 학교였다.

용담댐이 건설되고 담수를 하자 관내의 많은 마을이 물속에 잠기고 학교마저 수몰돼 학교를 현재의 교정으로 이전하면서 유치원과 초등학교, 중학교, 고등학교가 하나의 학교로 통합됐다.

학생 수가 적으니 여러 면에서 어려움이 많다. 동문회가 학교와 유기적(有機的)인 관계를 맺으면서 학교의 어려움을 해결하는 활동을 적극적으로 전개해야 한다.

둘째, 후배인 재학생들이 바르게 성장하여 훌륭한 사람이 될 수 있도록 선배들이 적극적으로 지원하고 이끌어 주는 활동을 활발하게 전개해야 한다. 장학기금을 조성하여 후배들이 공부하는 데 경제적인 도움을 주면 더욱 열심히 공부할 수 있을 것이다.

이를 위해 전 동문회원들이 적은 금액이라도 십시일반(十匙一飯) 참여하도록 동문회가 적극적으로 활동해야 할 것이다. 동문들이 후배인 재학생들의 맨토(Mentor)가 되어 열심히 공부하고 바르게 성장할 수 있도록 이끌어 주는 것도 선배로서 중요한 역할이라고 생각한다. 후배들이 큰 꿈을 가지고 그 목표 달성을 위해 꾸준히 노력할 수 있도록 좋은 얘기를 들려주고 지도해 주는 것도 좋은 방법이 될 것이다.

셋째, 동문회를 중심으로 동문회원들의 참여를 증대시키고 회원 간 상호유대(相互紐帶)를 강화하여 동문회를 활성화하는 것이다. 우선 기수별(期數別) 동기회를 활성화하도록 조장(助長)해야 한다. 기수별로 동기들이 잘 모이고 단합이 잘 돼야 총동문회의 참여도가 높아지고 선후배 간의 유대도 더욱 공고해질 수 있을 것이다. 특정한 기수의 동문들이 잘 모이고 학교 발전과 후배들을 위하여 활동을 활발히 하는 것을 다른 기수 동기회에도 홍보하여 상호 경쟁을 일으켜 그 기수도 더욱 활발히 활동할 수 있도록 해야겠다.

이렇게 활발히 활동하는 기수 동기회가 늘어난다면 이들 기수끼리의 모임도 조장하여 참여하는 기수 동기회가 많아지고 결국

총동문회가 그 만큼 더 활성화되리라고 생각한다.

　요즘 어느 곳이나 농촌지역 학교의 학생 수가 크게 줄어들고 있다. 우리 모교인 안천중학교도 예외일 수 없다. 내가 안천중학교에 다닐 때인 1960년도 초반에는 학생 수가 360명이었다. 그러나 2017년도 현재 학생 수를 보면 "학교가 과연 언제까지 유지될 수 있을 것인가?"라는 우려하지 않을 수 없다.

　1학년 8명, 2학년 6명, 3학년 4명 합계 18명이다. 중학교 전교생이 18명밖에 되지 않으니 정상적인 학교라고 하기에는 남부끄럽다. 그렇다고 같은 교정에 있는 초등학교 학생 수가 많아 앞으로 중학교 학생 수가 늘어날 것이냐 하면 그것도 아니다. 초등학교 전교생이 37명밖에 되지 않는다. 한 학년이 6명 남짓하다는 얘기다. 이렇게 학생 수가 적은 것이 농촌지역 학교의 통상적인 현상이라고 대수롭지 않게 넘길 수도 있다.

　그러나 1982년 이후 전국적으로 초·중·고등학교가 3,726곳이 폐교됐다고 한다. 우리 동문은 모두 내가 나온 우리 학교가 폐교될 수도 있다는 긴박한 마음으로 이 문제를 접근해야 한다고 생각한다. 도시에서도 안천중학교를 다니기 위하여 찾아오는 학교가 되도록 동문 모두 관심을 가지고 학교 발전을 위해 노력을 경주했으면 한다. 우리 모교 안천중학교가 인성(人性)을 중시하고 사람과 자연을 소중히 여기는 남다른 학교가 되도록 학교는 물론 총동문회에서도 적극적으로 지원해야 할 것이다.

총동분회상의 숭책을 밭은 나로서는 동문들의 자문(諮問)과 도움을 받아 모교가 발전할 수 있도록 혼신(渾身)의 노력을 다해야겠다. 어깨가 무겁다.

동문 여러분, 부족한 저를 이끌어 주십시오. 우리 모교 안천중학교의 발전을 위하여 힘을 보태 주십시오. 관심을 가져 주십시오. 사랑을 주십시오.

내 고향 진안 안천고등학교
학생들의 서울 나들이

ⓒ 진안신문(2017년 2월 22일 수요일 황의영 경제학박사)

"인생을 풍요롭게 살기 위해서는 독서를 해야 합니다. 젊었을 때의 독서는 인생의 보약이 됩니다. 제2차 세계대전을 승리로 이끈 윈스턴 처칠 영국 총리는 젊은이들에게 독서를 권장했습니다."

"여러분이 무엇을 좋아하던 좋아하는 것을 하십시오. 세계적인 전자 기업 미국 애플 창업자 스티브 잡스는 대학 시절 글자 디자인에 흥미를 느끼고 공부하였는데 훗날 세계 최초의 PC(Personal Computer)뿐만 아니라 매킨토시 서체를 만들어 내는 기초가 되었습니다."

"큰 꿈을 가지십시오. 미국 사우스나코타주 거대한 바위에는 미국 제16대 대통령 에이브러햄 링컨 등 네 명 대통령의 얼굴이 조각돼 있습니다. 링컨은 비록 정규 교육을 받지 못했지만 독학으로 변호사가 되어 어려운 사람들을 도왔고 대통령이 되어서는 흑인 노예를 해방시켰습니다. 지금도 미국민들에게 가장 많은 존경을 받고 있습니다."

"이 자리에 오신 여러분의 선배 가운데 투자자문회사 회장, 장관급 공무원, 지방경찰청장, 무역회사 사장, 연구원 원장을 역임한 훌륭한 선배들이 많이 계십니다. 여러분도 이 자리에 함께한 선배님들보다도 더욱 훌륭한 사람이 될 수 있습니다."

후배들이 큰 꿈을 가지고 학창 시절을 알차게 보내 훌륭한 사람이 되라고 하는 선배들의 격려가 줄을 잇는다.

2016년 12월 16일과 17일 사이에 내 고향 진안에 있는 안천고등학교 학생들이 서울을 다녀갔다. 김계순 교장선생님과 다섯 분의 선생님, 학생 30여 명이 현장 학습차 서울에 왔다.

재경안천중학교총동문회에서는 서울에 온 후배들을 따뜻하게 맞이하였다. 커다란 식당에 초청하여 선·후배가 같이한 따뜻한 식사는 영하의 맹추위를 녹여 주었다.

국회를 방문해서 입법기관인 국회의 구성, 운영, 역할 등에 대하여 공부하였다. 국회로 가는 버스에서는 선배들의 소개와 후배들을 격려하는 위와 같은 얘기가 이어졌다.

국회에 도착해서는 지역구 안호영 의원실의 안내를 받았다. 본

안천중학교, 안천고등학교 전경

안천고등학교 학생들이 서울 수학여행 시 재경동창회 선배들과 기념 촬영을 하고 있다.

회의장 방청석에서 국회 해설사의 설명으로 국회에 대해 공부하였다.

국회는 국민의 대의기관으로 국가의 주권자인 국민을 대신하여 국회의원이 주로 활동하는 곳이다. 국회의 형태는 양원제와 단원제가 있는데 우리나라는 1963년 이후 단원제를 채택하고 있다. 국회의원은 4년마다 선거를 통해서 뽑는다. 지역구에서 투표로 직접 선출하는 지역구 의원과 정당별 득표 비례에 의해 선출하는 비례대표 의원이 있다.

현재 제20대 국회에서는 253석의 지역구와 47석의 비례대표를 합해 300 의석이다. 국회가 처리해야 할 일들이 방대하기 때문에 상임위원회별로 나누어 심의토론을 거쳐 본회의에 상정, 의결하여 결정한다. 국회는 국회 의장단, 국회의원, 위원회, 입법 지원 기관으로 구성된다.

국회의 운영은 정기회와 임시회로 나누는데, 정기회는 연 1회 9월 1일부터 100일 이내에서 개최된다. 임시회는 대통령이나 국회의원 4분의 1이 요구할 때 30일 이내에서 수시로 개최할 수 있다. 국회는 여러 가지 일들을 하고 있는데, 이들 국회의 역할과 권한을 살펴보면 다음과 같다.

먼저 입법에 관한 역할과 권한을 보자. 헌법개정안 제안·의결권, 법률 제정·개정권, 조약체결 비준·동의권이 있다.

다음은 재정에 대한 역할과 권한이다. 국가 예산안 심의, 결산 심사, 기금 심사권, 재정 입법권, 계속비 의결권, 예비비 지출 승인권, 국채 동의권, 국가의 부담이 될 계약 체결에 의한 동의권이 있다.

일반 국정에 대한 역할 및 권한으로는 국정 감사 조사권, 헌법 기관 구성권, 탄핵 소추권, 긴급 명령, 긴급 재정 경제 처분·처분 명령 승인권, 계엄 해제 요구권, 일반 사면에 대한 동의권, 선전포고 및 국군의 해외 파견 외국 군대 체류에 대한 동의권, 국무총리 국무위원 해임 건의권, 국무총리 국무위원 정부위원 출석 요구권 및 질문권이 있다.

외교에 관한 역할로는 초청 외교 활동, 방문 외교 활동, 국제회의 참석 등의 활동이 있다. 본회의 의결 시, 일반적인 의결에는 공개 전자 투표를 실시하지만 인사 관련 의결 시에는 비밀 투표를 한다. 해설사의 설명을 듣고서 우리는 기념사진 촬영을 하고 본회장을 나와 국회도서관을 거쳐 헌정기념관에 갔다.

1948년 대한민국 정부 수립 이후 역대 국회 활동과 국회의원들에 관한 자료를 게시해 놓았다. 역대 최다선 의원은 9선인데 김영삼, 김종필, 박준규 세 명이 있다.

흥미로웠던 것은 부자(父子) 국회의원, 부부(夫婦) 국회의원, 형제

국회의원 등도 다수 있었다. 국회 견학을 마치고 올림픽파크텔에서 묵은 후, 다음 날에는 중소기업 한 군데를 시찰한 후 무사히 귀교하였다.

안천 중·고등학교 학생의 서울 나들이가 학생들에게 큰 울림으로 가슴속 깊이 기억되리라고 생각한다. 국회에 관해서 공부하고 대도시에서 많은 사람이 바삐 움직이는 것을 보면서 치열한 경쟁의 인생살이를 느꼈을 것이다. 이에 대처하기 위해서는 자기가 하고 싶고 좋아하는 것을 꾸준히 하면서 독서도 충실히 하고 공부도 열심히 해야겠다는 굳은 의지를 가슴속 깊이 새기지 않았을까? 좋은 얘기를 많이 해 주지 못한 아쉬움을 느끼며 고향의 후배들이 미래의 동량으로 자라기를 기대해 본다.

'재경진안군민회 송년회'에 다녀오다

ⓒ 진안신문(2017년 1월 2일 월요일 황의영 경제학박사)

시끄럽다. 설 대목장 장바닥보다 더 소란하다. 족히 500평이 넘어 보이는 커다란 방에 사람이 가득하다. 테이블마다 모여 앉아 얘기하기에 여념이 없다.

"건강하셨습니까?"

"네, 염려해 주셔서 보시는 바와 같이 건강이 좋습니다."

"경제가 어려운데 사업은 잘되는가요?"

"나라 꼬락서니가 요 모양인데 장사가 잘 될 턱이 있나요? 언제 걷어치워야 할지 시기만 보고 있습니다."

"해도 해도 너무하지 않아요? 대통령이 어떻게 일개 강남 아줌마에게 그렇게 철저히 국정을 농단 당해요? 이게 나란지, 원! 쯧쯧쯧……."

갈기 세운 목소리가 높다. 또 옆에서는

"지난해에 결혼한 아드님한테서 손자는 보셨나요?"

"네, 사내아인데 이제 일곱 달이 지났습니다. 아주 예쁘답니다."

"아이고! 그러세요. 축하드려요."

"농사지으시느라 고생 많으셨습니다."

"감사합니다. 농사를 지어도 팔 곳이 마땅치 않고 값도 없으니 농사를 지어도 희망이 없습니다."

테이블마다 왁자지껄 열기를 뿜어 내며 이야기꽃이 함빡 피었다.

2016년 12월 16일 오후 6시 30분에 서울 반포 강남 고속버스 터미널 건물 5층에 있는 강남 웨딩컨벤션에서 '2016년 재경진안 군민회 제13대 회장 취임 및 정기총회 송년의 밤'이 열렸다. 참석한 회원들이 나눈 대화이다. 천여 명 가까이 모였다. 진안이 고향인 수도권에 살고 있는 사람들이 많이 모였다.

추운 날씨인데도 고향이 그리워 고향 사람 만나 고향 이야기하려고 많이 모였다. 서경석 재경군민회장과 임원 간부, 회원들, 이항로 진안군수를 비롯한 군의원, 읍·면장, 실·과장 등 공무원과 도의원, 기관 단체장, 각 읍·면에서 고향을 지키며 열심히 일하는 젊은 지도자들, 윤석정 재전진안군향우회 회장님을 비롯한 간부들, 재경전라북도도민회 간부 및 시군향우회 사무총장들이 참석했다.

재경진안군민회의 회원이기도 한 정세균 국회의장이 축사를 하고 있다.

특히, 우리 진안 출신으로 격변기 한국 정치의 키를 잡고 노심초사(勞心焦思)하시는 정세균 국회의장, 우리 지역 국회의원인 안호영 국회의원도 참석해서 자리를 빛내 주었다.

1950년대 및 1960년대까지만 해도 우리나라가 그러했듯 우리 고향 진안도 살기가 참으로 힘들고 어려웠다. 가난했다. 그때는 제1차 산업이 국가 경제의 주축을 이루고 있을 때였으니 사람들에겐 호구지책(糊口之策)이 삶의 제일명제(第一命題)였다.

겨울 이맘때, 해가 짧아지면 아침은 쌀밥을 해 먹지만 점심과 저녁은 무밥이나 콩나물밥, 시래기 죽이나 고구마로 대충 때웠다.

식량이 없었다. 쌀이 부족했다.

쌀이 남아돌아 골치를 썩이며 쌀을 가축 사료로 사용하는 지금과는 격세지감(隔世之感)이 나도 너무 났다. 초등학교를 졸업하면 중학교에 진학하는 졸업생보다 부모님을 따라 농사를 짓거나 도회지로 생업을 찾아 고향을 떠나야 했던 졸업생 수가 열 곱은 더 많았다.

식구 수를 줄이기 위해 남의집살이나 공장에 들어가 일을 해야 했다. 가난해서 살기 어려웠던 그 시절에 정든 고향을 떠나 '눈감으면 코 베어 간다.'는 서울에 와서 질시(嫉視)와 허기(虛飢)를 이겨내며 참고 또 참으며 열심히 일했다. 내 자식만은 나와 같은 가난의 굴레에서 벗어나게 하려고 어떤 어려움도 참고 열심히 일하며 앞만 보고 달려왔다. 일하다가 넘어지고 다치기도 했다. 장사하다가 뒤집어엎어 보기도 했다.

그럴 때마다 고향 진안에서 숙명이라 여기며 농사밖에 모르시는 부모님을 생각하며 오뚝이처럼 다시 일어서곤 했다. 힘들고 어려울 때마다 고향 진안은 힘을 불어넣어 주었다. 부모님과 고향 진안이 오늘을 있게 했다.

이제는 중·장년을 넘어 노년에 접어들었다. 자식들도 성장하여 가정을 이루고 대한민국 국민으로서 당당히 국가 발전을 위해 일

익(一翼)을 담당하고 있다. 귀여운 손자도 품에 안겨 줬다. 고향을 떠난 이들은 손톱이 자라지 않을 정도로 열심히 일한 결과, 지금 그렇게 부자는 아니더라도 먹고 살 만큼은 됐다.

지나간 세월, 되돌아보면 남부끄럽지 않게 살아왔다고 자부할 수 있다. 스스로 뿌듯하다. 그리고 대견하다. 이와 같은 생각을 하는 회원이 오늘 이 송년회 자리를 가득 메우고 있다. 이 자리에 있는 내가 참 행복하다.

아련히 고향에 대한 그리움이 밀려온다. 어릴 적 친구들과 술래잡기, 사방치기, 공기놀이, 연날리기, 팽이 돌리기, 딱지 치기하던 그 시절이 그립다. 추억 가득한 내 고향 진안이 그립다. 비록 몸은 고향을 떠나왔지만 하루 저녁 꿈속에서 몇 번씩 고향 진안에 가 있곤 한다.

그 옛날 어린 시절 도랑에서 가재 잡고 도구 친 논도랑에서 미꾸라지 잡던 그곳, 내 고향 진안이 그립다. 그래서 오늘 이곳 재경 진안군민회 송년회장에서 회원들과 진안에서 올라온 사람들의 대화는 더욱 정답고 간절하다.

우리가 떠나온 고향, 아직도 일가친척이 지키고 있다. 그들이 잘 살았으면 좋겠다. 고향 진안이 더욱 발전했으면 좋겠다. 그래야 고향을 떠난 우리도 고향에 대한 자부심과 긍지를 더 크게 느끼고 더 열심히 자기 자신에게 채찍을 가하며 일할 것이다.

그런 뜻에서 진안 사람들로 구성된 내가 속해 있는 한 모임에서는 이번 연말에도 진안에서 사과를 주문하여 회원들에게 선물했다. 이런 작은 마음이 서로서로 연결되어 모아질 때 고향을 진안에 둔 우리는 결코 외롭지 않을 것이다. 내년에는 더 많은 고향 사람들을 만났으면 좋겠다.

진안 사람 모두 정유년 새해를 맞이하여 더욱 건강하시고 희망하시는 모든 일이 이룩되길 기원합니다. 애독자님들, 새해 복 많이 받으십시오. 감사합니다.

어느 초보(初步) 선생님 이야기 I

ⓒ 진안신문(2013년 10월 5일 토요일 황의영 전북대학교 강의전담교수)

"누군가를 가르치는 것은 지금 이 시간이 처음입니다. 잘 부탁드립니다."

2013년 9월 2일, 첫 강의 시간에 학생들에게 공손히 인사하면서 건넨 말이다. 나는 대학교 4학년 때 입사 시험에 합격하여 농협에 근무한 이래 약 40년 동안 근무하고 2013년 2월 퇴직하였다. 퇴직하기 직전에 무역회사 최고경영자로 무역 업무를 처리한 것이 인연이 되어 모교에서 무역학을 가르치는 선생이 됐다.

대학을 졸업한 지 39년 6개월 만에 다시 대학에 돌아왔으니 여간 생소하지가 않다. 강의하기로 확정된 이후 참으로 가슴 설렜다. 그것도 학부 1학년생들에게 '무역학의 이해'를 가르치게 됐다. 교과서 속의 내용은 물론이고 내가 무역회사에서 겪었던 많은 사례를 학생들에게 들려주면서 무역에 대한 바른 이해를 돕길 바랐다. 또한 조기(早期)에 무역역군(役軍)으로서의 의지를 심어 주리라 다짐했다.

강의를 준비하면서 교과서를 연필로 밑줄을 그어 가면서 읽었다. 파워포인트 강의안도 만들고 신문에 나는 무역 관련 기사는 보이는 대로 스크랩했다. 인터넷에 들어가 통계청, 무역진흥공사(KOTRA), 무역협회 등에서 무역에 관한 통계도 찾아서 메모했다. 무역회사에 있을 때 만들었던 '실패 사례집'도 뒤졌다.

영문으로 된 신용장이나 선화증권을 읽을 때는 영한사전을 찾아 단어를 익혔는데 뒤돌아 앉으면 잊는다. 하기야 내 나이 이제 환갑 진갑이 지났으니 옛날 같으면 늙은이가 아닌가? 공부한 내용이 쉽게 기억되지 않는 것도 지금의 나에게는 당연한 현상이겠지.

책상 앞에 앉아 있는데 진득하니 오래 앉아 있을 수 없다. 자꾸 일어나게 된다. 조금 앉아 있으면 목이 마르고 또 조금 앉아 있으면 화장실에 가고 싶다.

공부할 때 집중(集中)이 안 된다. 책을 읽으면 머릿속에서는 다른 생각이 떠오르고 꾸벅꾸벅 졸기도 한다. 그래서 옛 조상들은 모든 것은 때가 있으니 그때를 놓치지 말라고 했는가 보다. 총기(聰氣) 있고 집중력이 배가(倍加) 되는 젊은 시절에 공부도 열심히 하여야 한다는 것을 더욱더 실감하게 된다. 본 강의를 시작하기 전에 이곳저곳에서 명언(名言)과 경구(警句)를 찾아 자료를 준비하였다.

이것도 가르쳐 주고 싶고 저것도 가르쳐 주고 싶고……. 피라미 선생으로서 의욕은 충만한데 실행은 굼벵이처럼 더디다. 마음만 답답하다. 강의를 제대로 준비하지도 못했는데 2학기 개강일이 다가왔고 그것도 내가 2학기 첫 시간에 강의하게 된 것이다.

수강 신청을 한 학생이 75명이나 된다. 시청각실에서 파워포인트와 마이크를 가지고 수업을 진행하였다. 출석을 부르는 것도 어색하다. 출석을 부르는 데 5분이 넘게 걸렸다. 이렇게 귀중한 시간을 소비하면서 출석을 불러야 하는지 의문이 들었지만 규정이 출석을 부르도록 되어 있기 때문에 햇병아리 선생은 따르지 않을 수 없다.

내 소개를 마친 다음, 오늘 이 강의실에서 함께하고 있는 우리가 얼마나 소중한 존재인가를 일깨워 주기 위해서 지구촌을 100명이 살아가는 마을로 비유하여 각종 사회·문화·교육·경제·금융 등 각종 통계를 비교하는 영상물을 10여 분 정도 상영하였다.

아프리카, 아시아 등 경제적으로 어려움을 겪으며 기아에 허덕이고 있는 사람들에 비하여 우리가 얼마나 행복한 삶을 누리고 있는지 인식하고 열심히 공부하자는 뜻이 전달됐을 것으로 미루어 짐작한다.

그리고 화이트보드(White-board)에 판서(板書)하면서 경제란 무엇이고, 무역의 의미는 어떤 것이고, 왜 일어나게 되었는지에 대하여 설명하였다. 그리고 우리나라 무역의 역사에 대하여 통계를 들어 가며 설명하였다. 과거 우리 조상은 중국과 일본, 멀리는 아라비아인과도 무역을 하였으나 정확한 통계가 없어 사실만을 얘기했다. 통계가 잡힌 1957년 우리나라 수출액은 2,200만 달러였다. 1964년에 수출 1억 달러를 넘었고, 1977년에 100억 달러, 1995년에 1,000억 달러, 2011년에 5,000억 달러를 달성했으며 2012년에는 수출 5,478억 달러, 수입 5,196억 달러를 달성하여 무역액이 1조 674억 달러로 세계 7위의 무역 강국이 됐다는 것을 자랑스럽게 얘기했다.

이러한 결과는 세계 어느 나라 사람도 상상치 못했던 우리 국민 모두 피땀 흘려 이뤄 낸 금자탑이라는 것을 자랑스러워하자고 강조했다. 변변한 자원 하나 없는 조그마한 나라에서 이루어 내기는 참으로 불가사의(不可思議)한 결과라고 세계인들은 말한다.

앞으로 강의해 나가며 첫 시간에 가졌던 열정이 시들지 않도록 계속해서 채찍질하려고 다짐한다. 나는 훌륭한 선생이 되기보다는 학생들에게 내가 겪었던 여러 가지 경험담을 들려주고 그들이 열심히 공부하도록 자리를 만들어 주고자 한다. 학생들이 편안함을 느끼는 선생이 되었으면 좋겠다. 그런 선생이 되도록 노력할 것을 다짐해 본다.

어느 초보(初步) 선생님 이야기 II

ⓒ 진안신문(2013년 12월 16일 월요일 황의영 전북대학교 강의전담교수)

2013년 9월 2일 시작하여 이번 주 기말고사를 마지막으로 2학기 수업이 모두 끝났다. 난생처음 학생을 가르치는 선생으로서 한학기를 마쳤다. 첫 번째 수업 시간에 가슴 떨리던 설렘이 아직도 가시지 않았는데 어느덧 강의가 끝나 버린 것이다.

수업 시간에 학생들에게 단순한 지식의 전달이 아니라 내가 40여 년간 사회생활하면서 체득(體得)한 경험과 지식을 전해 주리라고 생각했다. 그리고 이 사회와 맺어져 있는 각종 약속을 잘 지키는 사람이 될 수 있도록 지도해 나가리라 생각했다.

학교를 마치고 사회에 나가 국가와 민족을 위해 보람찬 일을 할 수 있는 젊은이가 되도록 교육해 나가리라 마음먹었다. 그래서 훌륭한 무역 역군(役軍)이 되도록 수업을 진행했다. 종강(終講)한 지금

지난 2학기 15주 동안의 수업 시간을 되돌아보니 아쉬움이 많이 남지만 보람된 일도 많이 있었다고 지위(自慰)해 본다.

　나는 학부 1학년 학생을 대상으로 '무역학(貿易學)의 이해(理解)'와 내학원생을 내상으로 '일본 지역론(日本地域論) 세미나'를 강의했다. 무역학과 소속이기 때문에 "어떻게 하면 무역을 더욱 증대시킬 수 있는가?"라는 대명제(大命題) 하에 두 강좌를 진행해 나갔다. 학부 1학년생들에게는 지식을 함양하는 것도 중요하지만 건전한 민주 사회의 시민으로서 올곧게 성장할 수 있도록 역량을 함양하는 데 주력하였다.

　사회의 모든 약속이 중요하다는 것을 인식시키기 위해 출석은 수업 시간이 시작되자마자 바로 부르고 수업을 시작하였다. 수업 시간은 학교와 학생 간의 가장 기본적인 약속이다. 학교는 수업 시간을 통하여 학생들에게 학업의 장(場)을 마련함으로써 학생과 체결한 계약(契約)을 이행하는 것이다. 선생은 수업 시간을 잘 지켜 학생을 가르쳐야 하고 학생은 수업 시간 내내 가르침을 받을 권리가 있다.

　이는 선생과 학생이 각각 계약서에 서명은 하지 않았지만 불문율(不文律)로 정해진 사회적 계약인 것이다. 그래서 나는 학생들에게 '약속은 지키라고 하는 것이고 지키면 본인에게 이익이 된다는 것'을 한 학기 동안 실천하여 학생들이 깨닫게 했다. 항상 수업 시간 15분 전에 교실에 들어가 교보재(敎補材)를 준비하고 미리 자리한 학생들과 담소하다가 수업이 시작되는 정시(正時)에 출석을 불렀다.

모든 약속은 시간으로 정해진다. 비행기, 기차, 버스 등의 출발 시각이 미리 정해져 있다. 그 시간 안에 도착하지 못하면 그 교통수단을 이용하지 못하게 된다. 공모(公募)하는 데도 마감 일시가 정해져 있다. 그 시간 안에 응모하지 않으면 학교, 회사 등에 들어갈 수 없다. 경제적 득실(得失)이 큰 상거래 계약의 마감 일시라고 한다면 기한(期限)을 맞추는 것과 맞추지 못하는 것의 차이는 엄청날 것이다. 횡단보도를 건널 때, 빨간불은 건너지 말고 파란불에 건너야 한다. 이것은 시민 모두 지키기로 한 약속이다.

이런 사회적 약속을 잘 지키는 시민이 이끄는 사회가 선진사회(先進社會)인 것이다. 수업 시작 전에 훌륭한 사람들의 명언(名言)을 두 마디씩 낭독해 주었다. 큰 뜻을 품고 공부 열심히 하라는 의도를 가지고 종강하는 날까지 계속했다. 그리고 무역(貿易)을 하는 데 가장 기본이 돼야 하는 것들에 대하여도 강조하여 가르쳤다. 먼저 물건을 사고파는 데는 거래하는 사람 간에 충분한 의사소통이 이루어져야 한다. 무역은 외국인과 물건을 사고파는 것이기 때문에 무역인(貿易人)의 첫째 조건이 상대방과 말이 통하는 것이다. 그래서 상거래(商去來)의 국제적 통용어(通用語)인 영어만큼은 듣고 말하고 쓰기를 자유자재로 할 수 있어야 한다. 나아가 우리와 인접하고 있으며 교역량이 많은 나라, 중국과 일본의 언어도 어느 정도 듣고 말하고 쓸 수 있는 능력을 갖춘다면 더욱 유리하다는 것을 학생들에게 강조했다.

다음으로 중국 춘추전국시대 손무(孫武)가 쓴 병서(兵書) 《손자병법(孫子兵法)》에 '적을 알고 나를 알면 백전불태(百戰不殆)다.'라는 말이 있듯이 거래(去來)를 하고자 하는 사람의 제반여건(諸般與件)을 바르게 알아야 한다. 상대방 나라나 지역의 자연과 기후, 지리와 역사, 문화와 의식, 전통과 관습, 경제, 정치, 사회, 국민 정서, 유행 등에 대하여도 아는 게 매우 중요하다. 대학원에서는 일본의 이러한 여건에 대하여 학생들과 같이 연구하며 공부했다. 그리고 학생들과 같이 무역 이론도 열심히 공부했다.

눈 깜박하는 사이에 한 학기가 지나갔다. 학생들에게 더 친절하고 이해하기 쉽게 가르치고 싶었는데 어느덧 시간이 이렇게 훌쩍 지나가 버렸다. 학생들이 내가 아닌 다른 선생님으로부터 더 잘 배워 더 훌륭한 사람이 될 기회를 내가 빼앗은 것은 아닌지 강한 의문이 든다. 다만 수업을 진행하면서 학생들에게 교과서에 있는 지식뿐만 아니라 내가 무역회사를 경영하면서, 또한 40여 년간 사회생활을 하면서 얻게 된 경험 등을 되도록 많이 전달하고 이해시키려고 노력했다.

　이번 겨울방학 동안 지난 학기에 내가 진행한 수업을 자세히 분석하고 평가하여 부족한 점을 도출해 보고자 한다. 다음 학기에는 부족한 점을 개선하여 시행착오(試行錯誤)를 줄여 나가야겠다. 더욱 열과 성을 다하여 수업을 진행하고 학생들에게도 더 많은 사랑을 주도록 노력할 것을 다짐해 본다. 그래서 나하고 수업을 같이한 학생들이 앞으로 사회에 나가 무역 역군이 되어 오대양(五大洋)육대주(六大洲)에서 대한민국 경제 발전에 중추적(中樞的)인 역할을 해내는 날이 오기를 기대해 본다.

자기소개서(自己紹介書) 작성

ⓒ 신안신문(2014년 11월 17일 월요일 황의병 전북대학교 부덕학과 강의전남교수)

늦가을 찬비가 내리더니 기온이 뚝 떨어졌다. 연구실 창밖으로 보이는 은행나무 가로수가 노란 황금빛 잎새 비를 뿌린다. 봄에 아름다운 자태를 뽐내던 벚나무에서도 붉다 못해 이글거리는 참나무 숯불 같은 빨간 잎이 춤을 추며 따라 내린다. 시루떡 떡체처럼 쌓인 낙엽이 불어오는 바람에 회오리를 일으키며 하늘로 치솟아 오른다. 11월 중순의 교정은 이렇게 겨울이 오기를 재촉하고 있다.

2학기 개강한 지가 엊그제 같은데 어느덧 후반기에 접어들었다. 세월이 참 덧없이 지나감이 나만의 느낌은 아닐 성 싶다. 2학기 첫 시간에 학생들에게 '자기소개서'를 쓰게 했다. 내가 강의하는 '무역학의 이해'는 교양 과목으로 대부분 1학년생이 수강한다. 대학교 1학년생으로 현재의 자기(自己)를 진단하고 미래의 나를 설계해 보라는 의미에서 과제를 주었다.

인생에서 대학교 1학년 때는 매우 중요하다. 인생 목표를 확고히 정하고 그에 대한 대비를 시작하는 출발선(出發線)에 서 있기 때문이다. 목표가 정해지면 이를 달성하기 위해서 온갖 노력을 다해야 한다.

무역에 대하여 관심을 두었기 때문에 '무역학의 이해'를 수강 신청했을 것이다. '무역인'이 되기 위해서는 먼저 외국어를 잘해야 한다. '자기소개서'에 본인 외국어 능력을 평가하도록 했다. 영어·일본어·중국어·기타 구사할 수 있는 언어 등의 외국어를 말하기·쓰기·듣기로 나누어 상·중·하로 평가하도록 했다.

무역은 외국 상인들과의 거래이기 때문에 외국의 상황을 잘 알아야 실수(失手)가 적다. 외국인과 외국에 대해 잘 알고 있어야 하기 때문에 해외에 가 본 경험도 중요하다. 그래서 외국에 몇 번 다녀왔고, 어느 어느 나라에 다녀왔는지 물었다.

인성(人性)을 바르게 하기 위해 '가장 존경하는 인물' '가장 좋아하는 사람' '가장 감명 깊게 읽었던 책' '가장 감명 깊게 본 영화'가 무엇이며 왜 그런지에 대하여도 물었다. '인생관'도 쓰도록 했다. '희망하는 직업'도 물었다. 본인이 희망하는 직업에 종사하면서 인생관에 맞게 인생을 20대·30대·40대·50대·60대·70대로 나누어 어떻게 살 것인가를 쓰도록 했다. 이런 인생의 목표를 달성하기 위하여 대학 시절 무엇을, 어떻게 할 것인가를 학년별로 구체적으로 적으라고 했다.

이번 학기에 80여 명의 학생들이 제출한 '자기소개서'에 의하면 외국어 중 영어는 말하기·듣기·쓰기 모두 '상' 10%, '중' 60%, '하'에 30% 정도 응답했다. 일본어는 말하기·듣기·쓰기 모두 '상'은 없고 '중'에 12%, '하'에 88% 정도이고, 중국어는 말하기·듣기·쓰기 모두 상에 4%, '중'에 8%, '하'에 88%로 응답했다. 외국어에 관심이 높고 많은 시간을 할애하여 배우고 있지만 그 성과는 크지 못한 것으로 나타났다. 다음으로 해외여행 경험은 미경험 25%, 1회 25%, 2~3회 25%, 4~5회 5%, 5회 이상이 20%였다. 비교적 많은 학생이 해외여행을 통해 견문을 넓히고 있었다.

'가장 존경하는 인물'은 자기 부모님이 28%인데 어려운 여건 속에서도 열심히 살아가면서 자기들에게 바른길을 인도해 주기 때문이라고 했다. 이순신·세종대왕 등 우리나라의 위인들이 10%, 반기문·한비야·이태석 신부 등 국제기구와 해외 오지에서 인류를 위해 봉사하는 분들이 12%, 정주영·빌 게이츠·워런 버핏 등 기업인 12%, 김연아·박지성 등 체육인 8%, 연예인 5%, 문학가·철학자 스승 등이었다. '가장 좋아하는 사람'은 유재석 등 연예인 24%, 부모님 등 가족이 15%, 박지성·김연아 등 체육인 15%, 세종대왕·이순신·정조·버락 오바마·프란치스코 교황·이국종 교수(의사) 등이었다.

2013년 2학기부터 강의하면서 학생들에게 자기소개서를 쓰도록 해서 자기 장래에 대한 설계를 하도록 지도했다.

'가장 감명 깊게 읽은 책'으로는 《아프니까 청춘이다》《마시멜로 이야기》《진실의 적들》《개미》《어린 왕자》《꿈꾸는 다락방》《삼국지》《정의란 무엇인가》《불멸의 이순신》《누가 내 치즈를 옮겼을까?》《멈추면, 비로소 보이는 것들》등이었다.

'가장 감명 깊게 본 영화'는 〈명량〉〈언터처블 1%의 우정〉〈죽은 시인의 사회〉〈벤자민 버튼의 시간은 거꾸로 간다〉〈인생은 아름다워〉〈반지의 제왕〉〈어바웃 타임〉〈신세계〉〈아바타〉〈비긴

어게인〉 등이었다.

'장래 희망 직업'으로는 공무원, 금융인, 기업인, 자영업, 회계사, 사회복지사, 공기업인, 선생님, 언론인 등이었다.

'인생관'으로는 '남과 더불어 사는 삶을 살자' '남에게 손해를 끼치지 말자' '주관대로 하고 싶은 일을 하며 살자' '이 순간 최선을 다하자' '사랑하는 사람과 즐거운 일을 하고 살자' '같아서는 성공할 수 없다' '오늘이 가장 소중한 시간이다' '답이 없는 문제는 없다' '행복하고 즐겁게 살자' '긍정적이고 자신감 있게 살자' 등 다양하였다.

학생들이 희망하는 직업을 얻고 자신들의 인생관에 따라 살아가기 위해서는 대학 시절에 충분히 준비하여야 한다. 학생들이 꿈을 잃지 않고 열심히 노력하여 계획한 인생을 살아갈 수 있도록 자극하고 격려하며 힘들어할 때 앞에서 끌어 주도록 하여야겠다. 약속을 지키고 기본에 충실하도록 수업 시간마다 강조하고 모범이 되도록 실천하려고 한다.

나와 함께 이번 학기 수업을 같이한 학생들이 미래에 오대양 육대주에서 무역가로, 금융인으로, 사회사업가로, 기업인 등으로 활발하게 활동하며 나라의 동량(棟梁)이 되기를 기대한다.

나도 '꼰대'가 되어 가는가?

ⓒ 진안신문(2016년 11월 7일 월요일 황의영 경제학박사)

2016년 11월 어느 주말, 아내와 함께 결혼식에 참석했다. 결혼식장에 가려고 아파트 엘리베이터를 탔다. 다음 층에서 서너 살 돼 보이는 아이와 어머니가 탔다. 아이가 엘리베이터 안에서 쿵쿵 뛰는 데도 엄마는 아무런 나무람이나 제재가 없다.

버스를 타기 위해 길가로 나섰다. 신도시(新都市)인데도 보드 블록 이곳저곳에 껌딱지가 덕지덕지 붙어 있다. 상가 건물 앞에는 한 무더기 쌓아 놓은 음식물 쓰레기 자루에서 국물이 흘러내린다. 토요일이니 이틀 넘게 저렇게 악취를 풍기고 쌓여 있을 게다.

횡단보도를 건널 때는 오른쪽으로 건너면 좋을 텐데 왼쪽 오른쪽 뒤죽박죽 실타래에서 잘못 풀린 실이 엉키듯 가는 사람 오는 사람들이 뒤엉킨다. 인도(人道)에는 시각장애인 보행유도용(步行誘

導用) 보드 블록 위의 노란색 덧붙임이 너덜너덜 떨어져 이곳저곳 나뒹군다. 버스정류장 의자에는 다 마신 빈 플라스틱 커피잔이 놓여 있다.

정류장 유리 벽면에는 각종 홍보지를 붙였다 뗀 자국이 여러 곳이 있어 보기 흉하다. 버스를 탔다. 한 학생이 통로에 배낭을 벗어놓고 잠을 잔다. 껑충 뛰듯이 배낭을 넘어 뒷좌석으로 가서 앉았다. 앞에 앉은 사람이 의자를 벌떡 뒤로 젖혀 내 가슴까지 간격이 좁다. 통화하는 사람의 목소리가 높다.

주말이어서 도로는 주차장이다. 간격이 조금만 벌어져도 차들이 끼어든다. 여기저기 울려 대는 자동차 경적에 귀가 따갑다. 버스에서 내려 지하철을 타려고 에스컬레이터(Escalator)를 탔다. 무엇이 그렇게 바쁜지 옆으로 뛰어가는 사람이 많다. 스크린도어(Screen Door) 앞에 늘어선 긴 줄 끝에 서 있다가 전철을 탔다. 좌석 앞에 섰는데 앞사람이 다리를 꼬고 앉아 내 바지에 발이 닿는다.

다리를 꼬고 앉아 있는 사람, 옆 사람과 큰 소리로 떠드는 사람, 큰 소리로 전화하는 사람도 있다. 사람들은 대부분 스마트폰을 들여다본다. 전철에서 내려 어깨를 부딪치며 역을 빠져나와 횡단보도를 몇 개 건너 결혼식장에 도착했다. 식장은 난장판이다. 사람들이 바글바글 발 디딜 틈이 없다. 혼주와 인사만 나누고 식당에 가서 식사하기 바쁘다. 하객들의 인사가 진정으로 결혼을 축하하기보다는 체면치레 인사인 듯하다. 뷔페식 식당은 '도떼기시장'같고 음식 질도 형편없다. 진심 어린 축하도 없고 정성 어린 손님 접대도 실종됐다.

집에 돌아와 밖에서 겪은 일을 곰곰이 생각해 봤다. 결코 유쾌한 외출은 아니었다. 남을 배려하는 모습은 어디에서도 찾아볼 수 없었다. 예의도 질서도 양심도 보이지 않는다.

이런 비례(非禮)와 무질서(無秩序)가 다른 사람에게는 보이지 않는데 내 눈에만 보이는 것일까? 내가 나이 들어 늙어 가기 때문일까? 젊은이들이 말하는 '꼰대'가 되어서일까?

우리 사회가 왜 이렇게 됐을까? 살기 어려워서는 아닌 것 같다. 지금 우리나라는 세계 10위권의 경제 대국이 됐고, 옛날 내가 어릴 때보다 얼마나 잘 사는데…….

인구가 늘어 경쟁이 심해져서일까? 그것도 아니라고 본다. 우리보다 인구가 2.5배나 많은 일본은 이렇지 않다.

우둔(愚鈍)한 내 생각으로는 이런 상태에 이른 것은 이런 행동을 하는 사람들이 이러한 행위가 '잘못됐다는 것'이라는 자각이 없어서인 듯하다. 나 편하면 됐지, 굳이 남의 불편을 생각할 필요가 있겠냐는 거다.

엘리베이터 안에서 아이가 뛰면 부모는 뛰지 못하게 해야 한다. 껌을 씹었으면 씹고 난 뒤, 씹은 껌은 종이에 싸서 쓰레기통에 버려야 히지 않은가? 그것을 길바닥에 뱉으면 누군가가 밟게 되고 다시 길이나 옷에도 묻게 될 것이다. 길에서는 오가는 사람이 뒤엉키는 것을 방지하기 위하여 우측통행을 하도록 정했고 횡단보도에서는 이를 더 확실하게 알리기 위해 화살표를 하나도 아니고 두 개씩 큼지막하게 표시해 놓았다. 그러면 조금 더 걷더라도 화살표 방향에서 건너야 하지 않은가?

자기가 마신 커피잔은 자기가 버려야지, 누가 버려 주어야 하는가? 정류장 유리 벽은 홍보지를 붙이는 장소가 아닌데 왜 이곳에 홍보지를 붙여 더럽히는가?

남은 불편하든 말든 나만 편하면 된다고 버스 통로에 배낭을 놓고 잠을 자는 학생이 커서 어떤 사람이 되겠는가? 버스나 전철 안에서 소리 내어 통화하는 사람, 다리를 꼬고 앉아 남에게 불쾌감을 주는 사람, 도로에서 끼어들기 하거나 경적을 울려 대는 사람들이 남이 불편해한다는 것을 알고나 있을까?

알고 그런 행위를 했다면 더욱 나쁜 사람이고 모르고 했다면 교육이 잘못된 것 아니겠는가?

예의나 질서는 사람답고 행복하게 잘 살아가자고 우리가 정해 놓은 규칙이고 약속이다. 모두가 지키면 편하고 행복하다. 내가 중(重)하듯 남도 중하다. 내 행복도 중요하지만 그 못지않게 남의 행복도 중요하다. 사람이 살아가면서 남에게 폐를 끼치지 않는 것도 매우 중요하다.

예의 바르고 질서 잘 지키며 남에게 폐를 끼치지 않는 그런 사람이 되도록 어릴 때부터 가정과 학교, 사회에서 가르치고 배워야 한다. 돈 벌어 부자 되는 것도 중요한 일이지만 이보다 더욱 중요한 것은 질서와 예의를 지키고 남에게 폐를 끼치지 않는 인성을 기르는 일 아닐까?

이런 생각을 하는 것이 내가 나이 들어서 '꼰대'가 됐기 때문일까? 남에게 도움을 주며 살지는 못할망정 피해를 주며 살아가서야 그런 삶이 무슨 의미가 있겠는가?

미국 뉴욕주립대학교
(Stony Brook University)에서 공부

ⓒ 진안신문(2012년 7월 2일 월요일 NH무역 대표이사)

"최고경영자(CEO)는 신속하고 정확한 결정을 해야 합니다."

강의 중 교수님의 목소리는 단호하고 한 음절 높다. 지난 2012년 6월 18일부터 24일까지 미국 뉴욕(New York)주 롱아일랜드(Long Island)에 있는 뉴욕주립대학교 스토니 브룩(Stony Brook)에서 개최된 한국뉴욕주립대학교 스마트 씨이오(Smart CEO) 과정 미국 현지 연수에 참여해서 들은 강좌에서 교수님께서 강의하신 내용 중 한 소절이다. '사람은 죽을 때까지 배워도 배울 것이 태산같이 많다.'고 옛 성현께서 말씀하셨듯이 나는 부족함이 많은 사람으로서 평소 배우고자 하는 열망이 높다. 2012년 인천광역시 연수구 송도에 개교한 한국뉴욕주립대학교 최고경영자 과정에 등록하였다. 신학문의 고향, 경영학이 탄생한 미국에서의 현대 경영학은 어떤 변화를 시도하고 있는지? 강한 의구심을 가지고 과정에 등록했다.

3월 초부터 매주 목요일 오후 6시부터 11시까지 시행되는 강좌에 가급적 빠지지 않고 출석하여 열심히 학업에 임하고 있다. 사실 회갑이 넘은 나이에 배우겠다고 책상 앞에 앉아 강의를 듣고 필기를 한다고 하는 것이 쉽지만은 않은 일이다. 특별한 각오로 임하지 않으면 이 과정에 낙오되기 십상이다. 그래서 결석만은 하지 않으려고 했는데, 벌써 두 번이나 결석했다.

업무상 해외 출장이 있을 때는 내 힘으로는 어찌할 수 없었다. 학교에 가면 힘들기만 하지는 않다. 내가 알지 못하는 새로운 분야에 있는 분들과 교류함으로써 새로운 지식을 얻게 되는 즐거움도 있다. 교수님들의 강의를 들으면서 평소 궁금해했던 것들을 새롭게 이해할 수 있으니 아니 좋을 수 없다.

한국뉴욕주립대학의 최고경영자 과정 중에 미국 뉴욕주립대학에서 일주일간의 현지 연수가 설정되어 있었다. 미국엔 출장으로 네 번을 다녀왔지만 대학에서의 강의는 처음이다. 강한 호기심으로 참여 신청을 하고 초등학교 시절 소풍날을 손꼽아 기다리듯 이번 연수를 기다렸다. 뉴욕주립대학교는 64개의 캠퍼스가 있고 학생은 46만 7,000명이다. 뉴욕주립대학교 중 주요 4개 캠퍼스 중 스토니브룩에 있는 스토니브룩대학교는 뉴욕 주정부가 1957년에 교원을 양성하기 위해 설립한 대학이다. 그러나 지금은 의과대학과 공과대학, 인문대학이 우수하며 미국 내 10위권에 들어가는 명문대학으로 발전하였다. 학생은 3만 명이고 학비는 뉴욕주에 거주하는 가정의 자녀는 연간 7,000달러이고 비거주사의 사녀는 1만 2,000달러다. 그러나 많은 수의 학생에게 장학금 혜택을 주어 실질적으로 학비를 면제해 주고 있다.

사립 대학의 학비가 연간 4~5만 달러인 점을 감안하면 뉴욕주립대학교는 학비는 매우 싸다. 유학생은 전체 학생의 10% 정도 되는데 한국 출신 유학생도 많다고 한다.

이 대학에서는 노벨상을 받은 교수가 3명이 있는데 현대 의학에 크게 기여한 자기공명영상촬영기(MRI)를 발명한 닥터 양도 이 대학 교수님이라고 한다. 별도의 기념관을 만들어 수상자의 사진, 메달, 상장 그리고 발명품인 자기공명영상촬영기가 전시되어 있었다. 이 대학에는 씨윗연구소, 암연구소, 소아병연구소, 에너지연구소, 전자부품연구원 등 유수한 연구소가 많이 있어 새로운 기술과 학문을 연구하고 있었다.

〈경영자를 위한 혁신적 경영관리〉에 대한 강의에서는 "아무리 좋은 기술을 개발했어도 최고경영자가 이를 몰라서 채택하지 않으면 아무 소용이 없다. 그래서 사장이 알아야 한다. 앞으로의 경영에서는 기술과 경영이 융합되어야 한다."고 강조한다.

현대의 경영자는 경영뿐만 아니라 반드시 기술을 알아야 하며

2011년 6월 필자는 미국 뉴욕주 뉴욕시 롱아일랜드에 있는 뉴욕주립대 스토니브룩에서 최고경영자과정 교육을 받았다.

본인이 모를 때는 기술을 잘 아는 참모를 가까이 두고 그의 의견을 경청해야 기업은 발전할 수 있다.

애플을 IT기업의 선두자리에 올려놓은 현대 경영의 마술사 스티브 잡스는 "최고경영자의 결단은 빨라야 하고 정확해야 한다."라고 혁신 경영의 핵심을 강조하였다.

수많은 경쟁자 중에서 앞서나가기 위해서는 다른 사람이 실행하기 전에 자기가 먼저 실행하여야 하며, 실행한 것이 잘못되지 않고 정확해야 한다는 것이다. 이는 경영에서뿐만 아니라 우리 일반인의 생활 속에서도 적용되는 금언이라는 생각이 들었다. 아무리 좋은 생각을 가지고 있어도 실행하지 않으면 아무 소용이 없다. 실천만이 좋든 나쁘든 결과를 가져올 수 있는 것 아닌가?

〈국제거래에서의 이익창출을 위한 전략〉의 강의에서는 기업이 지속 경영을 하기 위해 국내 시장이 좁다고 판단될 때는 해외 시장에 진출해야 한다. 해외 시장에서는 지역마다 문화와 인습이 다르고 정치적 이슈와 법률적 견해 차이가 크게 나기 때문에 사전에 충분한 연구를 하여 완전히 이해한 다음에 진출해야 실패하지 않는다고 한다.

국제경제에서 이익을 창출하는 다섯 가지 요소는 "회계, 도덕, 정보, 규격, 유용성인데 이를 합리적으로 판단하고 효율적으로 이용하여야 한다."고 한다.

이번 연수는 새로운 지식을 접하게 해 주었을 뿐 아니라 미국의 교육을 이해하는 아주 소중한 기회가 되었다. 또한, 학생들에게 체계적인 교육 시스템과 장학 제도를 운영하는 뉴욕주립대학교, 특히 스토니 브룩 대학교에서 한국 유학생들이 많이 공부했으면 좋겠다는 생각이 들었다. 이 대학에서 새로운 기술을 연마한 한국의 공학도들이 많이 배출되어 우리나라가 공업 한국으로 다시 한번 우뚝 서는 날이 왔으면 좋겠다. 우리 고향의 젊은이들이 이 속에서 주역으로 활동하기를 크게 기대해 본다. 우리 고향의 젊은 학생들이 큰 야망을 갖기를 희망한다.

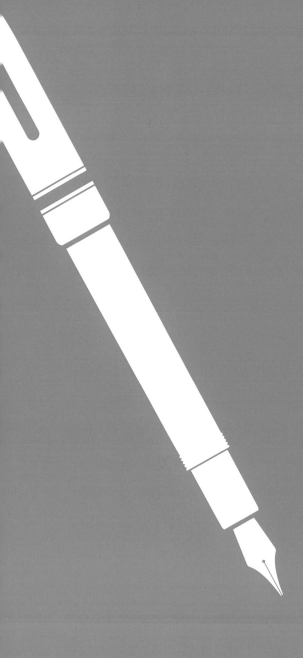

제2장

언제나 그리운 부모님과
내 고향 그곳은……

5월이면 더욱 그리워지는
어머니, 아버지!

ⓒ 진안신문(2016년 5월 16일 월요일 황의영 경제학박사)

5월이다. 5월에는 1일 근로자의 날, 5일 어린이날, 8일 어버이날, 11일 입양의 날, 15일 스승의 날, 16일 성년의 날, 21일 부부의 날 등 가정에 관한 날이나 행사가 많이 있어 '가정의 달'로 불린다. 가족들의 건강과 행복을 다시 한번 되짚어 보는 달이다.

그래서인지 5월이 되면 가족이 더욱 생각난다. 5월에는 사정이 있어 떨어져 사는 가족들이 잠시만이라도 서로 만나 정을 나눈다. 어버이날에는 자녀들이 부모님을 찾아뵙고 낳아 주시고 키워 주심에 감사드리고 앞으로의 건강을 염려하고 행복을 빈다.

어버이날 하루 전에 딸과 사위가 집에 왔다. 낳아 주시고 키워 주시고 결혼시켜 행복한 삶을 살게 해 주어서 감사하다는 말을 전하고 갔다.

어버이날 아침에는 직장을 따라가느라 멀리에서 살고 있는 아들이 "오늘도 출근했다."며 전화했다. 찾아뵙지 못해서 죄송하다고 한다. 아버지 어머니 늘 건강하시고 행복하라고 한다. 그런 생각을 해 주는 자식들이 있어 감사하고 행복하다.

나는 이번 어버이날에 부모님을 찾아뵙거나 전화드리지 못했다. 모두 돌아가셨기 때문이다. 부모님께서는 어려운 시절, 고생을 많이 하시다가 이 좋은 세상에서 행복한 삶을 누리시지 못했다. 일제 식민지시대와 6·25 전쟁을 겪으며 황폐한 경제 속에서 궁핍한 삶을 사셨다.

어려운 시대 질곡(桎梏)의 삶을 사시면서도 자식들만은 자기들과 같은 삶을 살지 않게 하려고 더 험한 삶을 사셨다. 농사를 지으시며 허리 한번 제대로 펴고 쉬지 못하고 손톱이 자랄 겨를도 없이 일하셨다. 동녘이 트기 전에 논밭에 나가 별을 보고 집에 돌아오시기 일쑤였다. 밤에 주무실 때 두 분의 끙끙 앓는 소리가 끊이질 않았다. 그러면서도 자식들은 공부시켰다.

지금도 농사시어 자식들 대학 보내기가 쉽지 않지만, 1970년대나 1980년대에는 더욱 힘들고 어려웠다.

학기 초가 되면 학자금 마련을 위해 이 집 저 집 찾아다니며 사채를 얻거나 농협에서 농사자금을 차용하여 학자금으로 전용(轉用)해 주셨다. 여름내 열심히 농사지어 가을에 추수하면 빌린 돈을 갚는 데 다 써 버리고 다음 해에는 또 돈을 빌려야 했다.

그렇게 힘들게 살아가시면서도 자식들이 바르게 커 주는 것을 보며 행복해하셨다. 어머니께서는 힘든 삶을 사시다 보니 몹쓸 병을 얻어 고생하시다 이 좋은 세상, 더 오래 사시지 못하고 일흔두 살에 돌아가셨다.

더 일찍 병을 발견하고 적기에 치료하셨더라면 그렇게 일찍 돌아가시지 않았을 텐데 그러지 못한 것이 내 탓인 것만 같다. 어머니께 조금만 더 세심하게 관심을 기울였더라면 좀 더 일찍 득병(得病)한 것을 알아냈을 것이고 조기에 치료했다면 치유(治癒)됐을 수도 있었을 텐데 하는 회한(悔恨)이 엄습(掩襲)한다.

어머니가 돌아가시고 나서 아버지 삶은 말도 못하게 불편해지셨다. 평소 남의 신세를 지기 싫어하시던 아버지는 고향에서 혼자 사셨다. 자식들이 주말마다 찾아뵙는다고는 하지만 함께하면서 모시는 것만 하겠는가? 혼자서 드시는 식사가 무슨 맛이 있었겠는가? 혼자 계시면서 얼마나 외로우셨을까? 살아도 사는 것이 아니었을 게다.

우리 자식들이 큰 불효를 한 것이다. 애국가를 들으며 TV를 켜시고 애국가를 들으시며 TV를 끄셨다고 한다. 아버지에게는 TV 가 자식보다 나았을 것이다. 아버지께서 말년에 치매를 앓으셨다. 아버지 머릿속에 있는 기억이 최근에서부터 과거로 서서히 지워져 가는 것을 보면서 가슴이 저며 드는 아픔을 감내(堪耐)할 수가 없었다.

아버지는 병원에 입원하여 치료를 받으셨다. 그러나 그 병이 어디 치료가 되는 병이던가? 병의 진행을 더디게 하는 정도밖에는 다른 치료 방법이 없는 병이 아니던가?

아버지는 빵을 무척이나 좋아하셨다. 카스텔라를 사서 학교 강의가 있는 월요일과 수요일에 아버지를 찾아뵈면 무척이나 반갑게 맞이해 주셨다. 빵을 드시며 어린아이처럼 좋아하셨다. 한 개를 드시고 더 달라고 하신다. 식사하신 후에 드시라고 하면 서운해하셨다.

그렇게라도 오래 사셨으면 얼마나 좋았을까? 아버지는 병원에서 3년여 동안을 입원해 계시다가 90세가 되는 2015년 2월 하순에 어머니를 뵈러 가셨다.

부모님은 언제까지나 내 곁에 살아 계시는 줄로만 알았다. 그러나 세월이 가면 누구도 예외 없이 저세상으로 간다. 살아 계실 때 효도를 다해야 한다. 돌아가시면 후회만 남는다. 살아 계실 때 더 잘해 드리지 못한 것이 한이 된다. 살아 계실 때 부모님의 뜻을 거스르지 않고 잘 받들고 부모님께 걱정 끼쳐 드리지 않도록 해야 한다.

부모님과 떨어져 산다면 자주 찾아뵙도록 하자. 만약 그렇게 하지 못할 처지라면 전화라도 자주 드리자. 보약에 용돈을 드리는 것만이 효도는 아니다. 부모님 마음을 편하게 해 드리는 것이 진정한 효도가 아닐까 하는 생각을 해 본다.

어머님! 아버님! 생존해 계실 때 더 잘해 드리지 못해서 대단히 죄송합니다. 어버이날을 맞이하여 불효자는 한없는 자괴감에 빠져 어머님, 아버님을 그리며 회한의 눈물을 흘립니다. 그곳에서나마 잘 계십시오. 어머님! 아버님!

마음속 고향 집, 그곳에는
어머니가 계신다

ⓒ 진안신문(2017년 5월 15일 월요일 황의영 경제학박사)

앙상한 가지에서 꽃이 피고 잎이 돋아난다. 산수유, 개나리, 진달래, 벚나무가 노랑 빨강 분홍 꽃을 피워 아름다운 자태를 뽐낸다. 꽃잎을 떨구고 여린 잎을 피워 낸다. 떡갈나무가 아기 손같이 부드러운 연한 초록의 잎을 피워 바람에 살랑인다. 철쭉이 산야를 분홍색으로 채색(彩色)한다.

갖가지 나무들이 연두색 어린잎을 피워 낸다. 노랑나비가 날갯짓하며 꽃을 찾아 날아든다. 짝짓기 철을 맞이한 장끼가 까투리를 부르는 구애 소리가 '꿔억 꿔억' 메아리 되어 귓가에 자주 맴돌 것이다. 이렇게 계설은 바야흐로 봄 속으로 깊숙이 집어들었다. 5월의 신록은 푸름의 농도를 짙게 하면서 머지않아 맞이할 여름을 재촉해 부르고 있을 것이다. 내 고향 그곳에서는.

언제나 그리운 부모님과
내 고향 그곳은……

지금쯤 내가 살던 고향 집에도 봄이 와 이곳저곳에 가득 찼을 것이다. 중천에 해가 뜨듯 이미 머리 위에 봄이 와 있을 것이다. 앞마당 담벼락에 서 있는 늙은 가죽나무가 잎을 피워 냈고 나물로 먹기 위해서 가죽나무의 여린 잎을 꺾어 삶아 빨랫줄에 널었을 것이다.

뒤꼍의 장독대 옆에는 정구지(부추)가 한 뼘쯤 자라 있고 머위가 둥근 모자를 쓰고 오밀조밀 키 재기를 하며 서 있을 것이다. 돌담 밑에서는 돌나물이 '누가 더 많이 뻗었나?' 경쟁이라도 하듯 줄기를 키워 가며 무더기무더기 자라고 있을 것이다.

골담초나무가 노란 꽃을 피워 내고 벌과 나비를 불러 모으고 있을 것이다. 어릴 적 내가 살던 고향 집 모습이 사진을 보듯 선명하게 머릿속에서 파노라마처럼 떠오른다.

봄이 오면 농사 준비에 바쁘다. 못자리하고 감자를 심는다. 참깨 씨를 뿌리고 고추 모도 심으며 봄을 맞이했다.

파릇파릇 자란 풀을 베어 여물에 섞어 소에게 별식을 주며 앞으로 논밭을 갈고 써리며 힘든 봄 일을 할 체력을 다졌다. 그 시절 봄은 이렇게 우리 곁으로 다가왔다.

봄이 가득한 고향 집에서 우리 어머니가 바삐 움직이신다. 어머니는 키가 훤칠하셨는데 체력은 약하셨다. 더욱이 오른손 손목을 다치셔서 손을 제대로 쓸 수가 없어 빨래를 하거나 호미질을 하는 등 손으로 하는 힘든 일을 잘 하실 수 없었다.

연약한 신체 조건에도 각종 농사를 지으시며 제철을 넘기지 않으려고 새벽부터 밤늦게까지 논밭에서 허리를 펴지 못하고 일하셨다.

내 어린 시절, 1950~1960년대에는 트랙터는 말할 것도 없고 그 흔한 경운기도 없던 시절이어서 오로지 소(牛)로 전답(田畓)을 갈고 써레질을 했다. 손으로 모를 심고 밭작물을 파종하고 거두어들였다. 사람 손이 유일한 농사 도구였다.

그런 열악(劣惡)한 환경 속에서도 우리 형제를 공부시키고 바른 사람으로 키워 내시려고 허리 한번 제대로 펴지 못하고 비 오듯 땀을 흘리며 노고를 아끼지 않으셨다.

물론 말없이 어머님과 같이 손발을 맞추며 농사일을 함께 해 주시는 아버지가 계셨기에 철을 놓치지 않고 농사를 지을 수 있었음은 두말할 여지가 없다.

우리 어머니는 적극적이고 도전적인 분이셨다. 소득이 높다는 새로운 작목을 과감히 도입하여 농사를 지으셨다. 인삼 농사도 많이 지으셨다. 동네에서 준고랭지(準高冷地) 배추를 도입할 때는 앞장섰고 수박 농사도 먼저 시작하셨다. 재배 방법을 모르면 잘 아는 분에게 물어서 따라 하셨다.

1970년대 새마을 운동이 본격적으로 추진될 때는 새마을 지도자가 되어 마을 환경 개선과 절미 저축, 소득 개발에 앞장서서 마을 부녀자들과 뜻을 모아 같이 추진하셨다. 집안 대소사에도 적극적으로 참여하여 주도적으로 일을 하셨다. 그러나 운명의 여신(女神)은 평화로운 우리 가정을 시샘하였다.

어머니는 육십 대 중반에 암을 앓으시게 됐다. 의지가 굳으신 어머니께서는 암을 이겨 내기 위하여 처절한 투병 생활을 하셨다. 병원에서 항암 치료를 받으시고 자연요법으로 치료도 하시면서 한때는 병세가 호전되기도 했다. 그러나 가혹한 운명은 일흔두 살의 어머니를 하늘나라로 모셔갔다.

자녀들 모두 출가시키고 이제는 허리 펴고 재미있게 여생을 누릴 여건이 조성됐는데, 안타깝게도 이 세상을 하직하셨다. 자식으로서는 한없이 안타깝고 아쉽기만 하다. 어느덧 어머니 가신 지 스무 해가 지났으니 세월의 덧없음을 새삼 느끼게 된다.

이태 전에 아버지마저 어머니 계신 곳으로 가셨다. 이제 고향 집에는 부모님이 안 계신다. 형제자매도 살고 있지 않다. 내 자란 고향 집 그곳에 지금 봄이 와 집 안 가득히 쌓여 있으련만 빈 새 둥지처럼 부모 형제는 모두 다 떠났고 어릴 적 추억으로만 가득 남아 있다.

하루만이라도, 아니 한 시간만이라도 젊으신 부모님과 어린 우리 형제가 옹기종기 모여 살던 그 시절 그 모습으로 되돌아가고 싶다. 그러면 하지 못했던 효도도 해 보고 형제간의 우애도 더 돈독(敦篤)하게 키워 보고 싶은데 영원히 이루어질 수 없는 꿈일 뿐이다. 그러나 내 가슴속에는 그곳 고향 집에서 인자하게 웃음 지으시며 따뜻하게 나를 맞이해 주시는 어머니가 계신다.

　　부모님의 사랑이 가득했던 고향 집 그곳이 그립다. 아, 어머니! 아버지! 보고 싶습니다. 5월이 되니 두 분의 사랑이 더욱 그리워집니다.

언제나 그리운 부모님과
내 고향 그곳은……

아버지의 병세가
점점 더 깊어져 가고 있다

ⓒ 진안신문(2012년 12월 21일 금요일 황의영 NH무역 대표이사)

지난 2012년 12월 15일, 주말이어서 아버지를 찾아뵈었다. 이런저런 핑계로 자주 찾아뵙지 못했는데 계절이 겨울로 접어들어 날씨도 추워지고 해서 혹시 감기는 드시지 않으셨는지 궁금하기도 하여 찾아뵈었다. 2012년 6월 초에 아버지께서 편찮으셔서 병원에 입원하셨으니 집을 나오신 지 1년 6개월이 다 됐다. 2012년 6월부터 요양원 입소 자격이 되어 마이산 기슭, 이곳 진안군에서 운영하는 요양원으로 오시게 됐다. 개인 병원에 계실 때보다 아버지의 용태가 훨씬 좋으시다.

전에 계시던 병원보다 입원하고 계신 방도 더 깨끗하고 일하시는 분들도 더 친절하시다. 군(郡)에서 운영하고 있기 때문에 군수님을 비롯한 윗분들의 관심도 있을 테고 종사하시는 분들이 공직자들이기 때문에 사명감도 개인 병원에서 일하시는 분들보다 더 크기 때문일 것이다. 한 달에 한 번은 찾아뵙는데 매번 뵐 때마다 이발을 새롭게 하시고 면도도 깨끗하다. 손톱 발톱도 짧게 깎아서 단정하시다. 목욕도 자주 하시어 살결도 뽀얗고 깨끗하시다.

아버지께서 본인의 의지대로 몸을 움직일 수 없어서 혼자서는 일어나 앉으실 수도 없다. 걸으실 수는 더더욱 없으시다. 대소변을 받아 내니 여간 청결하지 않으면 냄새가 날 텐데 아버지에게서는 냄새가 나지 않는다. 그만큼 간병인들이 정성스럽게 간병을 하고 계시다는 증거일 것이다.

아버지가 계신 방에 들어서는데 오늘도 예전과 같이 아버지는 누워 계셨다. 침대를 세워 아버지를 비스듬히 앉히고 손을 잡고 아버지께 인사드렸다.

"아버지! 안녕하셨어요. 저 왔어요." 주무시다 일어나시어 눈을 가늘게 뜨고 바라보시면서 "의영이, 왔구나. 집안 다 편해?" "예, 아버지. 에미도 건강히 잘 있고 애들도 무탈하게 잘 있어요. 잡수시는 것은 잘 드세요?" "응, 잘 먹어." "배는 고프지 않으세요?" "아니, 괜찮아." 말씀은 이렇게 하시지만 지난달에 왔을 때보다 아버지의 병세는 더 악화된 것 같아서 가슴은 더 저민다. 속으로 눈물을 삼키며 아버지와 대화를 이어 간다.

　"아버지, 지금이 무슨 달인지 아세요?" "아니, 몰라." "12월이에요. 이번 달이 지니면 올해도 다 가요. 올해 무슨 해인지 아세요?" "아니, 몰라." "임진년 용띠 해예요." "으응, 그래……." 아버지께서 물으신다. "여기가 어디여?" "요양원이에요. 군에서 운영하는 노인복지센터예요. 마이산 동부병원 옆에 있는." "응, 그려."
　아버지의 기억력은 최근 것부터 지워지기 시작해서 점점 더 옛날 것으로 거슬러 올라가면서 지워진다. 아버지가 앓고 계신 치매라는 무서운 병은 기억이라는 소중한 자산을 아버지로부터 빼앗아 간다. 결국에는 누에고치처럼 아버지의 껍데기만 남기고 기억력이란 상자는 텅 비게 될 것이다. 기억이 소멸된다는 것은 영혼이 사위어 가는 것과 같다. 치매는 참으로 무서운 병이다.

　"야. 어서 집에 가자." "왜요? 집에 가셔서 무슨 하실 일이 있으세요?" "삼밭에 가야지. 지난 7월에 가 보고 안 갔으니 빨리 가 봐야지." "삼밭이 어디 있는데요?" "불무꼴에 있는 삼밭." "불무꼴에 삼밭이 얼마나 있는데요?" "백오십 칸을 놨는데 삼이 잘됐어." "인삼을 누가 가꾸는데요?" "내가 놉 얻어서." "어머니하고 같이 가꾸지는 않았어요?" "네 어머니는 죽었잖아. 그래서 내가 놉 얻어서 가꿨는데 아주 잘됐어. 돈 좀 될 거야." "그 삼 팔은 돈 어디다 쓰실래요?" "가용에 써야지." "그 많은 돈을 아버지 혼자 다 쓰세요?" "아니, 느덜도 줘야지." 하시면서 아버지 얼굴엔 웃음이 일고 흐뭇함이 배어 나온다.

"예, 그렇게 하세요. 지금은 추워서 삼을 캘 수 없으니 내년 봄에 가서 캐서 팔아요."라고 하면서 아버지 말씀에 맞장구를 쳐 드렸다.

그렇다. 아버지의 마음속의 주 무대는 지난 6~70년대 아버지가 인삼 농사를 지어 우리 자식들을 공부시키고 출가시키던 즐거운 기억 속에 머무르고 계신 것이다. 이런 아버지의 즐거운 기억을 깨뜨리고 싶지 않아 아버지 말씀에 맞장구를 치면서 대화를 이어 갔다.

아버지가 입원하고 계신 방에도 네 분의 노인들이 계시는데 이분들도 치매를 앓고 있다. 2012년 12월 발표된 통계에 의하면 65세 이상 치매 노인 수는 53만 명이다.

65세 이상 노인 인구 589만 명의 9%를 차지한다. 보건복지부가 첫 치매 유병률 전국 조사를 시작한 2008년(42만 명)에 비해 4년 만에 26% 늘어났다. 2020년에는 80만 명, 2025년에는 103만 명,

2050년엔 노인 8명 중 1명(238만 명)이 치매를 앓을 것으로 추정했다. 참으로 무서운 통계 수치다.

치매는 본인을 몽땅 망가뜨리는 병이기도 하지만 가족들을 힘들게 하고 진을 빼게 하는 아주 무서운 병이다. 심하게 얘기하면 치매는 가정을 파탄으로 몰고 간다. 자식들에게 짐 되기 싫다고 하여 치매를 앓고 있는 노인과 그 배우자가 동반 자살하는 경우도 종종 언론에 보도되어 사회 문제로 크게 부각되기도 한다.

누구나 왔으면 간다. 영원히 살 사람은 아무도 없다. 왔으면 건강히 행복하게 살다가 가야 한다. 그러나 그게 어디 마음대로 되는 것인가? 건강히 살기 위해서는 건전한 정신과 적당한 식습관을 가지고 적절히 운동하여야 할 것이다.

아버지와 같이 4~50년 전의 시간 속에서 여행을 하면서 시간 가는 줄 몰랐다. 꼭 잡았던 아버지 손을 놓고 방을 나오면서 아버지의 건강을 기원했다. 아버지의 기억력이 더 이상 지워지지 말고 여기에서 멈췄으면 참 좋겠다.

다음에 왔을 때, 또 그 다음에 왔을 때도 인삼밭 얘기를 하면서 아버지가 즐거워하시는 모습을 보고 싶다. "아버지! 건강하세요. 또 올게요." 하면서 되돌아서는 나에게 아버지께서는 시무룩한 표정으로 "잘 가라."라고 말씀하시며 눈시울을 적시신다.

아버지, 오래오래 사세요

ⓒ 진안신문(2012년 4월 23일 월요일 황의영 NH무역 대표이사)

아버지가 입원해 계신 병실에 들어서니 낮인데도 창가 침대에
서 아버지가 주무시고 계셨다. "아버지, 저 왔어요. 저예요." 하며
아버지 어깨를 조심스럽게 흔들어 깨웠다. "으…… 응." 하시면서
눈을 뜨신다.

일으켜 앉히는데 아버지가 조력(助力)하지 않으시니 여간 어렵
지 않다. 아버지가 이제는 자력(自力)으로 일어나 앉으실 수도 없
게 되셨다. 가슴속 깊은 곳에서 비통함이 저며 온다. 눈앞에 부옇
게 안개가 낀다.

"의영이 왔-구-나……. 어-떻-게 왔-어. 집-안-은 편-하-고?" 가
물거리는 기억 속에서도 자식의 안부가 걱정이신가 보다. "아버
지, 감기 안 드셨어요? 잡수시는 것은 여전하세요?" "응……."이

언제나 그리운 부모님과
내 고향 그곳은……

라고 답하시는 아버지의 목소리가 목 안으로 다시 기어들어 간다.

작년 2011년 6월에 이 병원에 오셨을 때는 걷고 움직이는 데 전혀 문제가 없었고 지난번에 문병 왔을 때도 부축하면 일어나 휠체어를 타고 밖으로 나가실 수 있었다. 그러나 한 달도 안 돼 이렇게 악화되시다니 참으로 무서운 병이다.

2010년 겨울 어느 날, 당숙에게서 전화가 왔다. "조카, 오해 말고 들어. 형님한테서 냄새가 난다고 동네 사람들이 회관에 나오시는 것을 싫어해. 그러니 병원으로 모시는 것이 좋겠어."라고 하신다.

"예, 알겠어요. 이번 주말에 내려가 뵐게요."라고 하고 그 주말에 고향 집에 갔다. 빨래를 자주 안 해서 냄새가 나는 줄 알고 메리야스, 팬츠, 동내의 등을 여러 벌 사 가지고 갔다.

대소변이 묻으면 바로 갈아입으시도록 하기 위해서였다. 역시 아버지에게선 지린내와 구린내가 심했다. 씻기고 내의를 갈아입혔다. 회관에 가실 때는 깨끗하게 하고 가시라고 말씀드렸다.

고향 집에 다녀온 후 동생들과 협의했으나 동생들은 아버지를 요양 병원에 모시는 것을 반대했다. 대신 형제들이 주말마다 번갈아 아버지께 다녀가기로 했다. 그렇게 겨울이 지나고 봄이 왔다. 아버지의 병세는 더욱 악화되었다.

수족의 움직임이 둔해지고, 손 움직임이 불편하니 용변 후 뒤처리가 미흡하여 옷에 변이 묻었다. 더는 아버지를 집에 계시게 할 수 없어 2011년 초여름에 요양 병원으로 모셨다. 아버지를 병원에 모시고 돌아 나올 때 닭똥 같은 눈물이 쏟아졌다.

현대판 고려장은 아닌가? 심한 자괴감이 들었다. 아버지의 병세가 호전되어 이 병원을 나오실 수 없을 것이라는 서러움 때문이었다. 집에 모시면서 치료와 요양을 겸할 수는 없었다.

병을 낫게 하거나 병세를 중지시키지는 못하더라도 병세의 진전을 지연시켜 지금 상태의 건강만이라도 유지하기 위해서는 입원이 제일 나은 방법이었다. 그러나 입원하신 지 십여 개월 만에 아버지의 병세가 이렇게 나빠지신 것이다.

아버지 연세가 여든일곱 살이시니 몸져누우시기에는 아직은 서운한 마음이 크다. 건강한 몸으로 여행도 하시고 좋아하는 음식도 드시면서 여생을 더 즐기셔도 되는데 말이다.

우리 자식들이 잘 모시지 못해서 편찮으신 것 같아 불효 막급한 심정으로 죄스럽기만 하다. 우리 사 남매가 고향을 떠나 살았기 때문에 고향 집에는 부모님 두 분만 계셨다.

열다섯 해 전(1997년)에 어머니가 돌아가시고 아버지 혼자서 사셨다. 혼자 사시니 얼마나 쓸쓸하고 허전하셨겠는가? 혹시라도 자식들은 어쩌다 주말에 다녀가면 그것으로 자식의 도리를 다한 것으로 생각하시는 않았는가? 여러 가지가 마음에 걸린다. 그렇다고 우리 형제가 부모님 속을 썩여 드리지는 않았다. 부모님 농사를 도와드리며 학교를 다녔고 직장인이 되어서도 휴가철에 휴양지에 가지 않고 고향 집에 와서 부모님의 농사일을 거들어 드리면서 휴가를 보냈다.

생로병사(生老病死)가 사람이 안아야 할 숙명이라면 어쩔 수 없지 않겠는가? 누구나 겪어야 할 과정인 것을……. 선조님들이 그 길을 가셨고 할아버지가 가셨고 지금 아버지가 가고 계신다. 그리고 언젠가 나도 그 길을 가겠지. 내 아들도, 그의 아들도 가겠지. 다만 정신과 육체를 잘 가꾸고 관리하여 가족들이 나 때문에 몸과 마음고생을 하지 않도록 해야 할 것이다.

아버지가 언제까지 사실지 모르겠지만 살아 계시는 동안 자주 찾아뵙고 좋아하시는 것도 드시도록 하고 손발도 주물러 드리고 입가에 흐르는 침도 닦아 드리고 말씀도 나누도록 해야겠다.

바쁘다는 핑계로 얼마나 자주 아버지를 찾아뵐지 의문이긴 하지만 더욱 노력하자. 자력으로 일어나 앉지도 못하시는 아버지의 병실을 나오는 불효자의 가슴은 천 갈래 만 갈래로 찢어지는 것만 같고 눈물이 앞을 가려 걸을 수 없었다.

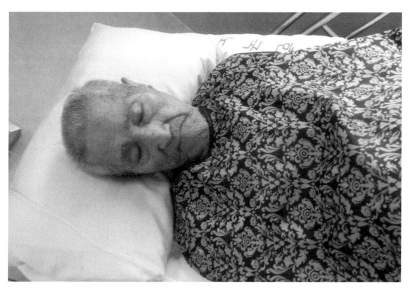

필자 부친께서는 장기간 병상에 누워 계셨다.

　제발 아버지의 병세가 지금보다는 더 나빠지지는 않았으면 좋
겠다. "개똥밭에 굴러도 이승이 좋다."는 말이 있지 않은가.
　지금처럼만이라도 오래오래 사셨으면 좋겠다.
　"아버지, 오래오래 사세요. 제발……."

언제나 그리운 부모님과
내 고향 그곳은……

"황 서방, '버그' '유레카' '매니페스토'가 무슨 뜻이여?"

ⓒ 진안신문(2014년 6월 2일 월요일 황의영 전북대학교 무역학과 강의전담교수)

"황 서방, 버그가 뭐야?"

"예, 버그(Bug)란 원래 영어 단어로는 '벌레'라는 뜻인데, '컴퓨터 프로그램이나 시스템의 착오, 또는 시스템 오작동의 원인이 되는 잘못을 뜻하는 컴퓨터 용어'입니다."

"그려, 그러면 유레카는 무슨 뜻인가?"

"예, 유레카(Eureka)라는 말은 '알겠어, 바로 이거야!'라는 말로, '무언가를 알아내기 위해서 전전긍긍하다가 알아냈을 때 기뻐서 외치는 말'이라고 합니다."

"그럼 매니페스토(Manifesto)는 무슨 말이여?"

"매니페스토는 '선거에서 후보들이 내놓은 공약의 실현 가능성을 따져 보고 당선 후 공약을 지켜 나가도록 한다.'는 의미를 담은 시민운동을 말합니다.”

이제는 고인이 되셨지만 몇 년 전 이맘때 찾아뵈었을 때 장인어른과 나눈 대화다.

그때도 도지사, 시장·군수 등을 뽑는 지방 선거가 한창 진행 중이었다. 90세가 넘으셨지만 호기심 많은 장인어른은 방송에서 많이

필자 장인 조기현 선생님과 장모 박선희 여사님

거론되는 외래어 단어를 기록해 놓았다가 사위가 오면 물어보곤 하셨다.

선거란 '하나의 집단 또는 단체의 대표자나 임원을 그 구성원 중 일정한 자격을 갖춘 자가 정해진 방법에 따라 자유의사로 선출하는 행위'다. 투표는 대표자를 뽑는 민주적인 절차다. 선거로 뽑히는 것은 미리 정해 놓은 범위 안에서만 성실하게 관리 의무를 다해서 일해 달라는 선거인들의 부탁을 피선거인이 수락하는 행위다.

그런데 근래 국내외를 마론하고, 구성원인 선거인들의 위탁을 받은 당선자들이 구성원들이 미리 정해 놓은 범주를 넘어서 월권을 하거나, 구성원들의 이익에 반하는 행동을 하기도 하고, 심지어

본인의 사리사욕을 채우는 파렴치한(破廉恥漢)도 많다. 이곳저곳에서 선거에 '버그(Bug)'가 많이 나 있다.

　심부름꾼이 되겠다고 입·후보한 사람이 과거에 법을 어긴 범법자이거나 도덕적으로 문제가 있다든지, 경력이나 공적을 부풀려 과대광고를 하는 경우도 있다. 실현 가능한 공약(公約)을 제시해서 선거인들의 심판을 받고 선택받아 당선되면 이를 성실히 실천해야 한다. 그런데 많은 선거에서 볼 수 있듯이, 공약은 단순히 당선을 위한 수단이고 당선되고 나면 언제 그런 얘기를 했느냐는 식으로 빌 공 자, 공약(空約)이 돼 버리기 일쑤다.

　'매니페스토(Manifesto)'라는 말은 1834년 영국의 로버트 필 보수당 당수가 처음으로 도입했는데, "겉으로만 번지르르한 공약은 순간의 환심은 살 수 있으나 결국은 실패한다."며 구체적인 공약의 필요성을 강조했다. 그 후 1997년 영국 노동당 토니 블레어가 '매니페스토'를 제시해 집권에 성공하면서 '매니페스토'란 용어가 본격적으로 알려지게 됐다. 우리나라에서는 2006년 5·31 지방선거에서 처음 시작되었다.

　이번 6월 4일은 도지사, 시장·군수, 교육감, 지방의회 의원을 뽑는 지방선거일이다. 우리 지방에서도 우리 지방을 위해 열심히 일해 보겠노라고 많은 사람이 입후보해서 유권자의 심판을 기다리고 있다. 진정으로 우리를 위해서 일할 사람이 누구인가를 잘 판단해서 투표해야 한다.

누구의 공약이 우리를 위해서 더 유익하고 실효성(實效性)이 있는가를 꼼꼼히 따져야 한다. 그러고 나서 어느 후보가 일을 잘해서 우리 지역을 발전시킬 것인지를 판단해 그 후보에게 투표하여야 한다. 같은 지역에 태어났기 때문에, 같은 학교를 나왔기 때문에, 과거 나에게 이익을 주었기 때문에 무턱대고 그 후보에게 투표해서는 안 된다.

수년 전에 오른손 검지를 쳐들며 "이 손가락을 잘라 버려야해!"라는 우스갯소리가 유행한 적이 있었다.

자기가 투표해서 당선된 사람이 잘못해서 많은 사람에게 실망을 안겨 주자 투표를 잘못했다고 하는 자조적인 말이었다. 투표는 개인의 행위이지만, 공익적 행위로 결과가 그 구성원 모두에게 미친다. 그렇기 때문에 더욱 신중하게 투표권을 행사하여야 하는 것이다. 더더욱 기권은 아니 된다. 반드시 투표를 해야 한다.

이번 선거에서는 활발한 '매니페스토' 활동으로 과거 '버그'난 우리 선거를 정상화하자. 고대 그리스의 수학자·물리학자인 아르키메데스(B.C.287~B.C.212)가 목욕탕 물속에서 왕관의 순금 함량

여부를 알아내며 '유레카'라는 함성을 질렀듯 우리 유권자들이 공명선거로 훌륭한 대표자를 뽑았다는 기쁨에 '유레카'를 크게 외칠 수 있도록 성숙한 선거를 우리 스스로 꼭 만들어 내자.

세계 8대 무역 대국의 국민답게 우리의 대표를 잘 뽑아 우리 지역을 발전시키자. 그런 선거 혁명을 다른 사람이 아닌 바로 '나', 내가 만들어 내자.

설날이 다가옵니다

ⓒ 전북도민일보(2013년 2월 7일 목요일 황의영 NH무역 대표이사)

"까치 까치설날은 어저께고요, 우리 우리 설날은 오늘이래요……."

어릴 적 친구들과 어깨동무하고 이 골목 저 골목 뛰어다니면서 노래 부르며 손꼽아 기다리던 설날, 그 설날이 며칠 후로 다가왔다.

어릴 때는 설날이 세상에서 제일 좋은 날이었다. 내 생일보다도 좋았고 조상님의 제삿날보다도 더 좋았다. 맛있는 음식을 먹을 수 있고 새 옷을 입을 수 있어서였다. 솔직히 말해서 설날이 좋아 손꼽아 기다렸던 이유는 세뱃돈을 받아 용돈에 보탤 수 있었기 때문이었다.

이번 설은 휴일이 작년보다 하루 적은 3일이어서 고향을 찾는

언제나 그리운 부모님과
내 고향 그곳은……

귀성 차량이 시간대별로 분산이 어렵고 일정 시간대 쏠림 현상으로 교통 혼잡이 더욱 가중될 것이라는 예측이다.

설 하루 전날, 고속도로가 제일 혼잡할 것이고 서울에서 대전 이남 지방에 가려면 작년보다 2시간 이상 더 걸릴 것이라는 전망이다. 2시간이 아니라 몇 시간이 더 걸리더라도 고향 가는 것을 포기하는 사람은 없을 것이다.

고속도로가 밀려 주차장이 되어 차가 움직이지 못하고 서 있어도 사람들의 마음은 이미 고향에 가 있어 마냥 즐겁기만 할 것이다. 부모님께서 계시고 조상님들의 선영이 모셔져 있고 자랄 때의 향수가 묻어 있는 고향이기 때문이다.

명절 때마다 귀성 차량으로 고속도로는 주차장이 된다.

이들이 언제까지 설날과 추석 명절에 고향을 찾아올 것인가? 부모님이 돌아가시면 명절에 고향을 찾지 않을 것이다. 차례(茶禮)를 자식 대(代)에서 모셔야 하기 때문에 고향에 내려올 수 없게 된다. 농촌 사회의 급격한 노령화로 인구가 급감하고 있는 것으로 봐서 설날에 고향을 찾으며 고속도로가 주차장이 되는 이런 현상을 볼 날도 이제 얼마 남지 않은 것 같다고 생각하니 서운한 마음이 든다.

지금 우리 마음의 고향, 농촌이 급격하게 쇠락(衰落)해 가고 있다. 마을마다 빈집이 늘어 가고 들판의 농경지는 듬성듬성 이빨 빠진 것처럼 묵히는 전답이 늘어난다. 어린아이의 울음소리가 끊긴 지 오래된 마을도 많다.

이러한 농촌 사회의 피폐화(疲弊化)는 과거 산업화 과정에서 농업의 희생을 바탕으로 불균형성장(不均衡成長)을 주도한 정책의 소산(所産)이다. 다른 산업에 비해 자본의 회임(懷妊) 기간이 길고 생산성이 낮은 농업의 특성 때문에 농업에 투자하기보다는 성과가 크게 나타나는 중공업에 집중적으로 투자한 것은 지극히 경제학적(經濟學的)인 선택이었다.

이런 정책을 추진한 결과, 우리는 어느 나라도 이루지 못했던 최단 시간 내에 산업화를 이룰 수 있었다. 무역액이 1조 달러가 넘

어 세계 8대(大) 무역 강국이 됐으며 1인당 국민총소득[GDI, GDI=
국민총생산(GNP)+내국인의 해외소득·외국인의 국내소득+순 수출액/국민
수]이 2012년 2만 2,720달러를 달성했다.

　지난 1월 30일에는 나로호를 성공적으로 발사하여 '스페이스
클럽(Space Club, 자국에서 자국 발사체로 자국 위성을 쏘아 올린 국가를 의
미함)'에 가입하기도 했다. 이러한 성공의 그늘 속에 가리어진 채
농촌 사회가 붕괴하고 있다.

　앞으로 농업, 농촌, 농촌 사회가 점점 더 쇠락해 갈 뿐만이 아니
라 농경시대 이래 생성, 보존, 유지돼 오던 농촌 문화도 떠오르는
태양의 열에 아침 이슬 증발하듯 부지불식간(不知不識間)에 사라져
버릴 것이다.

　이제는 농업, 농촌, 농촌 사회에 대한 정리를 다시 할 때가 됐다.
식량 등 먹을거리가 중요하면 중요한 만큼의 대우를 해야 한다.
국가와 국민은 필요한 만큼의 투자와 관심, 사랑을 주어야 한다.

　지금처럼 앞으로도 농업을 농업인의 손에 맡겨 놓고 "네 일이
니 밥이 되든 죽이 되든 네가 알아서 하라."고 한다면 종국에는 농
업은 망하고 농촌 사회는 붕괴하며 농토는 황무지가 될 것이 아니
겠는가? 그렇게 되면 우리나라는 어느 농업 선진국의 식량 속국이
되고 국민은 목을 길게 뻗고 손을 내밀어 식량을 구걸해야 할 처

지에 놓이지 않는다고 누가 장담할 수 있겠는가?

우리 모두 농업과 농촌 그리고 농촌 사회의 소중한 가치를 공유하면서 정부는 물론 농촌 사람, 도시 사람 할 것 없이 국민 모두 하나 되어 농촌부흥 활동에 동참해야 할 것이다.

사람이 생명을 유지하는 데 물과 공기가 필수불가결(必須不可缺)한 요소이지만 늘 부족함 없이 생활하고 있기 때문에 그 진정한 가치를 모르듯 쌀과 채소 등 먹을거리가 부족함 없이 공급되고 있으며 아직은 찾아갈 농촌이 있기 때문에 먹을거리와 농촌의 소중함을 느끼지 못하는 것이다.

늦었다고 생각하는 지금이 가장 빠른 때이다. 범정부적(凡政府的)으로 농업, 농촌, 농촌 사회의 붕괴를 막고 나아가 이들을 발전시킬 전략을 수립하고 이를 위한 정책을 적극 시행해야 한다.

농촌에 사는 사람들은 농촌부흥 활동의 주체가 되어 우수한 농산물을 생산하고 아름다운 농촌을 가꾸는 등 농업·농촌·농촌 사회 발전을 위해 땀 흘려야 한다.

도시민들도 '식(食)사랑 농(農)사랑 운동' 등 '농촌사랑 운동'에 적극 동참하여야 하겠다. 그렇게 되면 시들어 가고 있는 농업·농민·농촌이 생기를 되찾고 탄력을 얻어 다시 발전하게 될 것이다.

"우리 것은 소중한 것이여~!"라고 외치던 어느 광고 카피가 생

언제나 그리운 부모님과
내 고향 그곳은……

각난다. 소중한 우리 농촌을 되살려 수십 년 후의 설날에도 귀성 객으로 고속도로가 밀린다고 하는 뉴스를 들었으면 좋겠다.

우리 자손 대대로 농촌이 활력 넘치는 마음의 고향으로 남아 있기를 기원해 본다. 농촌은 참으로 소중한 우리의 자산이기 때문이다.

임진년 흑룡의 서광(瑞光)이
우리 진안에

ⓒ 진안신문(2012년 1월 9일 월요일 황의영 NH무역 대표이사)

2012년 임진년 새해가 밝았다. 어렵고 힘든 암울한 우리 농업에 희망이 가득하도록 불같이 따뜻한 햇볕을 온 누리 가득히 비추어 줬으면 좋겠다. 2011년 연말, 종무식을 마치고 백합을 일 년 동안 수십만 달러 이상 수출한 작목반이 있는 강원도 인제군 귀둔리에 가서 수출 농가들과 같이 간담회를 했다. 다음 날 새벽, 설악산에 올라 동해에서 불끈 솟아오르는 태양을 보면서 국태민안과 농업발전을 기원하였다.

임진년은 흑룡의 해라고 한다. 임(壬)은 오행으로 물(水), 오방색으로 검은색에 해당한다. 진(辰)은 용띠를 말하는데, 60갑자에서 용띠 해는 갑진(甲辰·청룡), 병진(丙辰·적룡), 무진(戊辰·황용), 경진(庚

언제나 그리운 부모님과
내 고향 그곳은……

辰·백용), 임진(壬辰·흑룡)이 있다.

중국의 문헌《굉아(廣雅)》에 의하면 용은 "머리는 낙타와 비슷하고 뿔은 사슴뿔을 닮았으며 눈은 토끼, 귀는 소, 목덜미는 뱀, 배는 큰 조개, 비늘은 잉어 비늘, 발톱은 매 발톱, 주먹은 호랑이와 비슷하다. 비늘은 9·9 양수(陽數)인 81개이고 입 주변에는 긴 수염이 나 있다."라고 묘사하고 있다.

그러나 용은 생물학적 실체 없이 인간이 상상해 온 '문화적 동물'이다. 즉, 실존하지 않는 상상의 동물이다.

용은 그 장엄하고 화려한 특징 때문에 중국과 한국에서는 주로 최고 권력자인 왕을 상징해 왔다. 임금의 얼굴을 용안(龍顔), 임금의 덕을 용덕(龍德), 임금의 지위를 용위(龍位)라 하고 임금이 앉는 자리를 용상(龍床) 또는 용좌(龍座)라고 했다.

주술적으로 용은 백성에게 중요한 신앙의 대상이었다. 물을 지배한다고 알려져 농민과 어민들에게는 신과도 같은 존재였다. 특히, 마음대로 비를 내리거나 멈추게 할 수 있다고 해서 기우(祈雨)의 신으로 여겼다. 그래서 기우제를 지낼 때는 흙이나 짚, 모래 등으로 용 모양을 만들거나 용 그림을 그려 놓고 빌었다.

일부 지역에서는 지금도 물의 고갈을 막고 풍어와 안전을 빌기 위해 용왕굿, 용신제를 지내기도 한다. 용은 변화와 도전의 신으로도 여겨진다. 용은 크기가 변화무쌍하고, 물고기·파충류·사람 등 여러 가지 형상으로 다양하게 변신한다. 용은 짙은 안개와 비, 천둥과 번개를 동반하면서 이를 뚫고 장엄하게 비상하는 패기의 상징이기도 하다.

이렇게 비범한 동물로 추앙되고 있기 때문에 용꿈을 최고의 꿈으로 여긴다. 꿈에서 용을 타거나 용이 하늘로 날아오르는 것을 보면 고위 관직에 오른다고 믿었고 자신이 직접 용이 되면 크게 성공한다고 믿었다. 기압 차이에 의해 바닷물이 소용돌이치면서 하늘로 치솟아 오르는 현상을 '용오름'이라고 한다.

국토지리정보원에 의하면 전국 지명 150만여 개 가운데 용(龍)과 관련된 지명이 1,261개로 십이지(十二支) 동물 가운데 가장 많다고 한다.

내 고향 진안에도 용과 관련된 지명이 있다. 대표적인 것이 용담면이다. 고려 때부터 용담이라 불렸다고 한다. 행정 구역이 현, 군으로 변경되어 이어지다가 1914년 용담군이 진안군에 편입되고 지금의 용담면으로 남아 있다.

용담댐은 용담면 등 진안군 동부 6개 읍면이 수몰돼 만들어진 담수호로 1990년 공사를 시작하여 2001년에 준공되었다. 수몰 지역에서 조상 대대로 살아오던 많은 사람이 정든 고향을 떠나 실향민이 되는 아픔을 겪기도 했다.

우리 고장에는 예로부터 "용담에 물이 차면 용이 승천한다."는 말이 전해내려 온다. 이제 용담호에 물이 가득 찼으니, 언제 어느 용이 승천할지 모른다. 우리 진안 사람들은 누구라도 용이 될 가능성이 열려 있다. 많은 진안 사람들이 용이 됐으면 좋겠다. 세계적인 용은 물론이고 국가적인 용, 아니 각자 소속돼 있는 조직 속에서의 용들이 많이 났으면 좋겠다. 우리 모두 각자의 위치에서 용이 되도록 최선을 다해서 노력해 보자.

역사적으로 보면 임진년에는 크고 작은 일이 많았다. 특히 전쟁이나 분쟁이 잦았다. 632년 신라시대에는 첨성대 축조를 시작했으며, 1232년에는 고려조가 몽골군의 침입으로 강화도로 천도했고 초조대장경이 소실됐다. 1412년에는 조선의 경복궁 경회루가 완성됐고 1592년에는 임진왜란이 발생하여 7년 동안 전쟁을 치르면서 나라가 황폐해졌다. 1712년에는 조선과 청나라와의 경계를 나누는 백두산경계비가 세워졌으며 1952년에는 6·25 전쟁이 한창이었고 일본과 독도 영유권 분쟁이 시작됐다. 이렇듯 과거 흑룡의 해에는 크고 작은 일이 많이 일어났다.

하늘로 뻗어 오르는 용처럼 패기 넘치는 임진년(壬辰年), 올해에는 대통령 선거가 있고 런던 올림픽이 열린다. 또한, 한미FTA가 발효되고 세계 60여 개국에서 지도자나 대표자를 뽑는 선거가 있을 예정이다. 우리나라를 반석 위에 올려놓을 훌륭한 지도력을 갖춘 대통령이 선출되었으면 좋겠다. 그리고 대한의 아들딸들이 런던 하늘에 태극기를 많이 날려 국위를 크게 선양하는 올림픽이 되었으면 좋겠다.

2012년 올해의 임진년에는 국운이 융성할 일들만 많이 일어났으면 좋겠다. 5,000만 국민과 8,000만 겨레가 다 같이 손벽 치며 크게 환호할 일들이 많이 생기고 소시민들의 이마에 깊이 팬 주름살이 펴질 수 있도록 경제도 좋아졌으면 좋겠다. 기후가 좋아 농업 생산에도 별 탈이 없었으면 좋겠다. 농업 소득도 높아져 농업인들의 허리를 짓누르는 부채도 감소됐으면 좋겠다. 우리 진안 군민의 얼굴에 함박웃음이 가득한 날들이 많기를 기원해 본다.

내 고향, 진안(鎭安)! 그곳은?

ⓒ 진안신문(2015년 1월 19일 월요일 황의영 전북대학교 무역학과 강의전담교수)

나는 진안에서 태어나고 자랐다. 조상 대대로 안천면 백화리에서 살았다. 아버지가 공무원이셔서 부귀면 장승리에서 태어났으나 첫돌 지나 안천으로 이사 와서 살았다. 네다섯 살 때부터의 기억이 어렴풋이 생각난다.

6·25 전쟁이 끝난 지 얼마 되지 않은 시기였기에 살기가 참 팍팍했다. 식량이 부족하여 먹고살기가 힘들었다. 보리밥을 쌀밥보다 더 많이 먹은 것 같다.

밥을 얻어먹는 걸인(乞人)도 많았다. 갈고리 손을 하거나 목발을 딛고 다니며 물건을 강매하는 상이군인도 많았다. 벼농사는 물론 보리농사 밀농사 등의 곡류(穀類), 콩·팥·녹두 등 두태류(豆太類)도 많이 재배했다.

진안군은 노령산맥 동쪽 사면과 소백산맥 서쪽 사면 사이에 위치한 고원지대로 80.22%가 산악지역이다. 마이산도립공원과 운장산·만덕산·성수산·팔공산·고산 등의 아름다운 산이 있다. 금강과 섬진강이 발원하고, 다목적댐인 용담댐이 있다. 기후는 여름철에 고온다습하고 겨울철엔 한랭건조하다. 평균기온은 12~13℃ 내외, 연 강수량은 1,200~1,300㎜로 다우 지역이다.

벚꽃의 개화일이 다른 지역보다 5~6일 정도 늦고 10월 초순에 서리가 내려고 4월 20일경에 그친다. 진안군은 1914년 일제가 군면을 폐합할 때 용담군이 진안군에 병합됐다.

1979년 진안면이 읍으로 승격한 후 1읍 10면이 됐다. 산이 많은 진안군은 경지율이 12.9%를 보이고 있어 농산물의 생산이 다른 군에 비해 미흡하다.

주요 농산물은 쌀, 콩·팥, 고추, 인삼, 참깨, 들깨, 무·배추 등이 많이 재배된다. 최근에는 수박, 사과 등의 재배 면적이 확대되고 있다. 한우와 돼지, 닭 등의 가축 사육이 늘어나는 등 축산업도 발전하고 있다.

전주-진안-대구를 잇는 국도 26호와 부안-진안-대구를 잇는 국도 30호가 진안군을 관통하고 읍·면을 연결하는 지방도가 발달하여 교통이 매우 편리해졌다.

특히, 장수-익산 고속도로가 개통되면서 서울을 비롯한 전국의 주요 도시에서 3시간 이내에 도달할 수 있는 교통 요충지가 됐다. 진안은 자연경관이 빼어나고 각종 유물과 유적이 많다.

조선시대 태종이 성석린(成石璘)에게 내린 어서(御書)가 보관된 성석린 좌명공신왕지(보물 74호)와 금당사 괘불탱(보물 1266호) 등 보물 2점, 천연기념물 3점, 명승 1점 등 국가지정문화재 6점, 무형문화재 2점, 기념물 4점, 민속자료 1점, 문화재자료 10점 등 도지정문화재 23점이 있다.

불교 문화재로 탑사·은수사·금당사·옥천암·천황사와 천황사대웅전·천황사부도·금당사목불좌상·금당사석탑·진안읍운산리3층석탑·상전면주평리회사동석탑·마령면강정리5층석탑 등이 있다.

유교문화재로 용담향교대성전·진안향교대성전·구산서원·영계서원·주천서원·화산서원 등이 있다.

그 외에 백운면 노촌리에 효자각과 영모정이 있고 마령면 강정리에 수선루가 있다. 주요 관광지로는 1979년에 도립공원으로 지정된 마이산의 신령스러운 두 봉우리와 그 사이에 돌탑이 신비감을 더한다. 주자천 계곡의 운일암·반일암은 경치가 아름다워 여름철 피서지로 유명하다.

호남 노령의 제1봉인 운장산(1,126m), 구봉산 정상인 장군봉

(1,002m)에 오르면 호남의 유명한 산을 모두 관망할 수 있다. 이밖에도 용담댐·가막천·어둔이·월평천·갈거계곡·백운동계곡·풍혈냉천·고산골계곡·내륙의 섬 죽도 등이 경치가 아름다워 보는 이의 시선을 끌어모은다.

나는 1960년대 중반 중학교를 마치고 상급 학교에 진학하면서 고향을 떠났다. 안천에 부모님이 살고 계셔서 방학 때마다 고향에 가곤 했다. 직장을 다니면서 고향을 찾을 기회가 줄어들었다. 2002년 고향을 떠난 지 35년 만에 농협지부장이 되어 진안에서 일 년간 근무했다. 꿈속에 그리던 고향에 와서 근무할 수 있어 행복하고 즐거웠다.

열심히 노력하며 일했다. 농업인들의 소득 증대를 위하여 동분서주(東奔西走)했다. 고소득 작목 입식을 위해 노력했다. 동향 수박, 백운·성수·주천·정천 인삼, 안천 머루, 마령 더덕, 진안 흑돼지, 부귀 김치, 고추 농가 등 영농 현장을 찾아다니며 농업인의 노고에 감사드리며 격려했고 이분들과 머리를 맞대고 발전 방안을 논의했다.

인산 제조업체 등 지역 상공인들에게도 원활하게 자금이 지원되도록 했다. 그해 8월 말 우리나라를 강타한 태풍 '루사'로 우리 진안에도 수해가 크게 났다.

마이산 가을 전경

　동향면 대량천 둑이 붕괴해 농지와 가옥의 침수로 큰 피해를 입었다. 피해지역에 나가 흙탕물 속에서 복구 작업을 하던 때의 모습이 아련히 떠오른다.

　요즘 진안은 많이 발전했다. 고속도로 개설로 교통의 요충지가 됐고, 용담댐의 건설로 더욱 아름다워졌다. 아름다운 자연과 더불어 홍삼 스파, 골프장, 마이산 위락 시설, 농촌 체험 마을 등 휴식 공간도 더욱 많이 갖춰졌다. 세파를 잊고 재충전하려면 우리나라에서 진안만 한 곳도 없을 것 같다. 힐링의 메카(Mecca)가 됐다.

많은 사람이 진안을 찾아와 몸과 마음의 건강을 다지고 삶의 활력을 찾기 바란다.

누구에게나 고향은 있고, 고향은 어머님 품속처럼 따뜻하다. 내 고향 진안은 항상 내게는 어두운 밤길을 안내해 주는 북두칠성과 같았다. 내가 힘들어할 때 고향을 생각하면 힘이 났다.

그곳엔 부모님이 계셨기에 항상 포근히 안아 주었고 무한한 용기와 희망을 주었다. 내 어릴 적 북적거리던 우리 집이 이젠 빈집이 됐다. 집 안에 잡초가 무성하지만, 마당에 들어서면 어머니가 반가이 맞아 주시는 것만 같다. 고향 집, 그 집이 그립다.

언제나 그리운 부모님과
내 고향 그곳은……

재경진안군민회 회원들
진안의 골프장 찾다

ⓒ 진안신문(2013년 9월 9일 월요일 황의영 전북대학교 무역학과 강의전담교수)

2013년 8월 하순 1박 2일로 부귀면에 있는 골프장에 다녀왔다. 재경진안군민회 회원들로 구성된 마이산골프회에서 8월 월례대회를 고향 진안에서 개최한다고 해서 합류했다.

24명의 재경군민회 회원이 고향을 찾아서 부귀면 계곡에 자리한 골프장에서 체련 활동을 하면서 친목을 도모했다. 밤에는 근처에 있는 폐교를 활용한 수련관에서 간담회를 가지고 숙박했다.

군의회 의원, 군청 공무원, 지역 내 기업인과 같이 간담회를 개최하면서 우리들 마음의 고향 진안의 발전에 대하여 의견을 교환하기도 하였다. 간담회에서는 우리들이 어릴 때 고향에서 맛봤던 음식들이 맛깔스럽게 준비돼 있었다. 삶은 다슬기를 입으로만 빼먹는 재주를 뽐내기도 하고 텁텁한 홍삼막걸리를 마시며 마자·모래무지·피라미 등 민물고기조림으로 안주를 하고 진안 흑돼지고기를 쌈을 싸서 먹으니 이것이 바로 천하제일의 산해진미(山海珍味)였다.

깻잎무침·고구마줄기무침·풋고추무침·도라지무침·열무김치 등을 반찬으로 천렵국에 밥을 말아 먹으니 참으로 맛이 좋았다.

'고향의 맛, 어머니의 맛이 바로 이런 것이로구나!' 하는 생각이 들었다. 모두 폭식(暴食)한 듯 아랫배를 쓸어내리며 포만감에 젖었다.

진안군이 용담댐 건설로 인한 수몰로 절반이 넘는 농경지가 사라지고 2만 명이 넘는 군민이 고향을 떠나 군세(郡勢)가 보잘것없이 약화됐지만 어려운 여건임에도 고향에 남아 진안의 전통을 지키고 진안의 경제를 지탱하는 3만의 군민이 있기에 오늘의 진안이 유지되고 있다. 이렇게 피땀 흘리며 노력하고 계신 군민 모두에게 고맙고 감사하다는 인사를 드린다.

산업화가 진전되면서 농촌은 더욱 피폐(疲弊)해지고 있다. 농촌이 아무리 어려운 여건 속에 놓여 있다고 할지라도 우리가 뒷짐 지고 하늘만 쳐다볼 수만은 없는 노릇이 아닌가?

농업인·행정·농협이 삼위일체가 되어 진안의 특산물인 인삼·

고추·도라지·수박·흑돼지 등을 더욱 발전시키고 새로운 소득 작목으로 사과·오미자·천마·토종닭·양계 등도 새롭게 개발하고 있는 등 부단한 노력을 경주하고 있어 마음이 든든하다.

소비자 마음에 와닿는 농산물을 생산해야 할 것이다. 농산물 소비의 추세는 친환경농산물이 될 것이라고 하는 것은 누구나 아는 사실이다.

'친환경농산물 하면 진안 농산물!'하고 소비자들이 반응을 하도록 진안 농산물 생산 방향을 바꿔야 한다고 생각한다.

진안에 골프장이 조성된 것에 대하여 왈가왈부할 마음은 없다. 다만 골프장이 조성돼서 운영되고 있는 현실에서 진안 군민의 소득과 연계하여 몇 가지 제안을 하고자 한다.

동전의 앞뒷면이 있듯이 모든 일에는 장·단점이 있다. 골프장 조성으로 인한 단점은 최소화하고 장점을 최대화하는 데 지혜를 모으고 다 함께 노력해야 한다고 생각한다.

골프장에는 많은 외부 인사들이 찾아온다. 이들을 대상으로 한 마케팅을 적극적으로 전개했으면 한다. 먼저 진안의 맛을 선보였으면 좋겠다.

골프장 근처에 식당가를 조성해서 진안의 어죽, 천렵국, 다슬기탕, 민물매운탕, 된장국, 청국장, 김치찌개, 토종닭 홍삼삼계탕, 닭

백숙, 도토리묵 등 예부터 조상 대대로 전해져 내려오는 진안의 맛으로 골프장 내장객들의 입맛을 사로잡자. 맛있고 값이 싸다면 오지 말라고 막아도 밀치고 몰려올 것이다.

다음은 그들을 대상으로 진안의 특산품을 팔아 보자. 방법은 여러 가지가 있을 수 있다. 골프장 매장에 입점해서 팔 수도 있고 골프장 근처 도로변에 휴게소를 조성하여 진안 특산품을 판매하는 종합판매장을 건립하어 판매할 수도 있을 것이다. 여건에 맞는 방법을 선택하면 될 것이다.

멀리서 찾아오는 내장객을 위한 숙박 시설도 갖추어졌으면 좋겠다. 골프장 측에서 골프텔을 지을 수도 있고 그렇지 않으면 용담댐, 마이산, 골프장 등을 연계한 관광객을 위한 숙박 시설의 건립도 바람직하리라고 본다.

또, 골프만 치고 가게 하지 말고 이들이 마이산, 용담댐, 운일암 반일암, 풍혈냉천 등도 함께 구경할 수 있는 관광상품을 만들어 산자수명(山紫水明)한 진안의 경관을 널리 알렸으면 좋겠다.

이 일을 할 때는 반드시 진안 군민이 주체가 돼서 그 과실(果實)이 진안 사람에게 돌아가도록 조치해야 할 것이다. 만약에 이런 일들을 추진하게 된다면 죽기 살기로 매달려야 한다. 남 하는 만큼 하면 항상 남의 뒤만 따라가게 되고 결국에는 망하게 된다는 사실을 우리는 잘 알고 있다.

어렵게 우리 고향에 골프장이 들어섰는데 이를 계기로 진안 군민들이 돈 많이 벌고 잘 살 수 있기를 기원해 본다.

장독대의 독아지가 없어지다

ⓒ 전북도민일보(2012년 4월 17일 화요일 황의영 NH무역 대표이사)

"형님, 시골집에 왔는데 장독대에 큰 독아지가 없어요. 형님이 처분하셨어요?"라고 말하는 동생 목소리가 떨린다.

"고종사촌 형수가 장 담근다고 독아지 하나만 달라고 해서 그러라고 했는데 몇 개나 가져갔어?"

"장독대에서 두 개, 광에서 한 개, 그리고 항아리 뚜껑이 모두 없어졌어요."

"형수가 한 개만 필요하다고 했는데 이상하네, 내가 알아보고 전화해 줄게." 하고 전화를 끊었다.

불길한 예감에 머리끝이 곤두선다. 가슴이 쿵쾅거리며 뛴다. 마침 주말이어서 병원에 계신 아버지를 뵙기 위해 전주에 가는 차 안에서 전화를 받았다.

언제나 그리운 부모님과
내 고향 그곳은……

독아지가 없어졌다는 것이 사실이 아니길 간절히 기원했다. 이 것이 현실이 아니고 꿈이길 바랐다. 독아지가 없어졌다는 사실을 조금이라도 늦게 확인하려고 고종사촌 형에게 전화를 걸지 않고 아버지 병문안을 한 뒤, 직접 고모님 댁으로 가기로 마음먹었다.

우리 동네는 1960년대 베이비붐 세대(baby boomer)들이 태어나 초등학교에 다닐 때는 오십여 호가 넘었는데 지금은 스물한 가구만 남아 있다. 그나마노인 혼자 사시는 집이 대부분이다.

들도 넓지 않아 논보다 밭이 많은 전형적인 산골 마을이다. 우리 집은 앞마을에 살다가 아버지가 막 결혼해서 할아버지 할머니와 함께 1940년대 초반 이 동네로 이사왔다고 한다.

아버지는 공직에 몸담으실 때 잠시를 제외하고는 줄곧 이곳에 사셨다. 어머니가 돌아가시고 아버지 혼자 고향 집에서 계셨는데 기억력이 떨어지고 거동이 불편해서 작년 여름 요양 병원에 입원하여 치료받고 계신다.

이번에 뵈니, 아버지는 입원하실 때보다 병세가 더 깊어지셨고 숯불이 사위어 가듯 아버지의 생명도 서서히 사위어 가고 있었다. 자식으로서 아버지에게 할 수 있는 일이 별로 없다는 것이 안타까울 뿐이다.

아버지의 건강을 빌며 병원을 나와 고향 집 이웃 마을에 있는 고모님 댁에 갔다. 형수에게 살며시 물어봤다. "지난번 말씀하시던 장독은 가져오셨어요?" 하고 물으니 "허리도 아프고 해서 그냥 집에 있는 독아지에 장을 담았어요." 한다.

가져가지 않았다고 한다. 그렇다면, 도둑맞은 것이다. 없어진 독아지는 어른 목까지 닿는 커다란 항아리다. 조부님께서 살아 계시고 우리 형제들이 어릴 때 온 식구가 몇 년간 먹을 된장이 가득 담겨져 있던 장독들이다.

때로는 마른 나물과 건어물을 담아 두던 식품 저장고 역할도 했다. 광 안에 있던 독아지는 볍씨를 담거나 콩을 담기도 했던 뒤주 역할을 했다.

더 중요한 것은 이 독아지들이 조상 대대로 이어져 내려오던 우리 집의 소중한 생활용품이었다는 것이다. 몇백 년은 족히 되었을 조상님들의 손때가 묻고 우리 가문을 이어 오게 한 가보(家寶)였다. 할머니, 어머니로 이어 오면서 독아지도 전해졌고, 장맛도 함께 이어 내려왔다.

여름철 상추에 보리밥을 얹고 그 위에 날된장을 얹어 쌈을 싸서 볼이 터져라 입에 넣고 먹으면 꿀맛이었다. 보리밥에 열무를 손으로 뚝뚝 잘라 넣고 된장국을 넉넉하게 넣고 비벼 먹으면 게 눈 감추듯 밥 한 그릇을 해치웠다.

전통가옥에 장독이 많이 놓여 있다.

장독은 우리 조상 대대로 생명을 이어 준 소중한 것이었다. 이렇게 소중한 보물들을 내가 관리를 잘못하여 잃어버렸으니 죽어 어떻게 선조님들을 뵐 수 있을까? 두려움이 앞서고 죄책감에 사로잡혀 며칠간 일이 손에 잡히지 않았다.

장독은 우리 가정 어느 집이나 필수적으로 갖추어야 할 가재였다. 지금은 가공식품 제조 기술이 발전하여 다량 생산한 장류(醬類)를 사 먹고 있지만 옛날에는 가정마다 장을 담가 먹었다.

그 집안의 장맛이 좋아야 음식 맛이 좋다. 그래서 우리 조상들은 장을 매우 소중하게 여겼다. 장맛이 좋아지려면 독이 좋아야 한다. 독이 숨을 쉬기 때문이다. 좋은 독 속에 들어 있는 된장은 맑은 공기를 빨아들이며 몇 년의 세월을 걸쳐서 발효되어 맛있게 된다.

이렇게 가문마다 역사가 있고 전통이 있는 음식의 가장 기본적 요소인 장을 담는 항아리를 남의 집 장독대에서 가져가 버렸으니 아무리 세상이 각박해졌다고 해도 이럴 수는 없는 일이다.

남의 집 장독대에서 장독을 들고 가는 사람의 마음은 무슨 색일까? 붉은색일까? 노란색일까? 검은색일까? 아마도 시꺼먼 검은색일 것이다. 양심에 털도 났을 것이다.

농촌마다 노인만 계시는 집이 많고 노인들이 집을 비우는 경우가 많다. 이런 점을 노리고 농촌에 좀도둑들이 기승을 부리고 있다. 경찰의 구조 조정으로 농촌의 많은 지·파출소들이 없어졌다. 그런데 농촌에는 수확한 농산물, 농가의 귀중품, 이제는 장독대의 독까지 훔쳐가고 있으니 경찰에서는 도둑을 예방하는 대책을 하루빨리 마련하기 바란다.

도둑을 잡는 것보다는 도둑질을 못 하도록 하는 것이 더 상책이다. 순찰을 강화하고 마을마다 주요 나들목에 CCTV를 설치하여 마을을 드나드는 사람과 차량을 감시하고 녹화하여 기록을 남겨 놓아 사후에라도 도둑을 잡을 수 있도록 해야 한다.

언제나 그리운 부모님과
내 고향 그곳은……

도둑질하면 잡힌다는 인식이 넓게 퍼져 나갈 때 도둑질도 줄어들 것이다. 농가에서도 집단속을 철저히 잘해야겠다. 마을에서도 자체적인 방범 활동을 강화할 필요가 있다. 그렇게 되면 남의 집 장독대에서 장독을 훔쳐가는 도둑이 없어질 것이다.

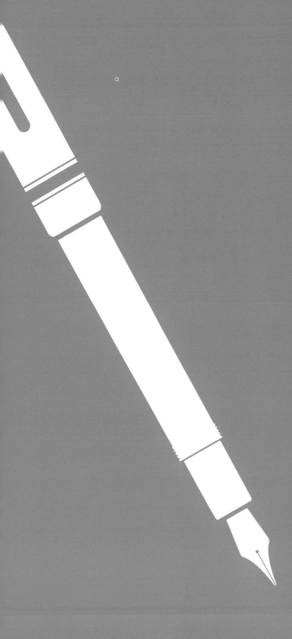

제3장
후손에게 물려줄 아름다운 자연
해양 연수 참가

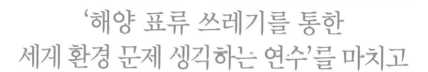

'해양 표류 쓰레기를 통한
세계 환경 문제 생각하는 연수'를 마치고

ⓒ 전북도민일보(2016년 1월 6일 화요일 황의영 NH무역 대표이사)

2016년 병신년(丙申年) 새해가 밝았습니다. 애독자 여러분! 새해 복 많이 받으시기 바랍니다.

지난 2015년 12월 17일부터 27일까지 일본 서해안(우리 동해와 맞닿은 해안) 효고현 하마사카(浜坂) 해안에서 시마네현 마쓰에(松江) 해안까지 200여㎞가 넘는 해안에서 한·일 대학생 300여 명이 참석해 '해양 표류 쓰레기를 통한 세계 환경 문제를 생각하는 연수'가 진행됐다. 학생과 인솔자를 포함한 35명의 한국 연수단 일원으로 이 연수에 참석했다.

해안에 떠밀려 온 쓰레기를 통해 환경 오염의 심각성을 인식하고 국가간 공동대처를 함으로써 환경 오염을 예방하여 후세에게 천연(天然) 그대로의 아름다운 환경을 물려주자는 목표로 진행된 연수다. 이번 연수는 10년째 이어졌다. 2015년 12월 20일 효고현 신온센죠(新溫泉町) 강당에서 10주년 기념 행사를 성대하게 거행했다.

우리나라 고베총영사관 원홍식 영사를 비롯하여 일본 지자체장과 주민·대학관계자 및 대학생·우리 연수단 등이 참석한 가운데 기념식과 기념 강연이 열렸다. 연수에 참여한 한·일 대학생은 물론 주민들까지도 이번 연수를 통해 환경의 중요성을 인식했을 뿐만 아니라 '한일국교정상화 50주년'을 맞이한 양국 국민간의 우호 증진에도 크게 기여하였다.

환경 오염(環境汚染)이란? 인간 생활이나 생산과 소비 과정에서 배출되는 매연·분진·악취·소음·진동·오수·오물·폐기물·방사선 물질 등이 생활 환경을 오염시켜 인간 또는 생물의 건강·생존·활동에 장애를 주는 모든 활동을 말한다.

현대 산업사회에서는 인구 증가와 집중·산업 발전·소비 증대에 따라 에너지·수자원·토지·각종 자원 등의 수요가 급격히 증가한다. 이런 과정에서 막대한 양의 매연·오수·폐기물·유독화합물·소음·진동·방사능물질 등이 배출되고 넓은 지역으로 확대되어 환경 오염이 발생한다.

이런 현상은 경제 발전에 따라 더욱 심화하여 그 지역 자연생태를 파괴하고 생물의 생존을 위협하며 자연 자원의 고갈, 악화를 더욱 촉진하여 사람들의 생활 환경을 위협하게 된다.

피해를 일으키는 환경 오염은 사람들의 생활에 직접적인 영향을 미치는 대기 오염·수질 오염·해양 오염·토양 오염과 같은 지구 규모의 환경 오염이 있다.

이런 오염의 현장을 직접 눈으로 확인하고 어떻게 하면 오염을 예방하거나 최소화할 수 있겠는가를 한·일 양국의 학생과 주민이 토론을 통해서 알아보고자 실시하는 연수다.

우리 연수는 주로 여름방학 동안 이루어지는데 이번에는 지난여름 메르스 때문에 연기돼 겨울방학에 실시됐다. 해안에 밀려 온 쓰레기를 수집하여 이를 종류별, 생산국별로 분류한다.

페트병, 유리병, 캔, 의류·신발류 등 생활용품, 어구(漁具) 등을 종류별로 분류하고, 나라별로 세분한다. 그런 다음 전년에 비해서 어떤 변화가 일어나는지를 분석한다.

올해에는 페트병이 더 많아졌고 나라별로는 일본, 한국, 중국, 러시아, 북한, 대만 순(順)으로 우리나라 쓰레기가 전체 쓰레기의 20% 정도를 차지하고 있었다. 이는 전년도보다 약간 줄어든 것이다. 지자체를 방문하여 그들의 환경 활동에 대하여 듣고 환경 보호 활동을 적극적으로 추진하는 기업을 방문하기도 한다.

　자전거로 이동하곤 했는데, 이번 연수는 겨울에 실시하는 관계로 도로가 얼고 춥기도 하여 자전거 이동은 생략했다. 물은 수돗물을 마시고 식사는 가급적 빵귀(식빵의 가장자리, 일본사람들은 먹지 않음)로 했다.

　하마사카(浜坂) 고등학교를 방문하여 합동 수업을 하며 음식을 만들고 다도(茶道)를 배우고 식사를 같이하면서 양국 문화 교류의 폭을 넓혔다. 돗토리(鳥取)대학과 요나고(米子)고등전문학교에서 각각 이틀 동안의 합동 수업을 진행했다.

　수업은 해안 청소 활동, 환경에 대한 강의, 환경 제품 만들기, 양국 문화의 이해 등 환경과 양국 상호 우의 진작을 위하는 과목으로 구성됐다.

　숙소는 국립공원 안에 있는 청소년 수련관·국립대학합동연수소 등을 이용했다. 온전히 보전된 환경 속에서 숙식하면서 맑은 공기와 훼손되지 않은 원시의 자연을 보고 느끼면서 태고의 자연이 사람에게 얼마나 소중한지를 깨닫게 하자는 취지에서다.

　지역마다 '한국어 공부 모임 회원'들이 숙소를 찾아와 같이 대화하고 어울려 놀면서 금방 다정한 친구가 되고 언니·오빠·누나·

동생이 된다. 이들 앞에는 국경이나 언어가 장벽일 수 없었다. 이들은 헤어짐을 아쉬워하며 눈가에 이슬을 맺고 다음 만남을 약속했다.

한·일 간에 정치적으로 여러 가지 어려움이 있지만 민간 차원에서 우리가 실시하는 한·일 대학생 합동 환경연수는 10년을 지속해 오면서 한국인의 아름다움과 환경을 중요시하는 마음, 그리고 대학생들의 지성(知性)을 일본인의 가슴속 깊게 심어 놓았다.

환경에는 국경이 없다. 매연·분진·소음·쓰레기·오수·방사능물질이 국경을 인식하고 넘어가지 않는 것이 아니다. 대낮인데도 중국 베이징을 칠흑같이 어둡게 하는 매연과 분진이 다음 날 우리나라로 날아와서 우리를 괴롭힌다.

환경 오염에는 국경이 없다. 세계인 모두 환경을 오염시켜 자연을 훼손하는 활동을 가급적 감축하려고 노력해야 한다. 2015년 12월 12일 파리협정이 실효를 거두어 우리 후손이 오래오래 이 지구라는 행성에서 터 잡고 살았으면 한다. 그것이 바로 이번 한·일 대학생 합동 환경연수의 궁극적인 목적이 될 것이다.

효고현 신온센죠(新溫泉町) 오키모토 히데키(岡本英樹) 죠조(町長)와 필자가 연수 실시 10주년 기념행사 후에 함께 촬영했다.

효고현 신온센죠 해안에서 표착 쓰레기를 줍고 있는 연수 참가 한일 학생들

후손에게 물려줄 아름다운 자연
해양 연수 참가

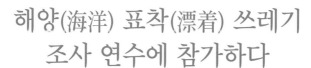

해양(海洋) 표착(漂着) 쓰레기
조사 연수에 참가하다

ⓒ 전북도민일보(2013년 7월 22일 월요일 황의영 전 NH무역 대표이사)

"바다는 사람을 연결한다. 바다는 어머니와 같다."라고 새겨진 티셔츠를 입은 한·일 공동 조사단원들이 해안에서 파도에 밀려온 쓰레기를 줍고 있다. 주워 모은 쓰레기는 종류별, 생산국별로 분류한다. 그리고 통계를 작성해 지난해와 비교한다.

2013년 6월 하순부터 7월 초까지 일본 서해안(山陰海岸, 우리 동해와 맞닿은 일본 해안)에서 한국과 일본의 대학생들이 조류에 밀려온 쓰레기를 줍고 이를 조사하며 해안 청소 활동을 하는 연수단에 참가했다.

이 연수를 8년째 진행하고 있는 대학교 교수가 지인이어서 관심이 있던 중 시간적 여유가 생겨 이번에 처음으로 참석했다. 한국에서 20명의 학생과 3명의 인솔자가 참가한 연수단은 교토 부

(京都府), 효고현(兵庫縣), 돗토리현(鳥取縣)의 300여㎞가 넘는 해안에서 일본의 대학생, 마을 주민, 지방자치단체 관계자 등과 같이 행사를 진행하였다.

　연수조사단은 해안에 도착하여 간단한 의식(儀式)을 갖는다. 연수를 진행하는 목적에 대하여 설명을 듣고 바닷가에 널려 있는 쓰레기를 줍는다. 주운 쓰레기는 불연성(不燃性)과 가연성(可燃性) 쓰레기로 분류한다. 그리고 쓰레기가 생산된 국가별로 분류한다.

　그동안 통계와 비교하여 생산국별로 쓰레기의 점유비가 어떻게 변하고 있는가? 쓰레기 종류별로는 어떤 변화가 있는가를 조사한다. 유감스럽게도 이번 조사 결과, 전체 쓰레기의 50% 이상이 한국으로부터 흘러온 것이었다. 물론 일본, 중국, 러시아, 대만 쓰레기도 있다.

　한국 쓰레기의 비율이 줄어들고는 있지만, 아직도 많은 쓰레기가 한국에서 생산된 것이라고 하는데 부끄러움을 금할 수 없었다. 그리고 쓰레기의 종류로는 물병, 음료수병 등 페트병이 제일 많고 소주병, 농약병, 신짝, 라이터, 폐그물·통발·스티로폼 부표 등 어구, 주사기·약병 등 의료쓰레기, 심지어 TV·냉장고 등 폐가전제품도 있었다.

　연수단은 인근 대학에서 해양 표착 쓰레기 등에 의한 해양 환경 오염에 대하여 전문가의 강의도 듣고 한·일 학생들 간에 토론회도 가졌다. 야간에는 마을 주민들과 간담회를 통해 환경의 중요성에 대하여 의견을 같이하기도 하였다. 또한, 친환경 기업을 방문하여 환경을 회복시키려는 일본 기업들의 노력도 배웠다.

환경의 의미를 되새기려고 자전거로 이동하기도 하고 점심을 일본 사람들은 먹지 않는 빵귀(식빵의 겉부분)와 수돗물로 때우기도 하였다.

해양 오염 원인 물질의 80%가 육상에서 유입된다고 한다. 그 원인 물질을 보면, 먼저 생활하수로 말미암은 오염이다. 생활하수의 오염 물질은 음식 찌꺼기, 합성세제, 분뇨 등이 있다. 부엌에서 나오는 음식 찌꺼기에는 많은 유기물을 포함하고 있는데 이 유기물이 분해되어 다량의 질소와 인(燐)이 해양으로 배출되는 경우 해양 생태계의 영양염(營養鹽) 농도를 과다하게 증가시켜 부영양화를 일으킨다.

두 번째로, 농축산폐수로 인한 해양 오염을 들 수 있다. 농경 활동에 다양한 농약을 사용하는데 이 농약 성분은 빗물이 토양을 통과하거나 지표수로 흐를 때 수질을 악화시키는 원인이 되고, 이 물이 해양을 오염시킨다. 가축 분뇨에 포함된 인과 질소 때문에 하천의 부영양화, 상수원 및 농업용수의 오염, 악취 및 해충 피해

해양 연수를 주도하고 있는 남서울대학교 안병걸 교수 등 연수 참가 학생들

일본 돗토리대학 재직 시 해양 환경 연수를 같이 시작한 일본 측 담당인 방송대학 와카 료지(若 良二) 교수님

후손에게 물려줄 아름다운 자연
해양 연수 참가

등으로 생활 환경의 질을 떨어뜨린다. 유기질 비료로 사용된 가축 분뇨는 하천, 강, 바다로 흘러들어 부영양화와 적조의 원인이 되기도 한다.

세 번째로 산업폐수로 인한 해양 오염이다. 산업폐수는 자체 정화를 시켜 방출되고 있으나 개발도상국이나 비양심적인 기업에서는 몰래 방류하기도 한다. 산업폐수는 생활하수나 농축산폐수에 비해 생화학적 산소요구량(BOD, Biochemical Oxygen Demand)과 부유물질농도가 높을 수 있으며, 중금속이나 고농도의 유기성 독성 물질을 포함하고 있어 생물체를 치사시킬 확률이 높다.

기타 해양오염으로는 기름 유출에 의한 오염, 폐기물과 쓰레기에 의한 오염, 방사능에 의한 오염 등이 있다.

이 모든 해양 오염의 원인이 모두 사람에게 있다는 데 문제의 심각성이 있다. 눈앞의 작은 이익을 위해 미래에 더 큰 재앙이 되어 자기에게 되돌아온다는 사실을 망각한 채 해양을 오염시키고 있다.

이번 연수의 슬로건처럼 바다는 사람을 연결해 주는 통로다. 바다는 인류의 미래 희망이며 무한한 잠재적 가치를 가지고 있으며 자식에게 베풀기만 하는 어머니와도 같다. 해양을 보전하는 것은 우리가 후손에게 물려줘야 할 소중한 자산이며 의무다. 우리나라는 삼면이 바다이기 때문에 바다를 활용해서 해야 할 일이 무궁무진하다. 이러한 소중한 바다가 오염된다면 우리는 엄청난 자원을 잃게 된다.

지금이라도 늦지 않았다. 우리 국민과 기업은 해양오염을 일으키는 행위를 하지 않으며 정부는 국제적 연대를 강화한 환경 보호 정책을 적극 추진해 나아가야 할 것이다. 그리고 어릴 때부터 환경의 중요성을 가르치는 교육 제도를 더욱 강화했으면 좋겠다.

바다는 어느 한 나라에 구획된 것이 아니므로 인접국가 모두 다 함께 오염 방지 활동에 동참하여야 그 실질적 효과를 거둘 수 있다. 그런 의미에서 바닷가에서 학생들과 함께 땀 흘린 이번 연수가 참으로 유익한 행사였고 산교육이었다고 자평하면서 흐뭇한 미소를 머금어 본다.

자전거 가득한 대학 캠퍼스

ⓒ 선북도민일보(2014년 7월 16일 수요일 황의영 선북대학교 무역학과 강의선담교수)

2014년 6월 19일부터 29일까지 일본에 환경 연수를 다녀왔다. 연수단은 학생 스무 명과 인솔자 세 명으로 구성됐다. 일본 돗토리대학이 주관하는 2014년도 해양 표착 쓰레기 회수를 통해 한·일 환경 문제를 생각하는 국제 교류 프로그램 「바다는 사람을 잇는다.」라는 연수에 지난 여름방학에 이어 세 번째로 참석했다.

우리는 일본의 서해안(우리 동해바다와 맞닿는 곳) 돗토리현(島取縣) 사카이미나토시(境港市)에서 후쿠이현(福井縣) 오바마시(小浜市)까지 해안을 따라 380㎞를 올라가면서 연수를 실시했다.

해변에서 밀려 온 쓰레기를 주워 생산국별, 종류별로 분류하고 전년 대비 증감 여부를 분석했다. 지방자치단체에 들러 그들의 환

152
·
153

경 보전 활동에 대해 공부했다. 지역 주민들과의 교류회(交流會)를 통해 환경에 대한 주민들의 노력도 공부했다. 프로그램 진행자인 돗토리대학에서 그곳 학생들과 환경에 대하여 합동 수업을 진행하기도 했다. 우리는 환경의 소중함을 생각하기 위해 이동하는 수단을 자전거로 했다. 하루 중 한 끼는 일본인들은 먹지 않는 빵귀를 먹었다. 식수로는 수돗물을 마셨다.

이번 연수에 우리가 이용했던 친환경적 교통수단인 자전거에 대하여 생각해 보고자 한다. 일본 사람들은 자전거를 많이 탄다. 등굣길에 초·중·고·대학생, 남·녀 구분할 것 없이 많은 학생들이 자전거를 탄다. 거리엔 자전거 홍수가 인다. 직장인의 출근 시간에도 남녀노소를 가리지 않고 자전거를 탄다. 햇빛에 반짝이는 자전거 바퀴가 가히 눈부시다. 가정주부도 장바구니를 싣고 거리를 달린다. 넘어질 듯 넘어질 듯 넘어지지 않으며 아슬아슬 할머니와 할아버지의 자전거도 자전거 대열에 합류한다. 마치 홍학이 군무하듯 미끄러져 가는 자전거의 행렬이 아름답다.

우리가 머물렀던 돗토리대학 캠퍼스에는 자동차는 약에 쓰려고 해도 보이지 않고 자전거 행렬이 등·하교시간에 봇물 터지듯 홍수를 이룬다.

자동차 주차장 표지판은 아무리 찾아봐도 잘 보이지 않고 자전거 주차장엔 셀 수 없을 만큼 많은 자전거들이 햇빛에 다이아몬드보다도 더 찬란히게 반짝이고 있었디.

일본에는 많은 사람이 자전거를 타기 때문에 자전거에 대한 인프라가 잘 갖춰져 있다. 새 자전거를 파는 가게도 많고 헌 자전거를 수리해 주는 자전거 수리점도 많다.

자전거를 잘 탈 수 있도록 만든 자전거 도로도 많다. 무엇보다도 중요한 것은 '자전거를 타는 것이 좋다고 하는 의식'을 많은 일본 사람들이 가지고 있다는 것이다.

자전거 타는 것이 편리하고 건강에 좋으며 경제적이고 특히 화석 연료를 사용하지 않기 때문에 친환경적인 교통수단이라는 것이 각인된 것 같았다.

자전거를 타자고 하는 캠페인도 없고 누가 강요하지도 않는다고 한다. 사회 분위기가 자전거를 많이 타도록 되어 있다고 한다. 아침에 일어나 양치하고 세수하듯 자전거 타는 것이 일상의 한 부분이 되어 버린 것이다.

네덜란드에 갔을 때 자전거 도로가 잘 갖춰져 있고 많은 사람이 자전거를 타고 이동하는 것을 보고 선진국 국민이 이렇게 덜 선진화된 교통수단을 많이 이용하는가 하고 놀란 적이 있었다.

프랑스, 덴마크, 벨기에 등 유럽의 많은 나라에서 자전거는 서민들의 필수 교통수단이었다.

우리나라를 보자. 자전거를 탈 수 있는 환경이 얼마나 조성됐는가? 도심의 거리에 자전거 길이 얼마나 갖춰져 있는가? 새로 개발되는 신도시에는 자전거길이 만들어지지만 기존 도시에는 따로 자전거 길이 없다. 인도를 걷는 사람과 같이 써야 한다.

새 자전거를 파는 자전거포도 많지 않다. 더구나 자전거 수리점은 더더욱 찾아보기 어렵다. 모처럼 큰 맘 먹고 자전거를 새로 사도 며칠 못 가서 자전거 주차대에 매어지고, 방치된 자전거는 펑크가 나고 미관을 해치는 쓰레기로 애물단지가 된다.

근래에는 4대강개발 등 지역개발로 레저용 자전거길이 많이 만들어져 자전거타기 동호인들이 늘어나고 있다. 그러나 우리가 일상에서 교통수단으로 자전거를 이용할 수 있는 인프라는 좀처럼 구축되지 않고 있다.

이번에 새로 진용을 갖춘 지자체 단체장 등 주민 대표들은 많은 주민들이 자전거를 이용할 수 있는 인프라를 서둘러 구축했으면 좋겠다. 민주니 인권이니 하는 거창한 것을 부르짖는 것보다 우리 주위의 작은 것부터 하나하나 바꾸어 큰 변화를 유도해 보자.

그 시작으로 자전거를 많이 타는 우리의 일상을 만들어 봤으면 좋겠다. 그러면 우리의 길거리에도 대학 캠퍼스에도 자동차 대신 자전거가 넘쳐나지 않을까?

캠퍼스 전체를 금연 구역으로
선포한 일본의 한 대학

ⓒ 진안신문(2014년 7월 28일 월요일 황의영 전북대학교 무역학과 강의전담교수)

2014년 6월 19일부터 29일까지 일본에 환경 연수를 다녀왔다. 학생 스무 명과 인솔자 세 명이 돗토리대학이 주관하는 2014년도 해양 표착 쓰레기 회수를 통해 한·일 환경 문제를 생각하는 국제 교류 프로그램 「바다는 사람을 잇는다.」라는 연수에 참석했다. 지난 여름방학에 이어 세 번째다.

연수는 돗토리현(鳥取縣) 사카이미나토시(境港市)에서 시작하여 후쿠이현(福井縣) 오바마시(小浜市)까지 해안선을 따라 380㎞를 올라가면서 실시했다. 해안에 밀려온 쓰레기를 줍고 나라별, 종류별로 구분하여 연도별로 어떤 변화를 보이고 있는지를 검토했다. 지자체와 기업체를 방문하여 환경 활동에 대하여 공부했다. 연수 중 우리는 돗토리대학교(鳥取大學校)에서 그곳 학생들과 합동 강의를 통해 한 나라의 환경 변화가 인접국에 미치는 영향과 이에 대한 공동대응에 대하여도 공부했다.

돗토리대학교에서 연수 중 돗토리대학교 전체 캠퍼스가 금연 구역으로 지정됐다고 하는 말을 듣고 신선한 충격을 받았다. 일본 사람들은 우리보다 담배를 더 좋아한다. 담배 피우는 것에 대하여도 더 관용적(寬容的)이다. 담배 피는 어른들이 많을 뿐만 아니라 젊은 학생들도 남녀학생을 불문하고 많다. 일본뿐만이 아니라 유럽이나 미주를 여행할 때도 길거리에서 담배를 피우는 젊은 동양인은 모두 일본인이라고 해도 과언이 아닐 정도로 일본 사람은 젊은이나 연세 드신 분이나 가리지 않고 담배 피기를 좋아한다. 그런데 1만 명에 이르는 학생과 교직원이 대학 내 어느 곳에서도 담배를 피울 수 없다고 하는 결정을 받아들이고 이를 지킨다는 것이 참으로 불가사의(不可思議)한 결정이었다는 생각이 들었다. 담배의 중독성을 잘 알고 있기에 이런 결정을 내릴 수 있도록 맨 처음에 기획한 선각자의 위대한 발상과 이를 실행에 옮긴 실천력에 대해서도 찬사를 아니 보낼 수 없다.

대학 교수들이 얼마나 개성이 강한 사람들인가? 자기와 직접적

학교구내 전체가 금연이라는 표시가 가로등에 부착돼 있는 돗토리대학

인 이해 관계가 없는 일에 대하여도 서슴없이 시시비비(是是非非)
따지기를 좋아하는 사람들이 아닌가? 하물며 애연가(愛煙家)의 경
우 자기와 직접적인 관계가 있는 일에 자기의 희생을 강요하는 금
연 캠퍼스 지정에 얼마나 불평불만이 많았을까? 학생의 경우는 어
떠한가? 작은 불편도 못 참는 요즘 젊은이들인 학생들이 금연 캠
퍼스 지정에 동의한 것도 낙타가 바늘구멍 통과하는 것만큼이나
참으로 어려운 결정이었을 것이다.

　금연 캠퍼스 지정 후 정문을 비롯한 여러 곳의 대학 출입문 밖
에서 학생과 교직원들이 모여서 담배를 피우기 때문에 인근 주민

들의 민원을 일으키고 있다는 부정적 현상도 나타나고 있다고는 한다.

만약, 우리나라 대학에서 전체 캠퍼스를 금연 구역으로 선포하려는 계획을 추진한다고 가정해 보자. 우선 교수협의회에서 성명을 발표할 것이다. 창조적인 연구와 집필을 위하여 적당한 휴식이 필요하고 정신적 고요함과 안정을 위해서는 담배를 피워야 한다고 하는 교수들이 있을 것이다.

담배를 피우지 못하게 하는 것은 지식인의 사색권(思索權)을 탈취하는 반학문적(反學問的) 처사로 현대판 '분서갱유(焚書坑儒)'라고 억지를 부릴 수도 있을 것이다. 학생들도 가만히 있겠는가? 대학생은 성인이고 성인은 담배를 피울 수 있는 권한이 있음에도 학교가 학생들에게 흡연권을 뺏으려고 하는 것은 인권 유린이라고 하면서 시위로 캠퍼스가 들썩거릴 것이다. 교직원들도 같은 입장일 것이다.

학교 당국에서는 괜히 긁어 부스럼을 만들지 않기 위해서 아예 캠퍼스 전체를 금연 구역으로 선포하려는 무모한 정책을 시도하지 않을 것이다. 우리나라에 흡연을 금기(禁忌)하는 종교에서 운영하는 대학이 많이 있음에도 캠퍼스 전체를 금연 구역으로 선포했다고 하는 얘기를 들어 본 적이 없다. 이러한 사실이 이를 간접적으로 증명하고 있다고 본다.

담배의 유무익(有無益)에 대하여는 전문가가 아니기 때문에 얘기하지 않겠다. 다만 담배 연기를 맡지 않으려고 하는 사람들이 많이 있고 간접 흡연도 건강에 해롭다는 것은 지금까지 알려진 상식이다. 남에게 도움을 주지는 못할망정 피해를 주어서야 되겠는가? 대화할 때 입에서 담배 냄새가 나면 상대를 불쾌하게 할 수도 있다. 흡연은 바람직한 인간 관계를 형성하는 데 도움이 되지 않을 것이다.

젊었을 때 담배를 피우다가 끊은 내 개인적인 생각으로는 담배는 피우지 않아도 살아가는 데 전혀 문제가 없고 남에게도 담배로 인한 피해를 주지 않기 때문에 담배는 가급적 피지 않는 것이 좋다고 생각한다.

병원, 음식점, 공공기관, 업무용 빌딩 등 우리나라에서도 금연 구역이 확대되고 흡연자의 입지는 점점 더 좁아지고 있다. 이런 추세로 보아 우리나라도 대학 캠퍼스 전체가 금연 구역으로 지정될 날이 머지않았다는 생각이 든다.

한일(韓日) 우호증진비(友好增進碑)가 세워진 일본 도마리(泊) 마을

ⓒ 진안신문(2014년 1월 20일 월요일 황의영 전북대학교 무역학과 강의전담교수)

"바다는 사람을 맺어 줘 어머니처럼, 바다는 사람을 맺어 줘 어머니처럼……." 2013년 12월 25일 11시 오오모리(大森) 선생님이 기타를 치며 한·일 대학생 합동연수단원 40여 명과 같이 일본 후쿠이현 오바마시(小浜市) 와카사완 도마리(泊) 마을에 있는 한·일우호동산에서 한국을 바라보며 노래를 부른다.

모두 다 흥에 겨워 목소리 톤이 높다. 한국어로도 부른다. 마치 노랫소리가 바다를 건너 한국에서도 들리게 하려는 듯 우렁차다.

2013년 12월 21일부터 27일까지 한국의 11개 대학에서 나를 포함한 인솔자와 학생 21명의 연수단원이 일본을 방문해서 일본의 6개 대학 10명의 학생과 효고현 등 5개 부현에서 "바다는 사람을 연결해 준다. 어머니처럼(海は人をつなぐ, 母の如う)"이란 캐치

후손에게 물려줄 아름다운 자연
해양 연수 참가

프레이즈 아래 환경과 역사에 관한 연수를 합동으로 진행했다.

연수딘이 방문한 도마리(泊) 마을은 우리 동해와 바다로 맞닿아 있는 일본 서해안의 조그마한 어촌 마을로 20여 가구에 100여 명 살고 있다. 우리가 이 마을을 찾은 이유에 대하여 알아보고자 한다.

1900년 1월 12일 이른 아침, 마을 앞 바다에 돛대가 부러지고 뱃전이 심하게 부서진 배 한 척이 표류해 왔다. 배 안에서는 살려 달라고 사람들이 손을 흔들고 있었다. 이를 본 마을 사람들이 조난(遭難) 당한 배에 가서 사람들을 구해냈다.

배에서 구조된 사람이 무려 93명이나 됐는데 이들은 모두 조선사람이었다. 마을 사람들은 우선 모닥불을 피워 이들의 언 몸을 녹이게 했다. 그리고 따뜻한 물을 마시게 하여 속을 따뜻하게 했다. 그런 다음 주먹밥과 된장국으로 허기를 가시게 했다.

조난을 당해 표류해 온 이 배는 1899년 12월 29일 러시아 블라디보스토크항을 출발하여 대한제국 함경북도 길주, 명천으로 가는 상선 '사인반배호'였다. 이 배는 항해 중 풍랑으로 조난을 당해 보름 동안 동해를 표류하다가 이곳 도마리 마을까지 떠내려 오게 됐다. 심한 바람과 거센 파도는 돛대를 부러뜨리고 뱃전을 부서뜨려 침몰 직전까지 가게 했다. 준비된 식량과 물은 바닥난 지

오래고 굶주림과 갈증에 목마른 사람들은 자기 오줌을 마시며 갈증을 달랬다. 허기와 갈증에 탈진한 승선자(乘船者)들은 죽음의 공포 속에서 삶을 포기하고 뱃바닥에 쓰러져 죽기만을 기다리다가 도마리 사람들에게 구조된 것이다.

조난자를 구조한 이곳 사람들은 다섯 집에 나누어 이들을 수용하고 쌀과 음식을 가져다 주며 정성껏 구호하였다. 관청에서 조선인 조난자들에게 식량을 반으로 줄여서 공급하라고 명령하였으나 이곳 사람들은 이를 어기고 채소, 장류, 쌀 등을 배불리 먹을 수 있도록 충분하게 지원하였다.

이곳 도마리 사람들의 정성 어린 구호로 건강을 되찾은 표류자(漂流者)들은 8일 만에 이곳을 떠나 귀국길에 올랐다. 이들이 1월 19일 이곳을 떠날 때 이곳 주민들과 서로 붙들고 엉엉 울면서 소매를 짤 정도로 많은 눈물을 흘리며 고맙고 감사한 정을 서로 나눴다고 한다.

위 내용은 이곳 주민이 가지고 있는 당시 상황을 기록한 문서와 지방관청에 있는 기록물과 표류자 대표가 쓴 감사의 문서에 의해 확인됐다.

이 아름다운 사연을 알게 된 한국의 한 대학교 교수의 제안으로 조난 구조의 현장인 도마리 마을에서 100주년 기념식을 갖게 되면서 한·일 양국에 널리 알려지게 됐디.

일본 지방정부의 법제를 연구하던 전북대 정재길 교수는 출장 차 이곳 오바마시(小浜市)에 왔을 때 조난 한국선(韓國船) 구조 소식을 섭하고 한·일 양국의 우호 승신에 크게 기여한 선조들의 사례를 오늘에 되살려 한일 민간인(民間人) 우호 증진에 본(本)을 삼는 것이 좋겠다고 생각했다.

그는 마을 대표들에게 이를 제안했고 마을 대표들도 흔쾌히 허락하여 2000년 1월 19일 '한국선구호(韓國船救護) 100주년 기념식'을 갖게 되었다. 배가 표착(漂着)했던 바다 근처의 언덕에 한·일 우호동산도 조성했다. 커다란 기념비를 세우고 무궁화 동산을 조성했다. 무궁화가 초여름부터 늦가을 서리 올 때까지 피어 있어 한국의 정취를 느끼게 한다고 한다.

이날 행사에는 많은 한·일 관계자들이 참석하여 100년 전 양국의 국민이 보여 주었던 선린우호정신(善隣友好精神)을 오늘에 되살려 한·일 간의 우호 증진에 앞장설 것을 다짐했다고 한다.

이는 순수 민간차원에서의 행사로 한·일 양국의 우호 증진에 구심점(求心點)이 되고 표석(標石)이 되었음에 틀림이 없다. 100주년 기념 행사 이후 매년 한국에서 많은 학생이 이 마을을 찾아 조

도마리 한일우호동산에서 오오모리 가쓰요시(大森 和良) 선생님과 연수단원들이 같이 노래를 부르고 있다.

상들의 역사를 배우고 한·일 간에 이해와 협력을 더욱 더 증진시켜 나갈 것을 다짐한다고 한다.

우리 한·일 합동연수단 단원들도 113년 전 일어났던 사건의 현장에서 당시를 되돌아보고 민간 차원의 한·일 간 우호 증진에 기여할 것을 다짐했다.

이번에 우리와 연수를 함께 진행한 일본 대학생들이 2014년 1월에 한국을 답방(答訪)한다. 그들이 한국에 오면 서대문형무소, 경복궁, 용인민속촌, 천안독립기념관 등을 방문케 하여 한국을 바르게 알리도록 하겠다. 그들이 한국에 와서 보고 배움으로써 한국을 바르게 인식하게 되면 한·일 상호간의 이해 증진에 크게 기여될 것이다. 작금(昨今)의 정치적으로 복잡한 한일 관계도 민간 차원에서 이렇게 상호 이해의 폭을 넓혀 간다면 언젠가는 풀릴 것이라고 생각한다.

그런 면에서 보면 이번 우리 한·일 대학생 교환 연수도 민간 외교로서의 큰 몫을 해냈다고 생각한다. 일본에도 우리나라 꽃인 무궁화 동산이 있고 한국을 사랑하는 사람들이 많이 있다는 것을 잊어서는 안 되겠다.

자연을 이용하려는 인간의 노력 결정체 (結晶體) - 일본 구로베협곡(黑部峽谷)

ⓒ 진안신문(2016년 7월 18일 월요일 황의영 경제학박사)

지난 2016년 7월 1일부터 7월 10일까지 일본에 다녀왔다. 우리 동해와 맞닿은 일본 서해안을 따라 돗토리현(鳥取縣)에서 도야마현(富山縣)까지 해안 700여㎞를 왕복했다. 한·일 대학생 교류 환경연수를 위한 사전 답사를 했다. 지난 11년 동안 실시해 오던 해안에서의 연수를 해양 오염의 발원이 되는 산(山)을 연수지에 포함하기 위해서다.

일본의 알프스라고 불리는 다테야마(立山)를 사전 답사했다. 다테야마는 '자연이 빚어 낸 걸작'이라는 찬사가 전혀 아깝지 않을 만큼 아름다운 곳으로 일본 중부 나가노현(長野縣)과 토야마현 사이에 위치한 오야마(雄山, 3,003m)·오난비야마(大汝山, 3,015m)·후지노오리다테(富士ノ折立, 2,999m) 등 3,000m를 넘나드는 고봉준

다테야마 정상에서 필자

령(高峰峻嶺)으로 이루진 곳을 통칭한다.

　산이 험준하고 원시 상태로 잘 보존돼 있는 곳이다. 산이 높으니 골도 깊다. 이 골 저 골 셀 수도 없을 만큼 골짜기가 많다. 다테야마에는 1,000여 개가 넘는 골짜기가 있다고 한다.

　이렇게 많은 다테야마 계곡 중 계곡이 깊고, 길며 수량이 풍부한 구로베협곡(黑部峽谷)을 개발하여 활용하고 있는 현장을 토롯코 열차를 타고 가면서 직접 경치를 구경하고 현장을 확인하며 자료를 통해 상세히 알아보았다.

구로베협곡은 행정구역상 토야마현(富山県) 다테야마정(立山町)에 있다. 구로베강은 다테야마를 분수령으로 하여 북서쪽으로 80㎞가량 협곡을 따라 흐른다. 구로베협곡은 해발 2,000~3,000m 정도 되는 산맥을 양쪽에 두고 80도가 넘는 깎아지른 듯 비탈진 깊은 골짜기가 넓이가 1㎞도 안 되게 붙어 있다. 산이 울창하여 사람의 접근을 허락하지 않았던 곳이었다. 그러나 자연을 인간의 삶에 유용하게 활용하려는 사람들은 1917년부터 구로베협곡을 개발하기 시작하여 100년이 지난 지금도 개발하고 있다.

　　현재까지 6개의 댐을 건설하고 12개의 발전소를 지어 가동 중이고 현재 한 곳의 발전소를 더 짓고 있다. 12개 발전소에서는 최대 90만 1,120kw의 전력을 친환경적으로 생산하고 있다. 1917년 구로베강 하구에 미국과 합작으로 알루미늄 회사를 설립할 계획으로 다카미네 조키치(高峰讓吉) 박사가 구로베강의 전원 개발을 위한 조사를 착수하면서 구로베협곡의 개발이 시작됐다. 1919년 일본전력(주)이 발족하여 발전소 건설을 주도했다.

　　1920년에 지금의 토롯코 열차의 종차역인 게야키다이라(欅平駅)에서부터 상류 구로베댐까지 사람이 다닐 수 있는 보도를 만들기 시작했다. 1923년에는 JR구로베역에서 우나즈키(宇奈月)까지

철도가 개통됐고 댐을 막고 발전소 건설을 위한 자재와 인부를 실어 나르기 위한 협궤 철로를 우나즈키에서부터 건설히기 시작했디.

철로는 깎아지른 듯 수직으로 서 있는 산허리를 수면에서부터 100m 정도 높이로 가르며 건설해 나갔다. 암석으로 된 낭떠러지를 만나면 굴을 뚫고 계곡을 만나면 다리를 놓았다.

1924년에 야나가와라(柳河原) 발전소를 착공하여 4년 후인 1927년에 최초로 발전을 시작했다. 1929년에는 9년 만에 게야키다이라에서 구로베댐까지의 보도가 완성됐다.

1933년 구로베강 제2발전소를, 1936년에 제3발전소를 착공했다. 1937년에는 착공한 지 14년 만에 협궤 철로가 우나즈키에서 게야키다이라까지 20.1㎞가 완공됐다. 무려 46개의 터널을 뚫고 27개의 다리를 놓았다. 토목 기술이 발달한 지금이야 굴 뚫고 다리 놓는 일이 그리 어려운 일이 아니지만 당시에는 대단히 힘든 일이었을 것이다.

발전(發電)을 하려면 물을 가두어 놓은 댐에서부터 낙차가 커서 발전량을 최대로 늘릴 수 있는 곳까지 터널을 뚫어 물을 끌어와야 한다. 이 도수(導水) 터널을 뚫는 일이야말로 고도의 토목 기술을 요하는 공사였다.

1940년에 제3발전소가, 1947년에 제2발전소가 발전을 시작했다. 1956년 제5발전소를 착공하고 1961년에 발전소가 가동됐다. 이후에도 1966년에 신구로베(新黑部)강 제2발전소가, 1985년에 오토자와(音澤) 발전소가 운전을 개시했다. 1990년에 우나즈키(宇奈月) 발전소와 야나와라(柳河原) 발전소 이설공사를 시작하여 1993년에 신야나와라 발전소가 2000년에 우나즈키 발전소가 발전을 시작했다. 이후로도 2012년에 신구로나기(新黑薙) 발전소가 2014년에는 다시다이라(出し平) 발전소가 준공됐다.

1937년 개통된 협궤 열차는 1971년 관광객을 실어 나르는 관광열차로 변신하여 지금은 연간 100만 명이 넘는 관광객을 실어 나르고 있다. 관광객들은 토롯코 열차를 타고 구로베협곡의 비경(秘境)을 보며 감탄하고 전 세계인들은 일본의 자연을 활용하려는 의지에 아낌없는 찬사를 보낸다. 토롯코 열차를 타고 구로베협곡을 오르며 아름다운 자연에 매료되기도 했지만 이렇게 험준한 자연을 개발하면서 끈질기게 도전한 그들의 인내에 놀라지 않을 수 없다.

100년이라는 오랜 기간에 걸쳐 하나의 프로젝트를 꾸준히 추진해 온 끈기도 끈기지만 묵묵히 참고 성원을 보내 주고 있는 국민의 인내심도 높이 살 만하다.

일본을 칭찬하려는 마음은 추호도 없다. 그들이 잘하는 것을 배워서 우리가 더 잘하도록 하자는 뜻으로 소개하는 것이다. 연말만 되면 보도(步道) 블록(Block)을 파헤치는 우리 지자체들, 물막이 공사를 마친 지 10여 년이 넘었는데도 무엇을 어떻게 할지를 모르고 방황하는 우리 새만금사업과는 확연히 대조가 된다.

우리 대학생들에게 이렇게 100년이라는 긴 기간 동안을 꾸준히 이어 오면서 자연을 개발하는 현장을 보여 주고 그들의 기개를 키워 주는 것도 산 공부가 되겠다는 생각을 하며 즐거운 마음으로 구로베협곡을 떠나왔다.

우리도 대대로 이어질 후손들을 위한 백년대계의 국책 사업에는 국민의 성원을 반드시 한데 모아 집중해야 한다는 생각을 다시 한번 하게 된다.

조선통신사(朝鮮通信使) 기념관에 가 보다

ⓒ 진안신문(2013년 7월 8일 월요일 황의영 전 NH무역 대표이사)

2013년 4월 초 일본 히로시마현(廣島縣) 구레시(吳市) 앞의 시모카마가리(下蒲刈)섬에 있는 조선통신사 기념관에 가 봤다. 일본 시코쿠(四國)와 혼슈(本州) 사이의 바다를 세토나이카이(瀨戶內海)라고 한다. 옛날 작은 배가 해상 교통의 주(主)를 이룰 때는 일본 서남부 지방에서 오사카(大阪)나 교토(京都)로 가기 위해서는 이 세토나이카이를 거쳐서 가야 한다.

그렇기 때문에 시모카마가리섬은 일본의 해상 교통 요충지였다. 조선통신사가 바구후(幕府)가 있는 에도(江戶)에 가기 위해서는 세토나이카이를 거쳐서 가는데 시모카마가리섬에 상륙하여 머물다가 가기도 하였다.

이곳 조선통신사 기념관은 세 개의 건물로 이루어져 있는데 제1관은 도자기 전시관, 제2관은 조선통신사 자료관, 제3관은 등(燈) 전시관이다. 정원에는 한국에서 가져온 것으로 짐작되는 문인석(文人石)이 많이 서 있었다. 심지어 화장실 입구 양옆에도 문인석이 있었다.

조선통신사는 에도(江戶)시대 1607년부터 1811년까지 12회에 걸쳐 조선에서 일본으로 파견된 선린 외교 사절이다. 통신(通信)이란 외교 관계를 갖는 두 나라가 서로 신의를 통하여 교류한다는 의미다. 통신사(通信使)는 조선 국왕의 명에 의하여 사절단이 서계(書契)와 예물을 지참하고 일본으로 건너가 바쿠후 쇼군(幕府將軍)을 접견하였고 바쿠후도 이들을 국왕사(國王使)로 접대하였다.

고려시대 이후 1607년 제1회 조선통신사가 파견되기 전까지 각각의 현안이 있을 때마다 사절단을 파견하기도 하였으나 이는 통상적으로 조선통신사의 범위에는 포함하지 않았다. 통신사는 일본 쇼군의 길흉(吉凶), 또는 양국 간의 긴급한 문제를 해결하는 데 목적이 있었다.

정치적으로 왕에 비견되면서도 텐노(天皇)가 존재하고 있었기에 쇼군은 조선으로부터 일본의 주권자로 인정을 받음으로써 일본 내에서 자신의 정당성을 더욱 높이고자 하는 의도가 있었다. 또,

조선통신사 기념관이 있는 송수원 앞에서 필자의 아내

조선통신사 기념관 툇마루에서 필자와 필자의 아내 조순진 님

일본 쇼군의 취임을 축하하며 이로 인해 양국의 주권자가 상호의 례를 교환함으로써 양국의 평화와 우의를 상징하는 것이있다.

조선통신사의 구성을 보면 당상관인 정사(正使), 당하관인 부사(副使), 오육품의 종사관(從事館)의 삼사(三使) 이하에 화원(畵員)·의원(醫員)·역관(譯官)·악사(樂士)·군관(軍官)·선장(船長)·선부(船夫) 등 총 400명에서 500명에 이르는 대 사절단으로 이루어졌다.

조선의 수도 한양(漢陽)에서 출발하여 일본의 수도 에도(江戶)까지 왕복 약 3,000㎞의 장거리로, 반 년 이상 소요되는 긴 여정이었다. 여로의 곳곳에서는 일본인들과 필담을 나누고 시를 지으며 그림을 그리고 노래와 술잔을 주고받았다.

조선통신사의 행렬은 일본 민중으로부터 열광적인 환영을 받으며 일본 각 계층의 사람들에게 큰 영향을 끼쳤다. 제2회 방문은 교토(京都)의 후시미(伏見), 제12회 방문은 쓰시마(對馬島)까지였으나, 그 외에는 모두 에도까지 왕복하였고 제4회부터 제6회까지는 유람과 제례를 위해 에도에서 도쿠가와 이에야스(德川家康)의 묘가 있는 닛코의 도쇼쿠(東照宮)까지 가기도 하였다.

조선통신사는 한양에서 국왕을 배알하고 부산까지 육로로 이동한다. 부산에서 여섯 척의 통신사선을 타고 쓰시마로 건너간다. 여기서부터 쓰시마항의 관리가 통신사를 수행한다.

 이키, 아이노시마(藍島), 아카마가세키(赤間關 : 현재의 시모노세키) 등의 항구를 거쳐 오사카(大阪)에 이른다. 여기까지는 배를 이용하는데 기항지마다 다이묘(大名)가 접대하는 호화로운 향응이 있었다. 오사카에서 닻을 내리고 통신사의 귀국 준비를 위해 약 100명을 오사카에 남겨 놓고 요도가와(淀川)를 거슬러 올라간다.

 이때 낮은 강바닥 때문에 작은 배로 갈아타야 한다. 요도(淀)에 상륙한 조선통신사는 에도(江戶)까지 말 1,000여 필을 포함한 약 2,000여 명이 대 행렬을 이루어 여행한다.

 교토(京都)에서는 에도시대의 가오마츠리(祇園祭)의 행렬처럼 조선통신사의 행렬이 시가지를 통과했다. 쿠사츠(草津)에서 쇼군과 조선통신사만이 통행할 수 있었던 조선인가도(朝鮮人街道)로 접어든다. 미노지(美濃路)를 거쳐 토우카이도(東海道)에 이르게 되지만 이 사이에는 큰 하천이 여러 개 있다. 이 하천을 건너기 위해서는 일본의 다이묘들도 배를 이용하나, 쇼군(將軍)과 조선통신사는 임시로 만든 배다리를 이용하였다. 마지막으로 후지산(富士山)을 바라보며 에도에 이른다. 에도에서는 국서의 교환을 비롯하여 곡마술인 마상재(馬上才)와 향연 등의 공식행사가 행해졌다. 매회 통신사가 지나가는 길가에는 구경꾼이 넘쳐났고 교토에서 에도까지의 통신사 행렬은 화려하고 아름다운 하나의 거대한 퍼레이드로 사람들의 즐거운 구경거리였다.

내가 이번에 가 본 시모카마가리의 조선통신사 기념관에는 1719년(숙종45년)의 제9차 조선통신사가 이곳에서 머물면서 있었던 일들의 모형과 참고자료를 전시해 놓고 있었다. 시(詩)를 쓰며 필담을 나누고 그림을 그리며 노래를 부르고 춤을 추던 모습, 접대한 음식, 행렬도가 그려져 있었다. 1764년 제11차 조선통신사 정사(正使)인 조엄은 일본에서 고구마를 들여와 백성들의 굶주림을 덜어 주기도 하였다.

이와 같이 조선통신사는 양국의 선린외교의 증진, 문화, 신문물(新文物)의 교류에 크게 기여하였다. 최근 일본 정치인들의 잇따른 망언으로 한일관계가 균열이 생기고 있지만, 한국과 일본은 결코 멀리할 수 없는 이웃나라다.

우리는 과거 일본이 강자 앞에 약하고 약자 앞에 강한 모습을 보이는 것을 많이 봐 왔다. 일본이 우리를 깔보지 않게 하기 위해서는 우리가 경제력으로 앞서야 한다. 우리 모두 각자의 위치에서 묵묵히 최선을 다할 때 우리의 경제력은 신장될 것이다. 그러면 반드시 우리가 일본을 앞서 가리라고 확신한다.

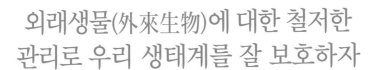

외래생물(外來生物)에 대한 철저한
관리로 우리 생태계를 잘 보호하자

ⓒ 진안신문(2014년 9월 4일 월요일 황의영 전북대학교 무역학과 강의전담교수)

2017년 7월 말 일본에서는 개미 때문에 큰 난리가 났다. 6월 13일 일본 환경성은 효고(兵庫)현 아마가사키(尼崎)시에서 특정 외래생물 '붉은불개미(Solenopsis invicta)'가 발견됐다고 밝혔다.

이 불개미는 5월 26일 일본에서 처음으로 발견된 이후, 6월 16일 고베(神戶)항, 6월 27일 나고야(名古屋)항, 6월 30일 오사카(大阪)항, 7월 3일 도쿄(東京)항, 7월 6일에는 아이치(愛知)현 카수가이(春日井), 7월 14일 요코하마(橫浜)항, 7월 21일에는 규슈 하카타(博多)항에서 발견되는 등 급속하게 일본 전역으로 퍼져 나가고 있다. 이 불개미는 중국 광둥성 광저우시 난사(南沙)항에서 5월 15일 출발, 5월 20일 고베항에 도착한 배에 실려 온 컨테이너의 화물을 5월 26일 효고현 아마가사키(尼崎)시에서 하역작업 중 발견됐다.

日本で相次ぐヒアリ発見

7/6 愛知 春日井
7/3 東
6/30 大阪港
5/26 兵庫 尼崎
6/16 神戸港
6/27 名古屋港
7/14 横浜

内陸部でも

女王アリ・幼虫

일본 NHK 방송에 방영된 붉은불개미 발견지역과 발견일자

　이 '붉은불개미'는 남미가 원산이며 몸길이가 2.5~6㎜ 정도 되는 적갈색 유독 개미다. 이 개미는 전선을 갉아 가전제품을 망가뜨리기도 하고, 농장에 침투하여 어린 농작물에 피해를 주기도 한다.

　사람도 이 개미의 침에 쏘이면 말벌에 쏘인 것처럼 심하게 붓고 불에 덴 듯한 통증이 생기고 심하면 사망에까지 이른다고 한다. 북미지역에서는 이 불개미에 물려 연간 100여 명 정도 숨진다고 한다. 이 개미는 지금 북미와 중국, 필리핀, 대만 등에 외래생물로 침입해 정착하고 있어 세계적으로 큰 골칫거리가 되고 있다.

　급기야 일본 국영방송 NHK가 일요일인 7월 23일 오전에 정규

방송 대신 긴급현안인 '붉은불개미' 확산과 그 대책에 관해 2시간 동안 전문가토론을 생방송으로 방영했다. 환경성 자연환경국장, 외래생물대책 전문가인 국립환경연구소 생물·생태·환경연구센터 실장, 개미연구 전문가인 대학교 교수, 외래생물 전문가인 대학교수, 국제물류·항만계획 전문가인 대학교수, 일본곤충협회 부회장 등이 참석해 토론을 벌였다. 이번 불개미가 물류 이동을 따라 급격하게 확산하고 있으며 여왕개미가 알을 낳기 시작하여 이미 일본 내에서 터전을 잡았다고 한다.

컨테이너로 물류가 이동되는 국제항을 중심으로 소독 등 방역을 철저히 하여 더 이상의 확대를 차단해야 하고, 내륙으로 급속하게 번지는 것을 막기 위하여 이미 발견된 지역으로부터 이동이 예상되는 지역까지 예찰 활동을 강화하여 더 이상의 확산을 막겠다는 것이다. 국가뿐만 아니라 항만관련기관, 물류회사는 물론 전 국민이 참여하여 '붉은불개미' 박멸에 최선을 다해야 한다고 한다. 여기서 차단치 못하면 국가 대재앙이 되어 엄청난 대가를 치르게 될 것이라고 한다. 이후 7월 28일 일본 후생성은 '전날 후쿠오카(福岡)시의 한 화물터미널에서 컨테이너 화물 하역작업을 하던 30대 남성이 일본에선 처음으로 붉은불개미에 물려 병원으로 옮겨져 치료를 받았다.'고 밝혔다.

이미 우리나라는 외래 생물종(生物種) 각축장이 돼 버렸다. 서울

한복판에 육식성 미국가재가 설치고 있다. 솔잎혹파리는 1920년대 말 일본에서 유입돼 1970년대 말부터 소나무를 공격하여 소나무를 고사시키고 있다. 1988년에는 소나무의 에이즈라고 하는 소나무재선충이 부산 금정산에 상륙한 이후 전국의 소나무를 초토화시키고 있다.

1958년 미군 부대 주변부터 발생하기 시작하여 도심 가로수와 공원 관상수를 공격하는 미국흰불나방, 농작물을 닥치는 대로 갉아먹는 흰불나방, 벼 뿌리에 기생하며 볏 대를 갉아먹는 벼물바구미, 1992년 중국에서 벌통에 묻어 들어와 양봉업계에 큰 타격을 입힌 가시응애 등이 대표적이다. 1987년 수입돼지에 붙어 온 미생물에 의해 발생한 돼지오제스키병도 큰 피해를 줬다.

의도적으로 들여왔는데 뜻하지 않게 사고를 당하는 경우도 있다. 정부가 1973년 일본으로부터 북미산 식용개구리를 들여왔으나 전국의 하천과 저수지로 퍼져나가 토종 어류와 파충류를 먹어치워 생태계를 황폐화하고 있다.

배스와 블루길, 찬넬메기, 백연어, 향어, 떡붕어 등과 같은 어종과 뉴트리아 같은 설치류가 호수나 하천에 방류돼 하천생태계 균형을 깨트리고 있다. 환삼덩굴, 가시박, 미국자리공, 서양등골나물, 돼지풀, 미국쑥부쟁이, 도깨비가지, 물참새피, 유럽미나리아재비, 좀양귀비, 모래냉이, 세열미국쥐손이 같은 외래식물이 산야를 점령하여 토종식물을 멸종시키고 있다.

　뉴질랜드와 호주에서는 이 '붉은불개미'가 상륙했으나 적절하게 대처하여 박멸했다고 한다. 우리나라는 이 불개미가 출현한 중국과 일본 사이에 놓여 있는 나라로, 조만간 이 개미가 나타날 확률이 매우 높다.

　우선 항만을 중심으로 중국·일본·미국은 물론 이미 '붉은불개미'가 퍼져 있는 나라에서 들어오는 컨테이너는 소독을 철저히 하고 예찰 활동을 강화하여 만약에 이 개미가 들어온다고 하더라도 국내에서 확산되지 않도록 철저하게 대비해야 할 것이다.

　만약에 들어와서 확산된다면 이는 재앙이고 엄청난 대가를 치르게 될 것이다. 우리나라는 지금도 외래생물에 의해 큰 피해를 보고 있는 나라다. 이번만큼은 어떻게 하든 총력 대응하여 '붉은불개미' 유입을 막아야 한다. 정신 바짝 차리고 우리의 아름다운 금수강산을 지켜 보자.

탈선(脫線)한
'자연순환열차(自然循環列車)'

ⓒ 진안신문(2014년 4월 7일 월요일 황의영 전북대학교 무역학과 강의전담교수)

"하늘이 망령이 들었나 봐요. 3월에 한여름같이 24~5도의 날씨가 이렇게 계속되니 꽃들이 미치지 않을 수 없지요. 산수유, 매화, 진달래, 개나리, 목련, 벚꽃이 한꺼번에 다 피어 버렸어요."

"그러게 말이에요. 지금 산이나 들이나 마을이나 온통 꽃 천집니다. 여러 종류의 꽃들을 이렇게 한꺼번에 볼 수 있어서 좋기는 한데 올 시절이 어떻게 되는지 걱정이네요."

꽃 소식을 전해들은 동네 아주머니들의 얘기다. 지금 전국 방방곡곡이 꽃 천지다. 말 그대로 금수강산(錦繡江山)이다. 기상청에 의하면 3월 평균 기온이 7.2℃로 예년 5.7℃보다 1.5℃ 높았다. 특히 서울의 3월 중·하순 기온은 예년보다 8~11℃나 높았다.

꽃들은 기온과 낮 길이를 자동 인식하여 피는 시기를 조절한다.

기온이 이렇게 예년보다 높으니 꽃나무들이 꽃을 피우는 시기를 헷갈릴 만도 하다. 서울 벚꽃이 3월에 개화한 건 1922년 벚꽃 관측 이래 처음이라고 한다. 재작년과 작년에는 꽃이 늦게 펴서 각 곳에서 꽃 축제를 늦추기도 했다.

들쑥날쑥한 기후는 참으로 변덕스럽다. 만개한 꽃들을 시샘이라도 하듯 2014년 4월 4일에는 다시 아침 최저기온 2℃, 낮 최고기온 10도로 엊그제보다 14~5℃가 낮아졌다.

밤사이 영동지방에는 눈이 내려 15㎝의 적설량을 보였다. 봄이 온 줄 알고 꽃과 잎을 피워 낸 식물과 꽃을 찾아 날아들던 벌, 나비도 추위에 많이 떨었을 것 같다.

2014년 2월 7일부터 강릉, 속초 등 영동지방에 일주일 넘게 폭설이 내려 2m 이상 눈이 쌓였다. 많은 산골 마을이 고립되어 군·경과 자원봉사자들이 제설작업에 투입되어 큰 고생을 했다. 눈을 치우면 밤사이 또 내려 쌓이고 치우고를 반복하였다.

두메산골에 혼자 사는 노인들에게는 헬기로 생필품을 공수하기도 했다. 눈 무게를 이기지 못한 리조트 강당이 무너져 많은 학생들이 죽거나 다쳤다. 비닐하우스, 인삼밭 시설물이 무너져 내려 농가에 시름을 안겨 주기도 했다.

2013년 여름에는 일부 지역에 장대비가 쏟아져 이틀 동안 700㎜ℓ 이상의 강우량을 기록히기도 했다. 산이 무너져 내리고 홍수가 나서 가옥이 쓸려 가고 전답이 물에 잠겨 농산물이 못쓰게 됐다.

5월에 서리가 내리고 기온이 떨어져 사과, 배 등 과일 꽃이 얼어 열매가 맺히지 못하고 맺힌 열매마저도 상처가 나서 기형과(畸形果)가 많이 생겼다. 5월 말에는 우박이 떨어져 과일과 채소를 짓이겨 놓기도 했다.

자연은 우리에게 일정한 시간 간격을 두고 춘하추동(春夏秋冬) 계절 변화의 아름다움을 선사한다.

우수(雨水)에 대동강 얼음이 풀리고 경칩(驚蟄)엔 땅속에서 겨울잠을 자던 개구리가 밖으로 나온다. 삼월 삼짇날엔 강남 갔던 제비가 돌아온다고 했다. 한로(寒露)에 찬 이슬이 내리고 상강(霜降)에는 서리가 내린다고 했다.

겨울엔 삼한사온(三寒四溫)의 날씨가 유지됐다. 요즈음 기후 변화를 보면 이런 우리 상식이 잘못됐다는 것을 깨닫게 된다.

우수에 대동강 물이 풀리는 것이 아니라 아예 얼음이 얼지 않을 때도 있다. 경칩이 있는 3월 초보다 훨씬 이전부터 날씨가 따뜻해서 개구리가 땅 밖으로 나왔는데, 정작 경칩에는 기온이 뚝 떨어져 눈발이 날리기도 했다. 일찍 나온 개구리는 얼마나 추위에 떨었을까? 2014년엔 4월 2일이 삼짇날이었는데 그 전에 이미 제비는 날아왔다. 상강보다 훨씬 지나야 서리가 내리기도 한다.

이제는 궤도를 달리던 '자연순환열차(自然循環列車)'가 자기 궤도만을 얌전하게 달리지 않고 때로는 열차 전량이 탈선하기도 하고 몇 량(輛)만 탈선하기도 한다.

인간의 과욕이 만들어 낸 과도한 탄산가스가 지구 온도를 높이고 있다. 앞으로 백 년 동안 지구의 평균온도를 3.7℃ 끌어올리고 해수면을 67㎝ 높인다는 예측이 나오기도 한다.

바다 수온이 높아 국민 생선인 명태가 우리 바다에서는 한 마리도 잡히지 않는다. 부안 앞바다인 칠산 바다에서 파시(波市)가 열릴 정도로 많이 잡히던 조기도 더 이상 잡히지 않는다. 열대 바다에서 볼 수 있었던 해파리가 여름 어장을 망치고 있다. 농업에서도 작물 분포도가 점점 북상하고 있다. 대구·경북지방 특산물이던 사과가 고랭지인 무주·진안·장수 등과 강원도지방까지 재배가 확대되고 오히려 이곳에서 더욱 고품질의 사과가 생산된다. 진안과 금산이 적지였던 인삼 재배도 날씨가 더 시원한 강원도나 경기도 북쪽지방까지 옮겨 가고 있다.

이제 우리에게 철 이른 개화, 때 늦은 폭설과 우박, 기록적인 폭우, 오락가락하는 장마가 일상화됐다. 농업인들도 이렇게 변화무쌍(變化無雙)한 자연에 대응하여 농사를 지어야 한다.

폭설에 대비하여 비닐하우스와 인삼밭을 튼튼하게 설치하여야 한다. 여름철 폭우에 대비하여 배수 시설과 수방 시설도 잘 갖추고 관리하여야 한다. 이렇게 정신 나간 기후 조건에도 적응할 수 있는 품목과 품종을 선택하여야 한다.

궤도를 이탈한 자연을 원망할 수만은 없다. 지금이 바로 우리가 자연에 순응하며 변화에 대비하는 지혜가 필요한 때가 아닌가 생각해 본다.

태풍(颱風)에 관한 이야기

ⓒ 진안신문(2012년 9월 17일 월요일 황의영 NH무역 대표이사)

2012년 8월 말 한반도는 이틀 간격으로 연이어 태풍을 맞았다. 8월 28일 한반도를 할퀴고 지나간 제15호 태풍 '볼라벤(Bolaven)' 은 농업 쪽에 많은 피해를 입혔다. 엎친 데 덮친 격으로 이틀 후인 8월 30일 제14호 태풍 '덴빈(Tembin)'은 물 폭탄을 가져와 피해를 더 키웠다.

이번 태풍으로 인해 사과·배 등 과일이 낙과되고 비닐하우스가 찢겨 나가 하우스 안에 있는 작물이 상하고, 강풍을 맞은 벼는 수분을 빼앗겨 백수 피해가 속출해서 그렇지 않아도 어려운 농가에 시름을 가중시켰다.

지난 30년 동안 우리나라에 영향을 미친 태풍은 연평균 3.1개로 매년 3~4개의 태풍이 내습하고 있다. 그중 87.1%인 2.7개의 태풍이 7~9월에 발생했다.

최근 10년간 우리나라에 온 태풍은 27개로 많은 인명 피해와 천문학적 재산 손실을 가져왔다. 특히 2002년 태풍 '루사'는 우리 고장 진안에도 큰 피해를 주었다. 하천 제방이 붕괴되어 동향면 소재지가 물에 잠겨 많은 고통을 받았던 적이 있다. 물에 잠긴 농협에서 비료와 농약, 생활물자를 닦고 옮기면서 일주일 동안 구슬땀을 흘리며 작업했던 기억이 아직도 생생하다.

이렇게 큰 피해를 주는 태풍의 발생과 경로, 태풍에 수반되는 현상을 알아보기로 한다. 태풍은 중심 최대풍속이 17㎧(초당m) 이상이며 폭풍우를 동반한 열대성 저기압을 말한다. 북태평양 남서부에서 발생하여 아시아 동부로 이동한다. 1946년까지는 남양(南陽)이나 남중국 해상 등에서 발생하여 필리핀·중국·한국·일본 등으로 올라오는 맹렬한 폭풍우라고 정의했을 뿐 확실한 기준이 없었다. 1953년부터 태풍에 매년 발생 순서에 따라 일련번호를 붙여서 제 몇 호 태풍이라고 불렀다.

괌에 있는 미국태풍합동경보센터에서 태풍의 이름을 미리 지어

놓고 알파벳 순서대로 태풍이 발생하면 이름을 붙였다.

　1978년 이전까지는 여성 이름만 사용했으나 각국 여성단체의 항의로 남성과 여성 이름을 함께 사용했다. 2000년부터는 아시아 태풍위원회에서 아시아 각국 국민의 태풍에 대한 관심과 경계를 강화하기 위해 태풍의 영향을 받는 14개 나라에서 10개씩 제출한 이름을 순차적으로 적용하여 사용하고 있다.

　최성기의 태풍을 위에서 내려다보면 중심 주위에 나선상의 구름대가 줄지어 있다. 중심대는 그 주위가 두껍고 높은 구름으로 둘러싸여 있음에도 불구하고 맑게 개어 있는데 여기가 바로 태풍의 눈이다.

　발달기에는 태풍의 눈 지름이 30~50㎞가 되고, 여기에는 하강 기류가 있다. 태풍에 동반되는 바람은 태풍의 눈 주변에서 최대풍속이 관측된다. 태풍이 이동하는 경우에는 진행 방향 오른쪽의 바람이 강해지고 왼쪽은 약해진다. 이것은 태풍의 이동에 의한 바람이 태풍 자신에 의한 바람에 합세되기 때문이다.

　태풍의 중심 부근은 주변보다 기온이 높아져 있고, 약 400㎞ 이내에서는 비가 내리며, 중심 부근에서는 1시간에 10~20㎜의 강수량을 보인다. 그러나 태풍이 한국 부근에 접근하면 전선이나 지형의 영향이 가해져서 더 많은 비가 내린다.

일반적으로 열대성저기압은 열대 해역에서 해수면의 온도가 26℃ 이상이어아 하고, 공기의 소용돌이가 있어아 하므로 직도 부근에서는 발생하지 않고 남북위도 5°이상에서 발생한다.

또한, 공기가 따뜻하고 공기 중에 수증기가 많고 공기가 매우 불안정해야 한다. 따라서 한국과 극동지방에 영향을 주는 태풍은 북위 5~20°, 동경 110~180° 해역에서 연중 발생하며, 주로 7~8월에 많이 발생한다.

전 세계적으로 연간 발생하는 열대저기압은 평균 80개 정도이고 발생 해역별로 구분해 보면, 북태평양 남서해상에서 발생하는 태풍(Typhoon)은 30개 정도, 북대서양·카리브해·멕시코만·태평양동부에서 발생하는 허리케인(Hurricane)은 23개 정도이고, 인도양과 오스트레일리아 부근 남태평양 해역에서 발생하는 사이클론(Cyclone)은 27개 정도가 된다.

태풍은 발생해서 소멸될 때까지 약 일주일에서 1개월 정도의 수명을 가지며 형성기·발달기·최성기·쇠약기의 4단계로 구분한다. 태풍은 발달 초기에 저(低)위도에서 발생하여 천천히 서진(西進)한 후 소멸하는 것과 점차 북상하여 북위 20~30° 부근에서 진로를 북동쪽으로 전향(轉向)한 다음 빠른 속도로 진행하는 것이 있다.

겨울에서 봄철까지는 전자가, 여름에서 가을철에는 후자가 많다. 8월 이후 북태평양고기압이 약화되거나 일본해상 남쪽으로 치우치게 되면 한반도나 일본열도로 전향하는 경우가 많다.

이 경로의 태풍은 한국에 폭풍우를 몰고 오는 것이 보통이다. 현재 기상위성 관측으로 태풍의 발달 초기부터 추적이 가능하다. 발생이 확정되면 미군의 비행기 관측에 의해서 중심기압과 정확한 위치 등이 확정된다. 태풍이 한국에 이동해 오면 위성 분석을 통해 중심위치·이동방향·크기 등을 추적하며, 한국에 접근하면 제주에 있는 레이더를 이용하여 자세하게 분석하며 매 시간 또는 매 30분마다 특별관측을 실시한다. 이런 실황을 기초로 해서 앞으로의 진로나 상륙 지점, 강우 상태 등을 예보한다.

태풍의 피해는 인류가 겪는 자연재해 가운데 인명과 재산에 가장 큰 피해를 준다. 강풍과 저기압, 강수(降水)에 의한 직접적인 피해와 해일·홍수 등에 의한 간접 피해로 구분된다.

태풍 피해를 최소화하기 위해서는 태풍이 접근하여 태풍경보가 발표되면 다음과 같은 사항을 유의하여 실행하여야 한다.

먼저, 배수문 및 배수장을 수시로 점검한다. 둘째, 라디오·TV 등 방송을 통해 주의보 또는 경보를 자세히 청취한다. 셋째, 창문이나 지붕 등 비·바람에 의하여 손상될 염려가 있는 것은 잘 손질해 둔다.

넷째, 집과 전답은 배수가 잘 되도록 물고와 배수로를 정비하고 과수나무 등은 쓰러지지 않도록 지지대로 받쳐 주며 비닐하우스나 축사의 지붕이 날아가지 않도록 정비한다.

다섯째, 강가나 저수지 아래에서는 홍수 및 방류에 대비하여 언제든지 대피할 수 있도록 비상 식량과 필요한 용구 등을 챙겨 놓는다.

여섯째, 산 밑이나 해안가에서는 수시로 상황을 살펴서 산사태나 폭풍해일에 대비하여야 한다. 태풍을 인력으로 막을 수는 없지만 우리의 노력 여하에 따라 태풍 피해는 얼마든지 줄일 수 있다. 자연 재해가 올 때 민·관이 잘 호흡하여 피해를 최소화하도록 하자.

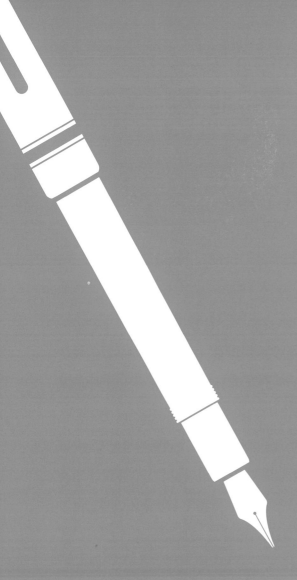

제4장
세계 이곳저곳을 가 보며
느끼고 배우다

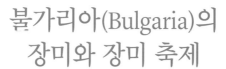

불가리아(Bulgaria)의
장미와 장미 축제

ⓒ 진안신문(2015년 9월 21일 월요일 황의영 전북대학교 무역학과 강의전담교수)

2015년 8월, 불가리아(Bulgaria)에 다녀왔다. 불가리아는 동부 유럽 발칸반도의 남동부에 있는 나라로 북쪽은 루마니아, 서쪽은 세르비아와 마케도니아, 남쪽은 그리스와 터키, 동쪽은 흑해와 면하고 있다.

인구는 720만 명, 면적은 11만 879㎢로 우리나라보다 조금 넓지만 인구는 우리의 1/7밖에 안 되는 나라다. 터키의 동유럽 진출로(進出路)에 있기 때문에 1396년부터 500년간 오스만투르크의 식민 지배를 받았다. 1908년 불가리아 왕국으로 독립하였다.

1945년 공산당이 집권했다가 1991년 공산정권이 붕괴되고 지금의 불가리아 공화국이 되었다. 불가리아는 산악지대로 오염되지 않은 자연환경에서 낙농업이 발달한 유산균과 장미·장미오일, 유기농 등 제1차 산업이 발전되어 있는 장수(長壽)의 나라로 우리에게 잘 알려져 있다. 특히, 러시아에 있는 파스퇴르연구소의 연구원이었던 세균학자 일리야 메치니코프(Ilya Mechnikov, 1845~1916)가 2년 동안 불가리아 장수마을에서 거주하면서 장수의 원인이 유산균이라는 것을 밝혀 내면서 더욱 각광을 받게 됐다.

불가리아는 장미(薔薇, Rose)와 장미유(薔薇油, Rose Oil), 장미수(薔薇水, Rose Water)로 유명하다. 장미가 불가리아 국화(國花)다. 5월이 되면 불가리아 전역은 온통 장미 축제로 술렁인다. 장미꽃 수확 시기에 따라 축제 기간이 조금씩 변하기도 하지만 일반적으로 5월 마지막 일요일부터 6월 첫째 일요일까지 8일 동안 열린다. 지난 겨울이 따뜻했으면 축제 기간이 좀 빨라지고 추웠으면 늦어진다. 장미꽃 향연은 불가리아의 수도 소피아(Sofia) 동쪽 카르투에르토(Kartuerto)에서 카잔루크(Kazanlak)에 이르는 계곡에서 펼쳐진다.

일명 '장미의 계곡'으로 형형색색 장미꽃이 만발하고 향기로운 냄새가 계곡 전체에 퍼지면 축제가 시작된다. 가장 유명한 축제 장소는 카를로브(Karlovo) 마을이다. 소피아에서 기차를 타고 2시간 30분이면 도착하는 곳에 있다. 불가리아 고유의 전통과 향취를 느낄 수 있는 작은 동네다. 이곳에서는 5월 말에서 7월 말까지 두 달에 걸쳐 장미꽃에 푹 빠져 지낼 수 있다. 거리는 온통 장미꽃으로 뒤덮이고 불가리아 전통 의상을 입은 아가씨들이 노래와 춤으로 분위기를 띄운다.

장미 아가씨를 선발하고, 장미꽃 따기, 민속 음악 무용 콘서트, 거리 퍼레이드 등이 펼쳐진다. 시민들도 거리로 뛰쳐나와 장미꽃잎을 뿌리며 풍성한 내년 수확을 기원한다.

불가리아에 장미가 어떻게 전해졌는지 명확치는 않으나 알렉산더대왕이 페르시아 원정 때 가져왔다는 전설이 전해진다. 불가리아 장미 산업은 330여 년 전에 시작됐다. 1945년 이후 공산체제에서 정체되다가 2000년대 들어와 과거와 같은 수준으로 회복시키기 위해 투자를 강화하고 있다.

장미는 세계적으로 7,000여 종의 품종이 있으나, 이 가운데 극히 일부 장미만이 향수 제조에 사용할 수 있는 향기를 가지고 있다. 불가리아 장미오일과 장미수는 로사 다마스케나(Rosa Damascena) 품종에서 추출하는 것으로 이 품종의 장미는 '장미의 계곡(Valley of Roses)'에서 대량 재배된다.

장미오일 1kg을 생산하는 데 장미꽃 3,000~3,500kg이 소요되

불가리아의 장미

는데 이는 장미 150만 송이로, 장미오일은 '황금의 액체'라 불린다. 불가리아 장미오일 생산은 제2차 세계대전까지는 세계 생산량의 80%를 점하였으나 현재는 30~40% 수준이다. 달콤하고 부드러운 장미오일은 화장품이나 향수, 방향제 등으로 사용되는데, 불가리아 장미오일은 품질 면에서 세계 제일로 평가된다. 프랑스·이탈리아·미국·일본 등의 유명 화장품 생산회사에서 이를 원료로 사용하고 있다.

불가리아에서 이처럼 질 좋은 장미오일이 생산되는 것은 적합한 기후 때문이다. 일조량이 많은 데다 산으로 둘러싸인 분지 지형이어서 일교차가 심하다. 꽃이 피어나는 데 그만큼 스트레스를 많이 준다. 장미는 스트레스를 많이 받을수록 풍부하고 질 좋은 기름을 생산하게 된다.

인내를 통해 향기를 축적하는 불가리아 장미는 불가리아 사람들의 기질과도 닮았다고 한다. 장미오일을 생산하기 위해서 동이 트기 전 이른 새벽에 여인들이 장미농장에 나가 손으로 장미꽃을 채취한다. 이 꽃들을 모아 끓인 후 증류하면 장미오일과 장미수로 분류된다. 장미오일은 아주 소량 추출된다.

장미수는 일반 스킨로션으로 사용하는데, 차를 마실 때 2~3방울 넣어서 마시기도 하며 미국·독일에 수출된다. 장미수에는 항염증, 항알레르기, 가벼운 살균, 방부 효과가 있다. 파괴되거나 늙어가는 세포조직 재생을 자극하고 혈액 순환 증진과 피부의 수분 유지에 효과가 있다. 장미오일에는 심신 안정, 불면증 치료, 피부 보호, 스트레스 완화 등의 효과가 있다.

유네스코 세계 문화유산인 불가리아 흑해 연안의 고대 도시 네세바르(Nesebar)에서 장미로 만든 핸드크림, 장미 향수, 장미 바디로션 등 화장품을 샀다. 일행 모두 한 바구니씩 샀다. 구시가지(舊市街地)를 가득 메운 관광객이 이렇게 많은 장미 관련 제품을 구매

하고 있기 때문에 경제를 장미 산업이 지탱해 주고 있다.

　장미는 꽃 중의 여왕이라고 한다. 아름다운 꽃 장미가 화장품과 의약품의 소중한 원료가 되어 불가리아 국가 경제의 대들보 역할을 충실히 수행하고 있다.

　우리의 진달래·개나리·작약·목단·들국화·오미자 등에서도 이보다 더 좋은 성분의 화장품과 의약품의 원료가 나오지 않는다고 누가 단언할 수 있겠는가? 지금 홍삼이 들어간 화장품이 중국에서 소위 대박을 터트리고 있지 않은가?

　우리의 산야에 널려 있는 산야초에도 이처럼 유용한 성분이 많이 들어 있었으면 좋겠다. 그래서 불가리아 장미처럼 우리 경제를 떠받혀 줬으면…….

농업 강국 스페인(Spain)

ⓒ 신반신문(2015년 8월 24일 월요일 황의녕 선북내학교 부녁학과 강의선남교수)

2015년 1월 스페인(Spain)의 여러 도시를 둘러봤다. 16세기 아메리카에 식민지를 개척하면서 온갖 만행을 저지른 스페인에 대하여 좋지 않은 감정을 가지고 있었기 때문에 별로 관심을 두지 않았다. 한때는 포르투갈과 함께 세계를 양분할 정도로 막강한 국력을 자랑하고 있었지만, 지금은 쇠락하여 이빨 빠진 호랑이가 된 스페인을 별로 중요한 나라라고 생각하지 않았다.

몇 년 전 외환 위기로 국가 부도 직전까지 가게 된 스페인을 세계 경제발전의 걸림돌 정도로 인식하고 있었다. 그러나 근래에 인문학이 크게 대두되면서 스페인이 세계 문화의 중심에 있다는 것을 알게 됐고 그 문화를 현장에서 접해 보고자 스페인에 가게 됐다. 스페인은 우리나라와 땅이 붙어 있는 유라시아 대륙 서쪽 끝이베리아(Iberia)반도에 있는 나라다. 유럽 서남부 북대서양과 지중해 연안, 북위 36도에서 44도, 서경 10도에서 동경 4도 사이에 프랑스(France)·포르투갈(Portugal)과 국경을 맞대고 있다.

국토 면적은 50만 5,370㎢이고 인구는 4,800만 명 정도 된다. 정식 명칭은 '에스타도 에스파뇰(Estado Espanol)', 영어로는 '스페인왕국(Kingdom of Spain)'이다. 아직도 대서양에 있는 카나리아 제도(Canary Islands) 등 해외 영토를 가지고 있다. 원주민은 이베르(Iber)인이지만, 이주해 온 각 민족과의 혼혈로 오늘날 에스파냐(Espana)인이 형성됐다.

알타미라(Altamira)동굴이 발견됨으로써 구석기시대에 크로마뇽(Cro-Magnon)인이 살았던 토지임이 밝혀졌으며, 그라나다(Granada)지방의 알메리아(Almeria)문화 등 거석문화(巨石文化)를 통해 신석기시대에 관하여도 알려진 바 있다.

스페인은 지중해성 기후의 영향으로 건조하고 온난하다. 연중 강수량이 300~700㎖ 정도다. 강수량이 풍족하지 않아 농업에 적합한 기후 조건은 아니지만, 농지 면적이 국토의 1/3이나 된다. 주요 농산물은 밀·보리·귀리·호밀·쌀·옥수수 등의 곡물과 상품 작물·수출 작물로 올리브·오렌지·포도 등의 과일과 토마토 등 열매채소가 있다.

전반적으로 건조한 기후 때문에 물을 끌어다 대는 관개 농업(灌漑農業)이 매우 발달돼 있다. A.D.710년부터 무어인(Moors)이 침입해 오면서 이슬람(Islam) 문화가 유입됐는데, 이들에 의하여 관개 농업이 발달됐다고 한다.

이슬람인들이 유럽에서는 처음으로 논을 개간하여 쌀을 생산했는데 지금도 많은 논에서 벼를 재배하고 있다. 이들에 의해 살구와 오렌지가 스페인에 들어왔다.

스페인의 수도 마드리드(Madrid)에서 옛 이슬람국의 수도 코르도바(Cordoba)를 가는데 끝이 보이지 않는 대평원을 몇 시간 동안 달려도 밀밭과 포도밭뿐이다. 그 한가운데 돈키호테(Don Quixote)의 고장 라만차(La Mancha)지방이 있다.

포도밭은 조성된 지 아주 오래돼서 전지(剪枝)하고 남은 그루터기가 소나무 자른 것만큼 커 보인다. 밀 등 곡물은 품질이 좋고 자급자족하고 남아 수출하고 있다.

포도 생산량은 세계 3위다. 생산한 포도는 송이로 수출하지 않고 즙을 짜서 원액으로 프랑스·이탈리아 등에 수출한다. 또, 많은 와이너리(winery)에서 와인(Wine, 포도주)을 생산하여 세계 시장에 내고 있는데 전통과 역사가 깊다. 1992년 하계올림픽이 열렸던 바르셀로나(Barcelona) 교외에 있는 포도주 가공 공장에 가 봤다.

스페인의 포도 생산량은 세계 3위다.

대평원에 올리브나무가 있다.

세계 이곳저곳을 가 보며
느끼고 배우다

1590년 이래 계속해서 운영되는 공장으로 40㎞가 넘는 지하 동굴에 1,000만 병이 넘는 포도주를 저장하고 있었다.

스페인을 남북으로 가르는 과다라마(Gudarama)산맥의 산은 온통 올리브나무가 뒤덮고 있다. 인근 크고 작은 산에도 모두 올리브나무가 심겨 있는데 세계 각국으로 올리브와 올리브유(油)를 수출한다.

지중해가 가까워지면서 대평원에 오렌지 과수원이 조성돼 있는데 끝이 보이지 않는다. 중세 남미(南美)와의 무역항 세비야(Sevilla)에서 포르투갈(Portugal) 수도 리스본(Lisbon)까지 가는 도로 양편에 오렌지밭이 끝없이 이어진다.

오렌지는 지중해성 기후 덕분에 당도가 높고 품질이 우수하여 생과로 유럽을 비롯해 아시아·아메리카에도 수출된다. 오렌지즙을 짜서 주스를 만들어 유럽 각국에 수출하기도 한다.

스페인에는 토마토가 많이 생산되는데 수확기인 여름철에는 토마토를 싣고 유럽 각국으로 실어 나르는 컨테이너 행렬이 꼬리에 꼬리를 문다고 한다. 매년 8월 마지막 주 수요일에 스페인 발렌시아(Valencian)주 부뇰(Bunol)에서 개최되는 토마토 축제는 많은 나라 젊은이들이 모여 함께 즐기는 세계적인 축제가 됐다.

스페인의 농업은 유럽연합(EU, European Union)이 통합되면서 경제적 국경이 무너진 '유럽'이라는 큰 시장을 얻었다.

유럽의 다른 나라보다 광활한 토지와 저렴한 인건비로 농산물 생산이 가능한 스페인은 강한 농업 경쟁력을 갖게 됐다. 스페인의 농업이 강해진 것은 지리, 기후적인 자연조건이 우수하기 때문만이 아니라 농업의 중요성을 인식하고 국가와 국민이 합심하여 지속적으로 농업을 개발하고 발전시켜 온 결과라는 사실을 이번 여행을 통해서 알게 됐다.

우리도 농업을 단기간의 경영을 평가하는 산술적인 계산이 아니라 민족의 장래를 뒷받침해 주는 기간 산업으로 인식하고 지속적인 투자와 경영을 해 나가야 한다. 왜냐하면, 사람은 먹지 않으면 죽기 때문이다.

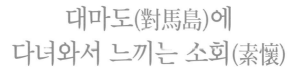

대마도(對馬島)에
다녀와서 느끼는 소회(素懷)

ⓒ 진안신문(2017년 3월 20일 월요일 황의영 경제학박사)

2017년 1월, 대마도에 다녀왔다. 서울 강남 수서에서 출발하는 고속철도가 개통된 기념으로 고속열차를 타고 부산에 가서 부산항에서 배를 타고 대마도에 들어갔다.

수서에서 부산까지 두 시간 조금 더 걸렸다. 부산항에서 쾌속선을 타고 대마도 남(南)섬 이즈하라(嚴原)로 들어가는 데 두 시간 걸렸다. 파도가 높이 일었지만 쾌속선 운항에 지장을 줄 정도는 아니어서 다행이었다.

돌아올 때는 북쪽에 있는 히타카쓰(比田勝)에서 출발하니 부산에 한 시간 만에 도착했다. 대마도 북단과 부산까지의 거리는 49㎞밖에 안 된다. 대마도 최북단 와니우라(鰐浦) 언덕에 있는 한국전망대에서 바라보면 바다 저 건너 어렴풋하게 부산이 보인다. 이즈하라에서 규슈 후쿠오카(福岡)까지 135㎞라고 하니 대마도는 한국과 훨씬 더 가까운 섬이다.

　대마도는 일본 나가사키현(長崎縣) 소속으로 섬 전체가 쓰시마 시(Tsushima市)에 속한다. 이즈하라(嚴原町), 미쓰시마(美津島町), 도요타마(豊玉町) 등 6개 읍이 있고 쓰시마 시청은 이즈하라에 있다.

　중앙부에 아소만(淺茅灣)과 인공으로 굴착한 만제키세토(萬關瀨戶 : 瀨戶는 水路)에 의해 상, 하 두 섬으로 나뉜다. 크기는 남북으로 42㎞, 동서 18㎞, 면적은 제주도의 약 40%인 709.01㎢, 인구는 3만 1,786명(2014년 현재)이다.

　섬 전체가 해발고도 400m 내외의 산지이고 산지의 계곡은 곡벽이 험준하다. 농경지는 총면적의 4%에 불과하며 어업이 성하다.

　이즈하라항은 대마도의 주요 어항으로 오래전부터 번성했으며 식당, 술집 등 번화가를 형성하였다. 하지만 어획량이 줄면서 상업적 활기도 줄었다. 매년 8월에는 조선통신사를 소재로 한 '아리랑 축제'가 열린다.

　예로부터 한국과는 가까이에 있어 관계가 깊다. 고려 말부터 조공을 바치고 쌀, 콩 등을 답례로 받는 관계에 있었다. 1274년 1281년 두 차례 여몽(麗蒙) 연합군이 일본 본토 정벌을 위해 대마도에 상륙했다. 여말선초(麗末鮮初)에 일본 내란으로 정상적인 교역을 통한 식량 조달이 어려워지자 몰락한 무사와 농민 등 빈민이 증가하고 이들이 중국과 우리 해안에 출몰하여 노략질을 일삼았다.

이들을 왜구라고 하는데 이를 소탕하기 위해 대마도를 세 차례 정벌했다. 1389년 고려 우왕은 박위에게 전함 100여 척과 군사 1만을 주어 대마도를 정벌했다.

1396년 8월 9일 동래, 기장, 동평성을 함락한 왜구의 만행을 응징하기 위해 조선 태조 이성계는 12월 3일 우정승 김사형을 보내 대마도를 정벌했다.

이후 잠시 잠잠하던 왜구들이 다시 득세하자 1419년 세종은 이종무를 3군도체찰사(三軍都體察使)로 임명하고 대마도를 정벌했다. 병선 227척, 1만 7,000명의 군사를 거느리고 대마도에 상륙하여 왜구 114명을 참수하고 가옥 2,000여 채를 불태우고 129척의 선박을 노획하거나 불태웠다. 세 차례 정벌 이후 약탈보다는 평화적 임무를 갖고 왕래하기 시작했다.

임진왜란 때는 일본 수군의 중요한 근거지였다. 당시 대마도주(對馬島主) 소 요시토시(宗義智)는 장인인 왜군 선봉장 고니시 유키나가(小西行長)와 함께 침공해 왔다. 조선이 삼포(부산포, 염포, 제포)를 개항하자 대마도는 에도(江戶)시대 말까지 대(對) 조선 무역의 중심이 됐다.

1906년 구한말 마지막 선비로 불렸던 애국지사 최익현이 볼모로 잡혀와 사망한 곳이다. 그를 추모하는 비석이 슈젠지(修善寺)에 있다. 가네이시성(金石城) 유적지에는 대마도주 다케유키(宗武志)와 정략결혼한 고종의 딸 덕혜옹주를 기념하는 이왕가종가백작어결혼봉축기념비(李王家宗家伯爵御結婚奉祝記念碑)가 있다.

조선통신사가 일본에 오갈 때 대마도를 거치기 때문에 사절단이 머물렀던 유적이 남아 있으며 숙박지였던 세이산지(西山寺)가 있다. 대마도 번주(藩主) 관사로 들어가는 출입문인 고려문(高麗門)이 있고 인근에 대마도 민속사료관도 있다.

1703년 위문행역관사(慰問行譯官使) 선박이 대마도에 입항하다 암초에 좌초돼 침몰하면서 탑승자 113명 전원이 사망했는데 이들의 넋을 기리는 조선역관순난지비(朝鮮譯官殉難之碑)가 와니우라 한국전망대에 세워져 있다.

우리 일행은 이즈하라에서 최익현 선생 순국비, 조선통신사비, 세이산지, 고려문, 대마도 민속사료관, 덕혜옹주 결혼봉축기념비 등을 관람하고 하룻밤을 묵었다.

다음 날, 북쪽으로 이동하면서 상, 하 대마도를 연결하는 만제키바시(萬關橋), 바다 신을 모시는 와타즈미(和多都美)신사, 베트남

하롱베이를 연상케 하는 에보시다케(烏帽子岳)전망대를 구경하고 부산이 보이는 한국관망대, 일본 100대 해수욕장에 선정된 미우다(三宇田)해수욕장을 보고 나기사노유(渚の湯)의 뜨거운 해수온천에 몸을 담그니 여행의 피로가 봄눈 녹듯 사라진다.

1박 2일 주마간산(走馬看山) 격으로 대마도를 여행했지만 우리 조상들 발자취와 한국의 풍취(風趣)를 곳곳에서 느낄 수 있는 곳이었다.

독도가 자기네 땅이라고 우겨 대는 이때, 대마도를 우리 땅이라고 말할 수 있는 국력을 가졌으면 얼마나 좋을까? 지금부터라도 말로만이 아니라 실제로 국민 모두 일본을 뛰어넘을 수 있는 국력을 키우는 데 참여했으면 좋겠다.

애국은 결코 입으로만 되지 않는다. 남이 아닌 내가 실천하는 것이다. 거짓말을 하지 않고 질서와 약속을 지키며 배려와 양보하고 어려운 사람을 도와주는 일에 남이 아닌 바로 나 자신이 참여하자. 그것이 선진국, 강국으로 가는 지름길이 아니겠는가?

친절한 일본 고치시(高知市)
버스터미널의 안내원

ⓒ 진안신문(2013년 11월 4일 월요일 황의영 전북대학교 무역학과 강의전담교수)

"가쓰라하마(桂浜)를 가려면 어디에서 버스를 타야 하나요? 저는 한국인이라 잘 모르니 알려 주세요."

"그렇게 하지요. 한국인이세요? 일본에 오신 것을 환영합니다. 제가 안내해 드리겠습니다. 저를 따라오세요."

일본 고치현(高知縣) 고치시(高知市) 하리야마바시(はりやま橋) 버스터미널에서 배낭여행으로 집사람과 함께 고속버스에서 내려 횡단보도 옆에 서 있는 안내원에게 행선지를 말하며 나눈 대화다.

그는 가지고 있던 전단지 안내도를 보며 가쓰라하마와 버스정류장을 가리키며 "버스로 30분 걸린다."라고 한다.

그러고는 안내원이 앞장서고 우리는 뒤따라서 버스정류장까지 갔다. 안내원은 "좋은 여행되시고 앞으로 우리 고치(高知)를 많이 사랑해 주세요."라고 하며 자기 근무처로 되돌아갔다.

정류장에서 버스를 기다리며 서 있는데 젊은 아주머니 한 분이 다가와 "어디서 오셨어요?"라고 말을 걸어온다. "한국에서 왔는데 가쓰라하마에 가려고 합니다."라고 했더니 "저도 작년에 한국에 세 번 다녀왔어요. 동대문시장, 남대문시장, 청계천, 경복궁에 가 봤는데 참 좋았어요. 한국에 친구도 있어요. 한국에 또 가고 싶어요. 한국이 좋아요."라고 한다. 그러면서 손에 쥐고 있던 과자봉지를 건넨다.

사양했더니 한국이 좋아서 자기 성의로 주는 것이니 받으라고 하면서 기어코 과자봉지를 내 손에 쥐여 준다. 하는 수 없이 "감사합니다. 잘 먹겠습니다."라고 인사하고 받았다.

그런데 아까 자기 근무처로 되돌아갔던 버스터미널의 안내원이 '고치시 지도'와 '고치시 관광 안내서' '가쓰라하마 안내서' 등 우리 여행에 필요한 한글 지도와 전단지를 건네준다.

그의 근무지에서 이곳까지는 5분 정도 족히 걸릴 거리다. "즐거운 여행 하시고 한국에 잘 돌아가세요."라고 인사하고 돌아간다. 나도 "감사합니다. 당신같이 친절한 분이 계셔서 이번 여행이 참 즐겁습니다. 잘 마치고 돌아가겠습니다. 고맙습니다."라고 진심에서 우러나오는 감사의 인사를 했다.

이곳저곳을 여행하다 보면 나라마다 지역마다 각각의 특색이 있다. 어느 나라는 자연경관이 아름답고 또 어느 나라는 문화유적지가 많고 또 어느 나라는 음식이 맛있다. 어떤 나라는 국민이 친절하고 또 어떤 나라는 국민이 무뚝뚝하고 불친절하다. 아무리 자연경관이 아름답고 문화유산이 풍부하다고 하더라도 국민이 무뚝뚝하고 불친절하면 다시 가고 싶은 마음이 들지 않는다. 비록 자연경관이나 문화유산이 상대적으로 부족하다고 하더라도 국민이 친절하면 다시 가고 싶은 마음이 든다.

　사실, 이곳에 어렵게 왔다. 지인(知人)이 살고 있는 히로시마(廣島)에 갔는데 히로시마에서 세 시간 동안 배를 타고 마츠야마(松山)에 왔다. 다시 마츠야마에서 고속버스를 세 시간 동안 타고 이곳 고치(高知)를 찾은 것이다.

　이곳은 일본이 1868년 메이지유신(明治維新)을 단행하여 근대화를 이룩하는 데 발판을 마련한 '사카모토 료마(板本龍馬)'의 고향이다. 그의 발자취를 훑어보고자 이곳 고치(高知)에 왔다. '사카모토 료마'의 동상과 기념관이 있는 가쓰라하마(桂浜)행 버스를 탔다.

　안내 모니터에 한국어로도 안내가 되어 있어 가면서 늘리는 지역과 장소의 내용을 파악할 수 있어서 좋았다. 솔직히 나는 일본말을 잘 못한다. 그저 기초적인 말로 내 의사만 전달할 정도의 수

가쓰라하마에 있는 도키현립 사카모토 료마 기념관

준이다. 그러니 혼자 하는 일본에서의 여행은 항상 긴장된다. '혹시 안내 방송을 못 들어서 기차나 버스, 배 타는 시간을 놓치거나 내려야 할 곳에서 내리지 못하면 어떻게 하나' 하는 두려움이 마음속에 자리 잡고 있다. 그래서 때로는 버스나 전철을 타야 할 곳에 미리 가서 시간을 재고 거리를 눈에 익히기도 한다.

의문이 생기거나 느낌이 이상할 때는 체면 불고하고 옆사람에게 더듬거리는 말로 물어본다. 그리고 내가 할 수 있는 능력의 범위를 넘어서면 "도와 달라."고 한다. 그래야 큰 실수를 미리 막을 수 있기 때문이다. 나는 성격이 적극적이어서 망설임 없이 묻고 도움을 요청하곤 한다.

친절한 버스터미널의 안내원과 정류장에서의 아주머니 덕분에 좋은 기분으로 가쓰라하마(桂浜)와 고치(高知)시의 여행을 마칠 수 있었다. 마츠야마(松山)로 돌아오는 버스 안에서 두 분의 친절과 각 방문처마다 여행객을 배려하는 마음 때문에 흐뭇함에 젖어 스르르 눈이 감긴다.

우리나라에서 외국인 관광객이 나에게 도움을 요청할 때 고치시 버스터미널의 안내원처럼 친절하게 대해 줄 수 있을까? 버스정류장에서 외국인에게 내가 먹으려고 했던 과자를 주면서 먹으라고 할 수 있을까? 내가 관광객으로 외국에 나가서 그런 친절한 안내를 받았으니 나도 우리나라에 와서 어려움을 호소하는 외국 관광객에게 친절하게 안내해야겠다. 일본인 아주머니가 아니라도 손에 쥔 과자뿐만 아니라 다른 어느 것이라도 그에게 도움이 되고 우리나라를 알릴 수 있다면 주어야겠다. 외국인 관광객 1,000만 명 입국 시대를 맞아 우리도 더욱 친절한 대한민국이 되도록 관광객들에게 친절을 베풀었으면 좋겠다.

외국인 관광객들이 한국인이 불친절하고 한국에서 바가지를 썼다는 불평불만을 털어놓는 것이 아니라 많은 관광객이 다시 찾아오고 싶은 대한민국이 됐으면 좋겠다. 국민 모두 친절한 관광 역군이 되자.

고구려 유적지를 보고 와서

ⓒ 진인신문(2013년 0월 0일 화요일 황의영 진 NI무역 대표이사)

　2013년 6월 초, 지인 십여 명 내외와 같이 중국에 있는 고구려 유적지를 둘러보고 왔다. 우리는 중국 요령성 성도인 선양(沈陽)으로 들어가 장시간의 버스 여행으로 백두산에 올라 천지를 보고 중국 요령성 집안시(集安市)에 있는 고구려 유적지를 둘러보았다. 백두산은 전에 두어 번 가 보았지만 고구려 유적지는 이번이 처음이어서 기대가 매우 컸다.

　첫날 서파를 통해 백두산에 올랐는데 구름이 가득 끼어 10m 앞에 있는 물체도 분간하기 어려워 천지(天池)를 볼 수 없었다. "우리의 간절함이 부족하여 하늘이 우리에게 천지에 구름 커튼을 드리워 보여 주지 않았나 보다."라고 생각하면서 아쉬운 발길을 돌려야 했다. 다음 날, 북파를 이용하여 다시 백두산에 올랐는데 일기가 쾌청하여 천지를 한눈에 내려다볼 수 있었다. 천지에는 아직도 얼음이 풀리지 않았고 천지 주변의 봉우리들은 눈이 쌓여 있었다.

저 멀리 북한 쪽 봉우리들도 손에 잡힐 듯 가까이 보였다. 천지의 아름다움에 여기저기서 탄성이 터져 나온다. 관광객들은 중국인이 많았고 다음으로 한국인이 많았다. 서양인들도 듬성듬성 보였다. 더 좋은 장소에서 사진을 찍기 위해 전쟁이다. 우리도 기념사진을 찍고 천지 구석구석의 모습과 주변의 경관도 동영상으로 촬영했다. 장백폭포의 위용에 다시 한번 옷깃을 여미고 80℃가 넘는 온천에 삶은 계란을 먹으며 대자연의 경이로움에 감탄사를 연발했다.

다음 날, 우리는 집안시에 있는 고구려 유적지를 설레는 마음을 안고 찾았다. 진입로에 접어들면서 불쾌한 기분을 감출 수가 없었다. 우리 시골의 마을 길 정도만도 못하다. 폭이 좁고 도로의 상태도 엉망이다. 구릉지대의 포도밭을 지나, 마을 한쪽에 있는 광개토대왕비(廣開土大王碑) 옆 수차장에 도착했다. 광개토대왕비는 사방이 유리벽으로 된 비각 안에 있었다. 비(碑)는 각력응회암(角礫凝灰岩)의 사면석이나 자연스러운 모습의 긴 바위 모습이다.

비는 대석(臺石)과 비신(碑身)으로 되어 있고, 비신이 대석 위에 세워져 있으나, 대석과 비신 일부가 땅속에 묻혀 있다. 높이는 6.39m로 한국 최대의 크기로 고구려 문화의 한 단면을 보여 준다. 너비는 1.38~2.00m이고, 측면은 1.35~1.46m로 불규칙하다. 비의 머리 부분은 경사져 있다. 대석은 3.35×2.7m이다. 네 면에 걸쳐 1,775자가 새겨져 있는 것으로 통상 알려져 있다(판독 여부가 불분명한 부분이 있고 비석이 불규칙하여 글자 수 통계에 이론이 있다.). 본래 비석만 있었으나, 1928년에 집안현 지사 유천성(劉天成)이 2층형의 소형 보호비각을 세웠고, 다시 1982년 중국 당국이 단층형의 조금 더 큰 비각을 세워 비를 보호하고 있다.

그러나 비각의 모습도 비각 주변의 조경도 영 엉망이다. 주변의 조경지에는 잔디는 어디 가고 클로버만 무성하다. 비각 안에서는 촬영이 금지돼 있어 유리창 안에 있는 비석을 촬영할 수밖에 없었다. 얼마 떨어져 있지 않는 광개토대왕릉에도 갔다. 능은 돌을 쌓아 축조하였는데 붕괴되어 흘러내린 채 방치되고 있었다. 능 위로 계단을 만들어 사람들이 올라가서 조망할 수 있도록 해 놓았는데 우리는 올라가지 않았다.

사람들이 올라 다니면 시간이 흘러 언젠가는 훼손되어 없어질 수도 있기 때문에 우리만이라도 올라가지 말자는 의도에서였다.

중국 요령성 집안시에 있는 광개토대왕릉으로 추정되는 거대한 왕릉

중국 요령성 집안시에 있는 광개토대왕비(호태왕비)

세계 이곳저곳을 가 보며
느끼고 배우다

광개토대왕비석이 있는 곳에서 멀지않은 곳에 있는 장수왕릉

고구려는 초기 중국 북방 소수 민족 정권이라고 안내하는 장수왕릉 옆에 설치되어 있는 안내 표지판

우리는 근처에 있는 광개토대왕의 아들인 장수왕의 무덤에도 갔다. 장수왕릉은 돌로 쌓은 석적총(石積塚)으로 규모는 광개토대왕릉보다 작았지만 보존 상태는 거의 원형을 유지하고 있었다. 능역 조경 등 관리가 광개토대왕릉과 비슷하였다.

장수왕릉 능역 안에는 역대 '고구려 28대왕 박람관'이 있는데 이를 안내하는 안내판에 "고구려는 초기 중국 북방의 소수 민족 정권입니다."라고 쓰여 있었다. 정말 어처구니없는 역사 왜곡을 하고 있었다.

중국이 동북공정을 통해 고구려의 역사를 자기들 역사로 편입하려 시도하고 있다는 것을 우리는 잘 알고 있었지만 이렇게 현장에서 직접 보니 의분이 끓어오름을 금할 수 없다. 우리 조상들에 의해 건립된 우리 민족의 국가였던 고구려가 어떻게 중국의 소수 민족 정권이 될 수 있는가? 이는 분명 조상들의 역사를 우리가 도둑맞고 있는 것이다.

그것은 우리가 역사의 현장인 소중한 그 땅을 빼앗겼기 때문이다. 그들이 자기 나라 땅 안에 있는 역사 유물을 남의 나라 유물이라고 하기가 싫었을 것이다. 아니 자기 것이라고 우기고 싶었을 것이다. 이렇게 계속 시간이 흘러간다면 후대에 가서는 그렇다고 믿을 수밖에 없지 않겠는가? 하기야 일본은 한 세기도 안 되고 기록이 남아 있으며 증인이 살아 있는데도 불구하고 아니라고 역사를 왜곡시키고 있지 않은가? 광개토대왕릉과 비, 장수왕릉이 우리나라 통치권이 미치는 영토 안에 있다면 현재처럼 이렇게 방치되고 있지는 않을 것이다. 경주에 있는 신라의 왕릉이나 경기도 능 수도권에 있는 조선의 왕릉처럼 관리되고 있을 것이 분명하다.

앞으로 우리가 더 이상 역사를 도둑맞지 않으려면 우리나라가 더욱 부강해져야 한다. 부강한 나라를 만들기 위해 우리는 맡은 바 소임을 다해야 할 것이다. 학생은 공부를, 산업일꾼은 각자 일터에서 일을 더욱 열심히 하여야 할 것이다.

대내외적인 어려움이 발생할 때는 국민 모두 하나로 똘똘 뭉쳐 대처해 나간다면 더 이상 우리의 역사를 도둑맞는 일은 일어나지 않을 것이다.

'알로하(Aloha)'의 섬 하와이(Hawaii)

ⓒ 진안신문(2013년 6월 10일 월요일 황의영 전 NH무역 대표이사)

2012년 12월 하순, 배(梨)를 팔러 하와이에 다녀왔다. 미국은 여러 차례 가 볼 기회가 있어서 다녀왔지만 하와이는 난생처음이었다. 하와이에는 특별히 가 볼 기회가 없었다. 출장이나 휴가를 내어 다녀와야 하는데 두 가지가 모두 여의치 못했다. 우리나라 국적의 비행기를 타고 인천에서 하와이 주도(州都)가 있는 호놀룰루까지 7시간 30분 걸려서 도착했다.

우리나라는 12월이어서 영하 15℃ 이하로 내려가는 강추위가 연일 계속됐는데 하와이는 25℃ 가까이 되는 여름이었다. 맹추위에 떨다가 갑자기 여름 기온에 노출되니 더위가 싫지 않았다. 공항 밖으로 나오니 우리 배(梨)를 10여 년 넘게 팔아 주는 바이어가 영화에서나 봐 왔던 하와이안 꽃으로 만든 레이를 목에 걸어 주면

하와이 오아후섬 해안가에서 필자

서 "알로하! 하와이에 오신 것을 환영합니다."라고 반갑게 맞아주셨다. '알로하'는 하와이어로 '안녕하세요?' '안녕히 가십시오.' '반갑습니다.' '사랑해요.'라는 의미가 있다고 한다. 아무튼 '알로하'라는 말은 만남에서 오는 반가움과 사랑하는 마음이 가득 내포된 단어라고 생각하면 되겠다.

하와이(Hawaii)는 미국(U.S.A, United States of America)의 50개 주(州) 중에서 가장 남쪽에 위치하며 하와이섬 남단의 사우스케이프(South Cape, 南串)는 북위 19°에 위치한다. 하와이제도는 니하우·

카우아이·오아후·하와이 등 8개의 섬과 100여 개의 작은 섬들이 북서쪽에서 남동쪽으로 완만한 호(弧)를 그리면서 600km에 걸쳐서 이어져 있다. 최대의 섬은 하와이섬이고 주민의 대부분 오아후섬에 살고 있다.

전역이 열대 기후에 속하여 미국에서 가장 열대성이 강한 지역이다. 하와이제도는 산이 많고, 북동무역풍(北東貿易風)을 받기 때문에 바람받이인 북동쪽 사면(斜面)은 강수량이 대단히 많다. 카우아이섬 북동사면의 와이알레알레는 연 평균강수량이 1만 2,000mm에 달하여 인도의 체라푼지와 함께 세계 최다우지가 되고 있다. 그와 같은 각 섬의 북동 사면은 고온다습(高溫多濕)하기 때문에 열대성 우림을 이루고 있다.

폴리네시아계(系) 민족이 하와이에 이주한 것은 5세기경으로 여겨지며 그 뒤 오랫동안 부족 간의 싸움이 계속되었으나 1782년 카메하메하 1세(1738~1819)가 섬 전체를 통일한 후 1893년까지 왕조가 지속됐다. 그 후 하와이는 미국과 극동을 잇는 태평양 상의 통상·포경(捕鯨) 기류지가 됐으며, 미국인을 주(主)로 한 이국인 거류자도 늘어났고, 1840년에는 뉴잉글랜드 선교사들의 포교와 그 영향에 의해 최초의 헌법이 발포됐다. 1840년대에 영국·프랑스 및 현지 미국인들 사이에 그 귀속권을 둘러싼 분쟁이 있었으나 독립은 유지되었다. 1887년 미국과의 호혜 통상조약에 의해 펄 하버(Pearl Harbor, 眞珠灣)의 미국 해군기지 사용권을 인정하였다.

19세기 후반에 사탕수수·파인애플 재배에 성공하여 제당업이 번창하자 아시아인을 포함한 외국인 이민이 증가하였다. 그러나 1890년 미국 관세법 개정으로 제당업이 타격을 받게 되자 미국과의 합병론이 대두되었다. 다음 해에 여왕 릴리우오칼라니가 즉위하여 국수적인 헌법 개정을 기도한 것이 계기가 되어 1893년 혁명이 일어나 이듬해인 1894년에 공화국이 되었다. 미국인을 중심으로 한 미국과의 합병 운동이 지속되다가, 1897년 매킨리 미국대통령에 의해 합병조약이 체결되어 1898년에 미국과 합병되었다. 1900년에 준주(準州)가 됐다. 미국령(領)이 된 뒤 사탕수수와 파인애플의 재배가 한층 촉진되어 인구가 증가하고, 진주만을 중심으로 한 기지의 강화도 추진되었다. 1941년 12월 8일 일본군에 의해 진주만이 기습공격을 당했고, 그것을 계기로 태평양전쟁이 일어났다. 제2차 세계대전 후, 주(州) 승격 운동이 성해지면서 1959년 8월 21일 알래스카에 이어 미국의 50번째 주가 되었다.

이런 하와이에 30년 전에 혈혈단신 처녀의 몸으로 첫발을 디딘 ㈜알로하의 유화영 사장은 농산물도매시장에서 궂은일을 마다하지 아니하였으며 밤낮을 가리지 않고 일하면서 성실과 신용으로

(주)알로하 유화영 사장의 지인이 하와이 오아후섬 100만 평이 넘는 대단위 농장에서 고구마 등 여러 농작물을 재배하고 있다.

본인의 회사를 연간 5억 달러에 달하는 매출을 올리는 중견기업으로 키워 냈다.

그녀는 매년 우리나라에서 사과·배·감귤·무 등 농산물과 그 가공품을 20여 컨테이너 넘게 수입해서 하와이에 팔고 있다. 한국 농업인들에게는 고마운 분이다. 그녀는 하와이 주정부로부터 농지 등 황무지를 임대받아 거대한 농장을 꾸릴 희망에 부풀어 있다. 거리 등의 이유 때문에 한국에서 수입이 어려운 작물을 직접 재배하여 하와이제도는 물론 미국 서부지역의 시장에도 출하하려는 계획을 가지고 있다.

세계 이곳저곳을 가 보며
느끼고 배우다

그녀는 한국에서 성실하고 야망이 있는 30대 농업이민 희망자를 모집하려고 한다. 그들을 하와이 농장에 정착시킨 후 협동조합을 결성하여 공동생산을 하게 하고 판매는 본인 회사가 100% 책임져 주겠다는 것이다. 열대성 기후의 나라이기 때문에 사계절 내내 씨앗을 뿌리고 수확이 가능하다.

그러기에 공장에서 공산품을 만들어 내듯 농산물을 생산해 내면 되는 것이다. 하와이는 기후, 토질 등 농사짓기에 천혜의 조건을 가지고 있다. 이 기사를 읽은 우리 고향의 독자 중에서 하와이 농업이민에 관심이 있어 연락해 오면 적극 추천해 주고 싶다.

보석의 진주(眞珠)가 아니라 농산물의 진주가 땅속에서, 채소의 잎에서, 과수에서 열매로 주렁주렁 열릴 것을 상상해 보면서 하와이에서 한국인에 의한 이상협동촌(理想協同村)이 구성되는 것을 기대해 본다.

트로이 목마(Troian Horse)의 전설이 숨 쉬는 곳, 터키(Turkey)

ⓒ 진안신문(2014년 2월 17일 월요일 황의영 전북대학교 무역학과 강의전담교수)

3,300년의 긴 시간 여행을 마치고 트로이(Troy)를 멸망시킨 저주의 상징 '트로이 목마'가 트로이 유적지 입구에 높이 서 있다. 에게해(Aegean Sea)와 면하고 있는 이곳 트로이 유적지는 따뜻한 지중해 해양성 기후 때문에 1월 초순인데도 기온이 15℃가 넘는다. 나는 2014년 1월 1일부터 9일까지 터키 여행 중 1월 7일 오전에 트로이 유적지를 둘러봤다.

에게해를 사이에 두고 그리스의 여러 섬과 마주 보고 있는 터키 아나톨리아(Anatolia)지방은 인류 문명의 출발지 메소포타미아와 이집트, 그리스문명이 만나는 문명의 교치로다. 이니톨리아 서쪽 끝에는 신화 속 도시로 알려진 트로이가 있다.

트로이 유적지는 고대 그리스 작가 호메로스(Homer)의 서사시

《일리아스(Ilias)》를 통해서 세상에 알려졌다. 그러나 아직 트로이 전쟁에 대해 명확하게 알려진 것은 없다. 다만 호메로스의 서사시와 트로이 유적지에서 발굴된 자료를 근거로 추측할 따름이다.

목마 앞에 서니 금세 기원전 1260년부터 1250년까지 트로이와 그리스 연합군이 벌였던 트로이 전쟁 속으로 빠져들어 간다. 스파르타를 방문한 트로이 왕 프리아모스(Priamos)의 아들 파리스(Paris)가 스파르타 메넬라오스(Menelaos) 왕의 부인 헬레네(Helen)와 사랑에 빠져 같이 트로이로 도망쳐 오면서 전쟁의 싹이 텄다. 메넬라오스 왕은 헬레네를 돌려보내라고 했지만 거절당했다. 이에 화가 난 메넬라오스 왕은 형인 미케네 왕 아가멤논(Agamemnon)에게 도움을 요청했다. 아가멤논 왕의 깃발 아래 그리스 연합군 10만 명이 1,000척의 배를 타고 트로이를 침공하면서 전쟁이 시작됐다.

그리스 연합군은 9년 동안이나 지중해 연안에 진지를 구축하고 공격했지만 트로이를 정복하지 못했다. 그리스 연합군 이타카 왕 오디세우스(Odysseus)가 꾀를 냈다. 항복을 의미하는 거대한 목마를 만들어 해변에 두고 철수하는 척 속인 뒤 공격하자는 거였다. 이 전략은 적중했다. 목마를 성으로 옮겨 온 트로이 병사들은 승

터키 수도 앙카라 중심부에 있는 한국공원. 이곳에 6·25 전쟁 참전 시 전사한 용사의 이름이 모두 새겨져 있다.

터키 서남부에 위치한 옛 명성을 떨쳤던 트로이 왕국이 있던 곳에 세워져 있는 트로이 목마

세계 이곳저곳을 가 보며
느끼고 배우다

리를 기뻐하며 축제를 즐긴 뒤 술에 취해 깊은 잠에 빠졌다. 이 틈을 타 목마 속에 숨어 있던 그리스군이 나와서 성문을 열고 성 밖에 있던 그리스 연합군에게 공격 신호를 보냈다. 그리스 연합군의 기습공격을 받은 트로이 성은 순식간에 함락되고 10년 동안 지속되던 트로이 전쟁은 그리스 연합군의 승리로 끝을 맺는다.

전설 속의 트로이를 처음으로 발굴하고 연구한 사람이 독일인 슐리만(Heinrich Schliemann, 1822~1890)이다. 그는 어린 시절 호메로스의 서사시를 읽고 영웅들이 살았던 도시를 동경하면서 자랐다. 그는 1870년 봄 터키에 와서 역사의 현장인 히사를리크 언덕에서 트로이를 발굴하면서 1890년에 생을 마감한다. 그의 그리스인 부인 소피아(Sophia)와 고대 역사와 고고학 전문가인 프랑크 캘버트가 그의 발굴을 도왔다. 그 후 지금까지도 발굴이 진행되고 있지만 아직도 트로이 유적지에 대한 실체를 파악하지 못하고 있다. 트로이 유적지는 기원전 3000년부터 완전히 파괴된 기원전 85년경까지 약 3,000년 동안 존재했다. 학자에 따라 다르기는 하지만 아홉 단계의 유적지로 분류한다.

이렇게 복잡한 형태를 갖추게 된 것은 전쟁, 대(大)화재, 잦은 지진으로 폐허가 된 도시 위에 새로운 도시를 건설했기 때문이라고 한다. 트로이 유적지는 36.5m나 되는 흙 속에 시대별로 여러 유적지가 뒤엉켜 있다. 트로이 유적지에 들어서면 먼저 견고한 성벽과 왕궁터가 나온다. 이곳은 트로이 전쟁 전에 지어졌으며 이곳에서는 액세서리와 항아리 등이 발굴됐는데 이곳과 에게해를 사이에 두고 맞닿아 있는 미케네 유적지에서 나온 유물들과 비슷하여 과거 같은 문화권이었음을 말해 준다. 더 안으로 들어가면 다른 여러 유적지와 만나게 된다. 한 시간 남짓 걸으면 유적지를 모두 관람할 수 있다. 발굴된 유물과 시대적 배경을 설명하는 안내판이 있어 트로이를 이해하는 데 별 어려움은 없다.

아홉 차례에 걸쳐 조성된 트로이 유적지는 청동기와 철기문화를 잘 보여 준다. 평범한 들판 한가운데 있는 트로이 유적지가 많은 사람의 관심을 끈 것은 신화와 전설로만 알고 있던 서사시 속의 도시가 실제로 존재했다는 사실 때문이다. 트로이 유적지 발굴 작업은 아직도 진행 중이다. 넓은 들판에 흩어져 있는 유적지를 발굴하는 작업을 모두 마치고 이곳에서 발굴돼 현재 강대국 박물관에 보관 전시되고 있는 유물들이 이곳 트로이로 되돌아오는 날, 트로이 유적지 발굴이 마무리될 것이다. 트로이 유적지를 관람하면서 아무리 강성한 국가라도 언젠가는 기울고 아무리 훌륭한 조상들의 문화 유적도 후손이 변변치 못하면 지킬 수 없다는 것을 다시 한번 더 깨닫게 됐다. 우리 조상들은 이곳 트로이와 같은 문화 유적지는 남기지는 않았다.

하지만 우리에게는 세계에서 가장 과학적인 글자 '한글', 어느 나라도 남기지 못한 500년이 넘는 통치 기록인 《조선왕조실록》, 왕실의 중요한 의례를 그림으로 그린 각종 의궤(儀軌) 등 세계적으로 자랑할 만한 찬란한 문화유산들이 많다. 이런 훌륭한 문화유산을 가지고 있는 우리는 조상들의 문화유산을 잘 지키고 가꿀 뿐만 아니라 후손들에게 물려줄 새로운 문화유산을 창제하는 데도 게을리해서는 안 되겠다는 각오를 새롭게 다져 본다.

기술(技術)과 삼림(森林)의 나라 핀란드(Finland)

ⓒ 진안신문(2013년 4월 15일 월요일 황의영 전 NH무역 대표이사)

2012년 여름 북유럽 여행을 하면서 핀란드에 다녀왔다. 핀란드 국영항공 핀에어(Finnair)를 타고 인천 공항에서 열 시간 논스톱(Nonstop)으로 지구 둘레의 4분의 1이 넘는 거리(1만㎞)의 핀란드 수도 헬싱키 공항으로 들어가고 나왔다.

핀란드는 북유럽 발트해(海) 연안에 있는 스칸디나비아 국가로 1155년 스웨덴 십자군에 정복되어 스웨덴에 병합됐고, 1809년 러시아의 자치령인 대공국이 되었다. 1917년 러시아 혁명 후 독립을 선언하였고 1918년에 공화제를 실시하여 처음으로 독립된 통일 국가를 이룩했다.

위치상으로 강대국 스웨덴과 러시아의 사이에 끼여 800여 년 가까이 나라를 잃었던 비운의 나라이다. 핀란드의 정식 명칭은 핀란드공화국(Republic of Finland)이며, 핀란드어로는 수오멘 타사발타(Suomen Tasavalta), 또는 수오미(Suomi : 호수의 나라)라고 한다. 서쪽으로 스웨덴, 동쪽으로 러시아, 북쪽으로 노르웨이, 남쪽으로 에스토니아와 국경을 접하고 남쪽으로 핀란드만(灣)을 사이에 두고 발트해, 서쪽으로 보트니아만에 면한다. 친서구적인 국민감정이 강한 나라이다.

스웨덴의 국토 면적은 한반도의 1.5배에 가까운 33만 8,145㎢이다. 남해안과 서해안 연안에 평야를 이루고 있으며 빙하로 인한 빙식(氷蝕)으로 생긴 요지(凹地)에 물이 고여 호수가 많은데 호수 면적이 국토 면적의 10%에 이른다. 위도상 북위 60~70°에 위치하여 국토 전체가 세계에서 가장 북쪽에 있는 국가이지만 대서양에 가까운 데다 발트해에 맞닿아 있어 기후는 온난하다.

남부의 2월 평균기온은 -7℃, 7월 평균기온 17℃이고, 북부에서는 2월이 -14℃, 7월이 13℃이다. 연평균 강수량은 500~600㎜이며 그중 30~40%는 강설량이다. 시베리아 타이가 지역의 연장으로 삼림이 국토의 75%를 덮고 있는데 그 절반이 소나무이다. 핀란드어를 사용하는 국민이 93%, 스웨덴어를 사용하는 국민이 6% 등이며 핀란드어와 스웨덴어가 공용어지만 대부분의 국민이

핀란드 헬싱키시에 있는 러시아 정교회. 이 정교회는 러시아 지배를 받을 때 지어졌다.

핀란드 출신의 세계적인 작곡가 안 시벨리우스를 기념하기 위한 시벨리우스 공원

세계 이곳저곳을 가 보며
느끼고 배우다

영어를 사용할 줄 안다. 그러나 스웨덴어를 사용하는 국민이 점점 줄어들고 있다. 국민의 88%가 루터파의 프로테스탄트에 속하며 그리스정교도가 1%이다. 인구는 남부지방에 밀집하여 분포하고 북쪽지방은 인구가 드물다. 주요 도시는 헬싱키, 탐페레, 투르쿠 등 세 도시이고 특히 헬싱키는 눈부시게 발전하고 있다. 핀란드 국민의 67%가 도시에 거주하고 나머지는 전원생활을 한다.

전후 최대 과제인 대소(對蘇)평화유지, 대소배상의 완제, 경제부흥의 3가지를 모두 완수하고 1952년 제15회 올림픽 경기를 헬싱키에서 성공적으로 개최, 신장된 국력을 대외에 과시하였다. 1975년 헬싱키선언에 따라 정치적으로 중립을 유지하고 1995년 유럽연합에 가입하였다. 1919년 7월 17일 제정된 헌법에 따르면 대통령의 임기는 6년으로 직접선거에 의하여 선출된다. 대통령은 외교, 국방 등 대외정책을 주관하고 총리는 내정을 담당하며 외교정책은 대통령과 협조한다.

핀란드는 국토의 대다수가 삼림으로 뒤덮여 있어 임목 축적량(蓄積量)이나 성장률이 대단히 높다. 게다가 수종(樹種)의 80%가 소나무, 가문비나무 등 유용재(有用材)여서 임산자원은 이 나라 경제를 지탱하는 바탕을 이룬다. 종이 및 판재, 나무제품 제재목(製材木), 펄프 등이 전체 수출액의 50%를 상회한다. 경지는 국토의

8% 정도인데 그 절반이 목초지로 이용된다. 원래 이 나라는 고위도에 위치하고 있어 농업지역으로 이용되는 경지는 주로 남부지방에 집중되어 있다.

주요 작물은 목초 이외에 보리, 밀, 호밀, 감자 등이 있다. 이들 식용작물과 함께 버터, 치즈 등이 생산되며 식량은 거의 자급자족하고 있다. 축산물로는 소, 젖소, 돼지, 양 등을 비롯하여 순록도 사육한다. 농가의 평균 경지면적은 적지만, 임업과 목축업 등의 겸업으로 전국 26만여 호의 농가는 높은 생활 수준을 유지하고 있다.

석탄과 석유 등 동력 자원이 빈약하여 공업 발달에 큰 장애가 되고 있으나 풍부한 수력을 이용, 발전을 하여 사용하고 있다. 공업도 농·임산물 가공 등 경공업이 중요한 위치를 차지하고 있으며 근대에는 중화학 공업의 발달에도 역점을 두고 있다.

최근에는 '노키아'를 중심으로 한 IT산업이 경제 성장을 주도하고 있으며 무선기술의 다양한 응용, 생명공학과 환경산업 분야에 연구와 투자를 집중하고 있다. 핀란드는 국제투명성기구(TI)가 발표한 국제투명지수(CPI)가 세계1위(2000, 2001년)로서 부패가 없는 나라로 유명하다.

또, 국제경쟁력지수, 이동전화, 인터넷 보급률이 세계 1위이고 1세 미만 유아 사망률이 세계 최저(0.4%), 여성의 사회 진출이 대단히 활발하고 남녀평등이 세계적으로 잘 실현된 나라이기도 하다. 사우나와 산타클로스의 나라로도 널리 알려져 있다.

  핀란드는 남북한 동시수교국이다. '분단국과 외교 관계를 맺지 않는다.'는 원칙을 견지하다가 1973년 남북한을 동시에 승인하였다. 같은 해 남한에 상주공관을 설치했으며, 사증면제협정(1974.3), 이중과세방지협정(1979.2) 등을 체결했다. 1976년 북한 대사관원 추방(밀수 사건), 1983년 북한대사 추방(국제의원연맹 ; IPU 회의 방해)됐으며 1999년 북한은 핀란드 주재 대사관을 폐쇄하고 스웨덴 대사관에서 업무를 겸임하고 있다. 한국과는 1993년 투자보장협정과 문화협정, 1996년 항공협정, 1997년 과학기술 각서교환, 2002년 정보, 통신협력을 체결하였다.

  현재 핀란드와 우리나라 기준 수출은 전기, 전자제품, 자동차 등 운송장비, 무선통신제품 등 22억 달러, 수입은 철강재, 기계류, 제지제품 등 8억 달러의 규모의 교역이 이루어지고 있다.
  재정이 뒷받침되는 사회보장제도와 투명지수가 세계에서 제일 높은 깨끗한 정부, 자연을 소중히 여기는 정책과 국민정신을 우리나라가 삶의 가치가 높고 국민이 행복해하는 살기 좋은 나라를 만드는 데 본보기로 삼았으면 좋겠다.

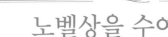

노벨상을 수여하는
스칸디나비아 강국 스웨덴

ⓒ 진안신문(2013년 3월 25일 월요일 황의영 전 NH무역 대표이사)

매년 12월 10일, 스웨덴의 수도 스톡홀름 시청에서는 노벨상을 수여한다. 노벨상은 물리학, 화학, 생리·의학, 문학과 평화, 경제학의 6개 부문으로 나누어 시상한다. 다이너마이트를 발명하고 이를 기업화하여 거부가 된 알프레드 노벨(Alfred B. Nobel, 1833~1896)은 1895년 11월 27일 유언장을 남겨 '인류복지에 가장 구체적으로 공헌한 사람들에게 나누어 주도록' 그의 유산 3,100만 크로네를 스웨덴 왕립과학아카데미에 기부했다.

이에 따라 스웨덴 왕립과학아카데미는 이 유산을 기금으로 하여 노벨재단을 설립하고, 기금에서 나오는 이자를 해마다 상금에 충당하는 방식으로 1901년부터 노벨상을 시상하고 있다. 애초 5개 부문에 시상하다가 1969년부터 경제학상이 신설되어 오늘에 이르고 있다. 한국인으로는 유일하게 2000년에 김대중 전(前) 대통령이 평화상을 수상하였다.

인류 공영에 기여한 사람들에게 노벨상을 주어 격려하고 찬양함으로써 인류의 발전에 기여하고 있는 나라 스웨덴에 2012년 여름, 다녀왔다. 스웨덴(Sweden)은 스칸디나비아반도 동쪽에 있는 입헌군주제 국가이다. 정식 명칭은 스웨덴왕국(Kingdom of Sweden)이다. 서쪽으로 스칸디나비아반도의 등뼈에 해당하는 스칸디나비아산맥을 국경선으로 하여 노르웨이와, 북동쪽으로 보트니아만으로 흘러드는 토르네강을 경계로 핀란드와 접한다. 동쪽으로 보트니아만 및 발트해를 넘어 핀란드와 에스토니아, 라트비아, 리투아니아와 마주하며, 남쪽은 카테가트 해협과 외레순 해협을 사이에 두고 덴마크와 마주한다.

안정적이고 높은 경제력을 바탕으로 생활·문화 수준이 매우 높으며, 세계의 모범이 되어 있는 사회보장제도를 갖추고 있다. 스웨덴의 국토 면적은 44만 9,964㎢로 남한의 4.5배에 달한다. 발트해에 면한 해안지방은 남북으로 길게 평야가 형성되어 있고 내륙으로 깊게 들어가면 산악지대로 남쪽에는 호수가 많고 중부에는 삼림지대, 북쪽에는 산악지대로 이루어져 있다. 스웨덴의 기후는

매년 노벨상을 시상하는 스웨덴 수도 스톡홀름시 시청사

노벨상 시상식이 열리는 스톡홀름 시청 중앙홀

세계 이곳저곳을 가 보며
느끼고 배우다

해양성 기후의 특징이 나타나는데, 보트니아만과 발트해뿐만 아니라 먼 대서양의 영향도 강하게 받는다.

위도에 비해 기온이 높으며, 기온의 연간 변화가 적다. 겨울은 길고 일조 시간이 짧으며 추운 편이고, 여름은 짧고 일조 시간이 길며 시원한 편이다. 수도가 스톡홀름인데 스톡홀름 부근에는 1,200개의 섬들이 미로와 같은 수로를 만들어 스웨덴식 다도해 경관을 보여 준다.

스웨덴 인구는 900만 명이 되는데 전체 주민의 95%가 스웨덴인(人)이며 라프족과 핀란드인의 소수 민족도 있다. 스웨덴인은 북유럽 게르만인에 속한다. 일반적으로 키가 크고 마른형이며 피부가 희다. 머리칼은 금발이 많고 눈 빛깔은 청록색이 많다. 머리가 크고 팔다리가 길며 몸통은 짧다.

종교 분포는 루터교인 개신교도가 전체의 87%를 차지하고 기타 가톨릭, 동방교회, 침례교, 불교 등이 있다. 언어는 스웨덴어를 사용한다. 14세기 덴마크, 노르웨이와 통합되었다가 1523년 구스타브 바사가 의회의 추대를 받아 구스타브 1세가 되고 바사 왕가를 세우면서 칼마르동맹은 무너지고 스웨덴은 독립하였다. 17세기에 들어와 '북방의 사자' 구스타브 아돌프(구스타브 2세)의 등장으로 스웨덴은 전성기를 맞는다.

러시아, 폴란드, 독일과 싸워 이겨 국토를 넓혔으나 크리스티나 여왕시대 러시아, 폴란드, 프로이센과 싸워 패배하고 다시 그 옛날의 소국으로 되돌아갔다. 1905년 노르웨이도 독립하였다. 스웨덴은 제1차 세계대전과 제2차 세계대전에서 중립을 지켰다. 스웨덴은 사회주의 운동이 일어난 나라로 "요람에서 무덤까지"라는 말이 나올 정도의 복지 제도가 일찍이 도입되었으나 재정 문제로 치열한 논쟁에 휩싸였었다. 보수당 정권이 들어서면서 사회복지예산이 대폭 감축되고 증세를 주 내용으로 하는 재정 계획이 새롭게 시도되기도 하였다.

스웨덴은 기업을 복지의 재원으로 생각하는 친기업적 정서, 우수한 산학연계시스템, 무료 공교육을 기초로 한 저임금 고학력 노동자의 양산이 기초가 되어 경제 발전을 거듭하였다. 대외적으로는 지난 200년간의 정치적 안정에 따라 이룩한 철강·기계·조선·펄프·제지 등의 공업 제품이 수출되고 식량·에너지자원 등이 수입되는 상황에서 저관세·자유무역주의를 고수했으며 대내적으로는 스웨덴식 복지 모델을 구현하였다.

제2차 세계대전 이전까지는 농림업 위주의 국가였으나 이후에는 급속한 공업화의 신전으로 최근 농업 인구는 2% 이하로 줄었다. 스웨덴에 본사를 둔 세계적 글로벌 기업으로는 볼보 자동차, 에릭슨 전자 등이 있다.

우리나라와의 관계를 보면, 스웨덴은 6·25 전쟁 당시 참전국으로 야전 병원단을 파견했고 휴전 후에도 중립국 감시위원회에 대표단을 파견하여 서로 긴밀한 관계를 유지하였다. 1953년 3월 11일 공사급 외교 관계를 맺은 후, 다음 해 10월에 대사급으로 승격되어 한국은 1963년에, 스웨덴은 1979년에 상주대사를 상대국에 주재시켰다. 1994년 4월 스웨덴 총리가 한국을 방문했고 동년 11월에는 칼 구스타브 국왕이 방한한 바 있다.

한국에서는 1994년 외무장관, 2000년과 2004년에 김대중 대통령이 스웨덴을 방문한 바 있다. 2010년 교역액은 수출과 수입이 각각 10억 달러 규모에 이르고 있다.

현재 스웨덴에는 2,000여 명의 한국 교민이 있다. 스웨덴은 우리나라와는 멀리 떨어져 있는 나라지만 자연경관이 수려하고 복지 제도가 잘 되어 있으며 경제가 부강한 나라다. 우리도 스웨덴의 앞선 제도를 우리 실정에 맞게 개선, 도입하면 선진국에 한 발짝 가까이 가게 될 것이라고 생각한다.

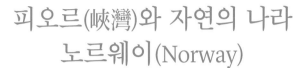

피오르(峽灣)와 자연의 나라
노르웨이(Norway)

ⓒ 진안신문(2012년 11월 26일 월요일 황의영 NH무역 대표이사)

노르웨이는 유럽 북부, 스칸디나비아반도의 북서부를 차지하고 있는 나라이다. 정식 명칭은 노르웨이 왕국(Kingdom of Norway)이다. 국토의 70%가 호소(湖沼)와 빙하·암석 산으로 이루어져 인구의 70%가 도시에 몰려 산다. 14세기 후반부터 덴마크의 영향 아래 있었고 1814년 이후부터 스웨덴의 지배를 받다가 1905년 일방적으로 독립을 선언한 뒤 현재에 이르고 있다. 1945년 국제연합, 1949년 북대서양조약기구(NATO), 1959년 유럽자유무역연합(EFTA)에 가입하였다. 노르웨이 의회가 선출한 5인 위원회에서 매년 노벨평화상을 선정하여 시상하고 있다.

노르웨이 국토의 대부분이 스칸디나비아 산지로, 남부 여러 하천 연안에 나타나는 폭이 좁은 평지 이외에는 평야가 거의 없다. 스칸디나비아 산지는 실루리아기(紀) 말의 칼레도니아 조산 운동에 의해 심한 습곡을 받은 뒤 침식에 의해 준평원화(準平原化)된 다음, 다시 중생대 말에서 제3기에 걸쳐 일어난 알프스 조산 운동의 여파로 융기했다.

그 결과 현재의 스칸디나비아 산지는 1,000~2,000m의 고원으로서 곳곳에 잔구(殘丘)가 생겼다. 제4기의 빙기에 나타난 넓은 빙상(氷床)이 준평원을 침식하여 수많은 와지(窪地)와 깊은 U자곡(字谷)이 형성됐다. 와지는 호수를 이뤘다. 그 후 빙상의 후퇴와 U자곡의 일부에 바닷물이 들어와 협만(峽灣)이 이루어짐으로써 해안선이 매우 복잡한 피오르 해안이 형성됐다.

가장 긴 송네 피오르는 연장 185㎞에 달하고, 그와 같은 피오르가 노르웨이 전 해안에 걸쳐 발달돼 있어 해안선의 총 길이가 지구의 반 바퀴보다도 더 긴 2만 1,500㎞에 이른다. 피오르는 항만으로 이용되는 외에, 높이 수백m에 달하는 양안(兩岸)의 절벽이나 강물이 폭포가 되어 낙하하는 현곡(懸谷)의 웅대한 경관은 관광객의 탄성을 자아내게 한다. 산지에는 빙하(氷河)가 남아 있는데, 요툰헤이멘 산지 서쪽에 있는 요스테달스브레 빙하는 유럽 대륙에 잔존하는 최대의 빙하로 면적이 1,000㎢를 넘는다. 국토가 고위

기온이 높아져 점점 더 많이 녹아 없어지는 브리스탈 국립공원에 있는 브리스탈 빙하

도 지역에 있으나 연안을 북상하여 북극해까지 미치는 북대서양 해류의 영향으로 기후는 비교적 온화하다. 여름과 겨울에는 낮과 밤의 길이 차(差)가 크며, 특히 북부지방에서는 여름에 백야(白夜), 겨울에 극야(極夜) 현상이 나타난다. 동짓날을 기점으로 극야 시기에는 도넛 축제가 열리고 태양 주위의 바람과 지구의 자장에 의하여 발생하는 오로라가 관측되기도 한다. 국토의 대부분이 산지인데도 툰드리지역이 많아서 삼림 면적은 국토의 27% 정도이며 중·남부에는 침엽수림, 북부에는 한대낙엽수림이 분포한다. 경지는 국토의 3%에 불과하다.

노르웨이인의 대부분은 장신(長身)·장두(長頭)·금발(金髮)·벽안(碧眼)의 게르만계 북유럽인종이다. 신교의 자유가 보장돼 있으나, 국교는 복음루터교로 국민의 86%가 믿는다. 험준한 지형, 냉혹한 기후, 빈약한 천연자원 등 국토가 지니는 자연조건은 풍부한 상상력, 끈질긴 인내심과 모험심 등으로 표현되는 노르웨이인의 기질을 길러 냈다. 풍부한 상상력은 각 지방에서 전래되는 전설·민화(民話)·민요 등에서 찾아볼 수 있으며, 여러 문호들을 배출했다. 또 강인한 인내심과 모험심은 옛날의 바이킹 기질로 나타나서 오늘날 세계적인 해운국을 이룩하는 바탕이 되었으며, 스키로 그린란드를 횡단한 F.난센, 세계 최초로 남극을 정복한 R.아문센 같은 유명한 탐험가를 배출하였다.

노르웨이의 농경지는 주로 오슬로·트론헤임 주변, 기타 남부와 서부의 협만 안쪽, 호수 연안 등에 분포한다. 농가의 94%가 농지 50ha 이하의 자작농으로, 낙농제품·육류 및 감자·보리·귀리와 목초를 생산한다. 낙농 외에도 밍크·여우 등 모피수(毛皮獸)의 사육이 활발하다. 삼림의 80% 이상이 침엽수림으로 목재와 제지 원료가 되고 임산물 관련 수출이 전체 수출액의 14%를 차지한다.

또한, 세계 유수의 어업국으로 북대서양 대어장(大漁場)에서 대구·청어·정어리·새우 등의 어획이 많다. 노르웨이 북부에서 철광

석이 산출되어 국내 수요를 충족시키고 보크사이트·구리·니켈도 산출된다. 노르웨이는 공업국으로 식품·금속·제지·석유화학과 조선·기계·의류·섬유공업이 발달했다. 1968년 이후 북해에서 대규모 유전이 발견됐으며 1975년부터 석유 수출을 시작해 현재 세계 제2위 석유 수출국이 됐다.

　수력자원이 풍부해 국가발전량의 99%를 수력발전에 의존하고 남은 전기는 스웨덴과 덴마크로 수출한다. 노르웨이의 주요 수출 품목은 25%를 차지하는 석유 외에 선박·기계류·알루미늄·어패류·철강 등이고 수입품은 기계류·화학제품·식료품·의류 등이다. 2010년 노르웨이는 1,500억 달러 수출을 했고, 800억 달러 수입을 했다. 우리나라와 노르웨이의 교역량은 수출 8억 달러, 수입 6억 달러 정도이다. 노르웨이에는 약 400여 명의 교포가 살고 있다. 우리나라와는 1959년에 외교 관계를 수립했고, 북한과도 수교했다. 6·25 전쟁 중에는 한국에 병원선을 파견하여 의료 지원을 하였고 수교 이전인 1956년에 서울에 메디컬센터(현 중앙의료원)를 건립, 운영하다 시설 전체를 한국에 이양했다. 우리와는 1969년 '사증면제협정'이 체결돼 비자 없이 입국이 가능하다.

　척박한 자연환경을 극복하고 부를 일구어 낸 강한 나라, 인구

580만 명의 노르웨이는 국민소득이 9만 달러가 넘는 세계 제2위의 부자 나라가 됐다. 문화 활동도 활발하여 H.베르겔란·J.벨하벤의 시인과 B.뵈른슨과《인형의 집》으로 유명한 H.입센도 노르웨이가 배출한 거장이다. 미술에서는 '절규'를 그린 E.뭉크·E.베렌숄 등의 화가와 G.비겔란 등의 조각가도 배출하였다.

수도인 오슬로, 도시 전체가 세계 문화유산으로 등재된 제2의 도시 베르겐, 동계올림픽을 두 번이나 개최했던 릴레함메르와 산지의 툰드라지역과 빙하를 보고, 피오르를 건너며 노르웨이의 문화와 자연의 품속에 안겼던 3박 4일간이 매우 행복했다. 자연을 잘 활용하면서 서두르지 않고 앞만 보고 소처럼 묵묵히 전진하는 노르웨이에서 끈기와 자연의 소중함을 배워 우리의 자연 금수강산도 세계인의 사랑을 받을 수 있도록 잘 다듬고 가꾸도록 하자.

디자인(Design)의 나라
덴마크인(Denmark人)의 창의력

진안신문(2012년 10월 22일 월요일 황의영 NH무역 대표이사)

2012년 8월 중순에 스칸디나비아 3국(덴마크, 스웨덴, 노르웨이)과 핀란드를 다녀왔다. 덴마크는 정식 명칭이 덴마크왕국(Kingdom of Denmark)이며 덴마크어로는 단마르크(Danmark)라고 한다. 북해와 발트해를 가르는 곳에 위치하며 남쪽으로는 독일과 국경을 접하고 있고 스칸디나비아반도의 노르웨이·스웨덴과 마주한다. 해외 영토로 페로제도와 그린란드가 있다. 1949년에 북대서양조약기구(NATO), 1973년에 유럽경제공동체(EEC, 현재 EU)에 가입했으나 유로화(Euro貨)는 채택하지 않고 있다.

행정 구역은 5개 주와 98개 지자체로 구성되어 있다. 덴마크는 유틀란트반도와 수많은 섬들이 있고 피오르의 발달이 현저하여

해안선의 길이가 약 7,000㎞에 달한다. 덴마크 국토는 제4기 빙하시대에 스칸디나비아반도의 빙상(氷床)이 전진하면서 남겨 놓은 두터운 퇴적물로 덮여 있다.

기후는 북대서양해류와 대서양으로부터 불어오는 편서풍의 영향을 받아 겨울에도 위도에 비해 온난하고 여름에는 서늘하여 기온의 연교차가 적다. 연중 바람이 많고 겨울에는 기후 변화가 심하다. 국토의 10%가 임지(林地)이고 대부분이 인공조림지이다. 가문비나무·전나무의 침엽수와 상수리나무·느릅나무·너도밤나무·참피나무 등의 낙엽수로 이루어졌다. 인종은 아리안계의 덴족과 고트족이 97%를 차지하고 있으며 3%는 외국 이민자이다.

인구는 약 560만 명이며 노령화율이 높다. 덴마크는 농업국가로 알려져 있지만, 농업 인구는 총 노동 인구의 4%에 불과하다. 덴마크어는 노르웨이어·스웨덴어와 함께 노르드어에 속하며 영어·독일어·네덜란드어와도 관계가 깊다. 덴마크인·노르웨이인·스웨덴인이 각자 자국어로 말을 해도 서로 알아들을 수 있을 정도로 3개국의 언어가 흡사하다.

덴마크는 낙농업이 발달한 나라로 많이 알려져 있다. 물론 낙농업도 발달했지만, 기술과 디자인으로 더욱 유명하다. 국민소득은 6만 1,000달러에 달하며 세계 최상위의 생활 수준을 누리고 있다. 19세기에 거듭된 전쟁으로 국토의 황폐, 영토의 상실 등 난국에 처하게 된 덴마크는 낙농을 중심으로 한 농업국의 길을 택하여 짧은 기간에 수준 높은 문화 국가를 건설하는 데 성공했다. 그러나 농업에 의한 국민 생활의 향상에는 한계가 있어 덴마크 정부는 1950년대 후반부터 공업화에 주력했다.

19세기 말 유틀란트반도의 황폐한 황무지를 개간하여 농토를 확장하고 국토녹화사업으로 국민 운동을 전개한 달가스(E.M. Dalgas, 1828~94)의 활동에 힘입어 전 국토의 68%가 농경지로 이용되고 있다.

국민의 3배를 부양할 수 있는 농산물을 생산하고 농산물 수출이 전체 수출의 12%를 차지한다. 농축산업 중에서도 가장 경쟁력이 있는 분야는 2,500만 마리의 돼지를 사육하고 있는 돈육 산업이다. 덴마크 공업은 중소기업을 기반으로 발전하였다. 제조업 가운데 발달한 분야는 식품가공 및 농산물 가공업과 화학·제약·엔지니어링·가구, 그리고 최근에는 더욱 그 중요성이 더해 가는 전자 분야이다.

식품가공업·의류 및 금속 등 노동집약적이거나 자원집약적인 산업의 비중은 점차 감소하고, 화학·전자 및 엔지니어링과 같은 고도기술 및 노하우를 중시하는 산업 분야는 괄목할 만한 성장을 하고 있다. 이는 연구센터와 산업 분야 상호간의 기술 지식이나 시설의 교류 협력 때문에 가능하였다. 덴마크는 세계적인 동화작가 H.C.안데르센(1805~1875), 실존주의 철학자 S.A.키르케고르(1831~1855), 소설가 J.P.야콥센(1847~1885), H.폰토피단(1857~1943), J.얀센 등을 배출했다.

덴마크에는 우수한 건축가와 건축물들이 많이 있다. 호주 시드니 오페라하우스를 덴마크 사람이 설계했다. 내가 묵은 벨라 스카이호텔(Bella Sky Hotel)도 세계적으로 우수한 건축물에 수여하는 우수디자인상을 받았다. 덴마크의 건축물은 태양광을 받아들이는 것을 가장 우선시한다. 어떤 아파트는 밖에서 내부가 다 들여다보이기도 하고 베란다도 삼각형으로 돼 있어 빛이 잘 들도록 했다.

주민들이 세계 제일의 건축물이라 자랑하는 8 하우스에도 갔다. "여러분은 세계 제일의 건축물에 오셨습니다. 여러분을 환영합니다."라는 현수막이 붙어 있다. 이 건물은 2004년 대학생 졸업 논문을 채택하여 지었는데 세계적으로 가장 우수한 아파트가 됐다. 10층 건물인데 층마다 자전거를 타고 갈 수 있으며 엘리베이터도 옆으로 간다. 건물의 측면을 화단으로 조성하여 잔디와 화초를 심었다.

원자력발전소를 발명한 '보아의 법칙'으로 유명한 보아가 덴마크인이며 풍력발전기와 조력발전기를 발명한 사람도 덴마크인이라고 한다. 바이오산업에도 두각을 나타내고 있는데 당뇨병 치료

덴마크 코펜하겐에 있는 벨라 스카이 호텔(Bella Sky Hotel). 세계적인 디자인상을 받은 바 있다.

세계 제일의 건축물이라고 자랑하는 8 하우스

세계 이곳저곳을 가 보며
느끼고 배우다

제 인슐린을 개발한 '노보노테스코사'와 효소를 개발한 '노보노엔지사'가 있다. 터보엔진도 덴마크 사람이 만들었다.

노벨상 수상자를 14명이나 배출했는데 화학상·의학상·물리학상을 수상했지 문학상, 평화상을 수상한 것이 아니라고 한다. 덴마크는 일곱 살이 될 때까지 공부를 시키지 않고 놀린다고 한다. 그래서 창의적인 생각을 많이 할 수 있는 능력이 배양된다고 한다.

덴마크에서는 사람에게 이(利)로운 것은 싸게 하고 해(害)가 되는 담배·술과 자연을 오염시키는 자동차·휘발유·플라스틱 등에는 세금을 많이 물려 소비를 억제시킨다. 국민의 54%가 대중교통수단으로 자전거를 이용한다. 국회의원 등 각급 의회 의원과 공무원도 자전거를 이용하고 자동차는 비즈니스를 하는 사람에게 양보한다고 한다.

허례허식을 불식하고 실용을 숭상하는 나라, 사람 본위의 정책을 실현하는 나라, 남한의 반절도 안 되는 면적을 가진 작은 나라 덴마크가 기술력으로 세계를 지배하고 있는 강한 나라가 된 것이다. 우리도 덴마크의 사례를 타산지석으로 삼아 더욱 잘 사는 나라가 됐으면 좋겠다.

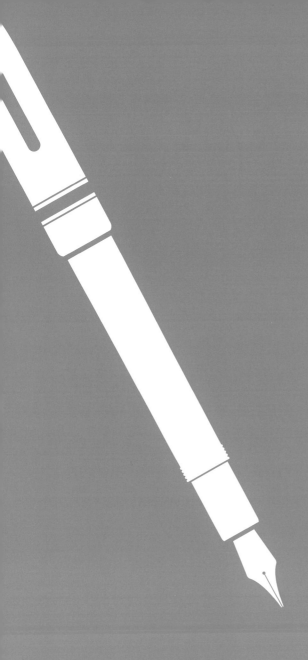

제5장

함께 생각해 봄직한
사건과 말들

사람이 재산이다
많이 낳고, 잘 기르자

ⓒ 진안신문(2016년 10월 5일 월요일 황의영 경제학박사)

2016년 9월 2일 박승 전 한국은행총재가 한국은행 간부들을 상대로 "한국 경제성장 환경 변화와 정책 대응"이란 주제로 강연을 했다. 그는 현재 한국 경제의 최대 위험 요인으로 저출산·고령화를 지적하고 저출산·고령화가 초래하는 장기 디플레이션(Deflation)을 막기 위해 다각도의 대책을 세워야 한다고 강조했다.

"저출산·고령화 문제는 우리 국민이나 정부가 당장 문제가 아닌 것처럼 생각하기 쉽지만 장기적인 관점에서 성장의 최대 걸림돌"이라면서 "정부가 결혼, 출산, 육아, 교육 등에서 지원을 강화해야 한다."고 주장했다.

경제는 '인간이 공동생활을 하는 데 필요한 재화를 획득·이용

262
·
263

하는 활동을 함, 또는 이를 통하여 이루어지는 사회관계'라고 사전은 풀이하고 있다.

경제학에서 경제란, '사람이 살아가는 데 필요한 재화와 용역(Service)을 생산하고 소비하는 활동'이라고 한다. 사람이 살아가는 데는 여러 가지 물자와 용역이 필요하다. 이러한 물자와 용역을 획득하는 데 돈을 주고 사는 것과 돈을 주고 사지 않는 것이 있다. 경제학에서는 돈을 주고 사는 것에 대하여만 경제학의 범위에 넣고 연구한다.

경제학의 범위 중에 많은 부문을 차지하고 있는 것이 생산과 소비다. 생산과 소비를 함에 있어 경제 주체인 사람과 기업, 정부가 최소의 비용으로 최대의 효과를 거양하려고 노력하는데 이것을 경제 원칙이라 한다. 한 나라의 생산력이 바로 그 국가의 경제력이 되는 것이다.

한 나라 안에서 각 경제 주체들이 생산한 모든 재화와 용역을 국민총생산(GDP)이라 한다. 이 국민총생산을 국민 수로 나눈 것이 국민소득(GNI)이다. 국민이 잘 살려면 국민소득이 높아야 하고, 국민소득이 높아지기 위해서는 국민총생산이 많아야 한다. 국민총생산을 높이기 위해서는 여러 가지 요소기 있겠지만, 가장 중요한 것이 생산에 종사하는 사람이 많아야 한다. 생산가능인구는 15세부터 64세까지의 인구를 말한다. 경제가 발전하려면 이 생산가능인구가 많아야 한다. 즉, 전체 인구 중에서 이 생산가능인구 비율이 높아야 한다. 이 비율이 낮아지면 상대적으로 놀고먹는 사람이 많아지는 것이다. 일하는 사람들이 벌어먹여야 할 사람이 많아진다는 얘기다.

65세가 되어 생산가능인구에서 빠져나가는 사람보다 15세가 되어 생산가능인구로 편입되는 사람들이 많아야 생산량이 늘어난다. 그런데 우리나라는 이 경제가능인구 비율이 점점 줄어든다는 데 문제가 있다.

박승 전 한국은행총재도 이런 점을 한국은행 간부들에게 강조했을 것이다. 경제가능인구 비율이 낮아지는 요인으로는 출산율이 낮아지는 것이 가장 큰 이유다. 2015년 말 통계청 자료에 의하면 우리나라의 출산율은 1.26이다. 15세부터 49세 여성이 평생 낳는 자녀의 수를 평균한 것이 합계 출산율이다.

부부가 가정을 이루었으니 최소한 2명은 낳아야 인구가 줄지 않고 유지될 것이다. 합계 출산율이 2가 안 되면 언젠가는 그 국가가 소멸된다는 것은 자명한 이치다. 우리나라 출산율이 낮은 이유는 결혼 연령이 늦어지고 결혼했더라도 아기를 한 명만 낳거나 아예 낳지 않기 때문이다. 결혼 연령이 늦어지는 것은 취업이 늦어지고 결혼 후에 살아야 할 주택 마련이 어렵기 때문이다.

결혼에 특별한 의미를 두지 않고 미혼으로 살아가겠다는 젊은 이도 늘고 있다. 결혼을 했더라도 많은 사람이 아이를 갖지 않으려고 한다.

　　애를 낳아서 키우는 데 사교육비가 너무 많이 들어 살림살이가 팍팍하여 행복하지 않을 것이라는 이유다. 아기를 낳아도 맡아서 키워 줄 사람이 없다. 그렇다고 엄마처럼 키워 주는 보육원이 있는 것도 아니다. 가끔이지만 아이를 학대하는 유아원 소식이 세인의 공분을 사게 하고 있으니 애 낳기가 겁이 나는 것이다.
　　아이를 낳아서 키우는 데 드는 육아비의 과다 소요나 열악한 육아 환경도 애를 낳지 않는 주요한 요인이다. 맞벌이 부부의 경우 출산으로 인한 직장에서의 불이익이나 차별 대우도 아이를 낳기를 주저하는 주요한 이유가 된다.

　　과거 먹고살기 어려울 때는 산아제한정책을 시행하면서 "둘만 낳아 잘 기르자." 또는 "아들, 딸 구별 말고 하나만 낳아 잘 기르자."고 하던 시대가 있었다. 그러나 이제는 하나라도 자식을 더 낳는 게 애국인 시대가 왔다. 젊은 가정에서도 아이를 낳도록 여러 가지 노력을 해야겠지만 정부에서 인구증가 정책을 과감하게 도입해야 한다.

과거 경제 개발 시대 중화학 공업에 지원하던 것처럼 인구 증가 징책에 과감한 지원과 투자를 해야 한다. 출신징려금을 준다든지, 다(多)자녀 가정의 세금을 깎아 준다든지 하는 단기적인 지원책도 필요하겠지만 장기적인 대책이 더욱 중요하다.

애를 낳게 하는 가장 중요한 대책으로는 사교육비가 안 늘도록 공교육을 개혁하는 것이다. 미국이나 일본 등 선진국처럼 사교육이 필요하지 않도록 공교육을 충실하게 실시하여야 한다. 교육제도와 교육에 관한 인프라를 혁명하듯이 개혁하여야 한다. 바꾸다 보면 모든 이해 관계자들의 반대가 심할 것이다. 이를 과감히 헤쳐나가야 한다.

그리고 아이를 길러 주는 유아 시설에 지금의 학교보다도 더 과감하게 투자하여야 한다. 우리나라의 흥망이 출산율 증대에 달려 있기 때문이다. 국가의 가장 우선순위에 두어야 할 우리의 정책은 출산율 증대라는 사실을 우리 지도자를 포함하여 모든 정치인이 알았으면 한다. 아이를 많이 낳아 잘 키우자. 그런 환경을 서둘러 마련하자. 우리나라의 밝은 미래를 위해서……

사랑, 나눌수록 기쁨과 행복은 크다

◎ 전북도민일보(2007년 9월 20일 금요일 황의영 전북농협 본부장)

　요즈음 농촌 사회에 외국인 이주민 정착과 현지적응 지원프로
그램이 다양하게 이루어지고 있다. 한국어 교육, 외국인 여성 일자
리 갖기 운동, 전통문화 이해하기 등 다양한 외국인 이주 여성을
대상으로 한 프로그램이 농촌 지역을 중심으로 추진되고 있다. 특
히 지자체를 중심으로 한 순창군의 '해외 이주여성과 방문교육 도
우미 사업'과 장수군의 여성단체를 중심으로 활발하게 전개되고
있는 '이주여성 정착지원을 돕는 취업교실' 운영사업은 농촌에 새
로운 활력 사업으로 주목받고 있다.

국제결혼, 그리고 다문화 사회와 농촌
　2005년 기준으로 결혼한 한국인 가운데 100명 중 13명이, 농

어업종사자 중 36%가 외국인과 결혼하고 있다는 통계를 접한 적이 있고, 2005년도에는 농어촌 남성의 60%가량이 외국인과 결혼한 것으로 조사되고 있다.

국제결혼은 이제 특별한 일이 아닌 보편적인 결혼의 한 형태로 받아들여지고 있고, 특히 농촌 사회에서 외국인 여성을 며느리로 맞이하는 것은 자연스러운 현상이 되어 버렸다.

시골 장날이면 다양한 나라에서 온 외국인 새색시들을 쉽게 만날 수 있다.

가끔 도로를 지나다 보면 외국인 여성과의 결혼을 중매하는 광고 현수막 표현이 씁쓸한 웃음을 자아내기도 하지만 산업화가 진전되면서 나타나는 농촌에 젊은이들의 공동화 현상, 그중에서도 젊은 미혼 여성들이 농촌을 떠나가고 낯선 이국땅에서 온 외국인 여성들이 그 자리들을 채워 가고 있는 것이다.

그렇다. 전통적이고 폐쇄적이었던 우리 사회가 한민족, 단일민족이라는 순혈 단일문화에서 다양한 민족과 문화가 서로 교류하고 결합하는 다문화 사회로 가는 징검다리 과정을 지나고 있는 것이다.

우리는 이러한 현상들을 어떻게 이해하고 접근하고 수용해야 하는가?

중요한 것은 그들이 우리 농촌 사회의 한 구성원으로서 이웃으로서 상당 부분을 함께 하고 있다는 사실이다. 우리 농촌 사회의 새로운 인적 동력으로, 미래 농촌을 지켜 갈 수 있는 농촌의 힘으로 자리매김할 수 있도록 도와주는 노력을 아끼지 말아야 한다.

중요한 것은 우리의 마음의 문을 여는 것

마음의 문을 활짝 열고 따뜻한 가슴으로 그들을 수용하여야 한다. 아픔도 슬픔도 같이하며 그들의 입장에서 두 손을 잡고, 민족적 문화적 갈등과 편견, 이질감이 사라질 때 농촌 사회의 새롭고 건강한 문화가 만들어질 것이다.

이들이 살고 있는 우리 농촌이 제2의 조국·고향으로 생각할 수 있도록 하는 것은 우리가 그들을 내국인과 같이 동등하게 대우하여 가슴으로 받아들이고 우리의 이웃으로 정착할 수 있도록 도와주는 노력 여하에 달려 있다.

농촌의 젊은 농가 가정의 30~40%가 결혼 이민자 가정이라는 점에 주목할 필요가 있다.

우리는 그들이 농촌의 미래를 담당하고 지켜 갈 소중한 인적 자원이라는 사실을 인식해야 한다.

그렇기 때문에 우리 농촌 사회에 새롭게 정착하고 있는 결혼 이민자 가정에 대한 투자와 배려를 아끼지 말아야 한다고 본다.

우선 물질적 정책적 지원도 중요하지만, 선행되어야 할 것은 우리 사회가 함께 나누는 따뜻한 마음과 배려가 더욱 중요한 의미를 갖는다고 할 수 있다.

농촌 여성 결혼 이민자 모국 방문사업

2007년 8월 초 전북농협과 농촌 여성자원봉사단체인 고향주부모임이 "농촌 여성 결혼 이민자 모국 방문사업"을 추진하여 가슴 훈훈한 뒷이야기들을 전하고 있다.

어떤 연유에서건 낯선 한국 땅, 게다가 다들 힘들다고 떠나 버린 농촌에 와서 결혼하여 아이를 낳고 가정을 꾸리기는 하였으나, 낯선 문화·음식·언어 소통에 얼마나 심적 고통이 컸을까?

힘들고 지칠 때 생각나는 것이 내가 자란 고향 그리고 부모 형제들인데……. 그들은 우리가 베푼 작지만 아름다운 사랑에 대하여 어떻게 생각하고, 앞으로 어떤 모습으로 살아갈까?

우리는 이 사업을 진행하면서 이들의 두 눈에서 흐르는 뜨거운 눈물을 보며 그 해답을 찾을 수 있었다.

사랑은 나눌수록 기쁨은 두 배

사랑은 나누면 나눌수록 느끼는 기쁨과 행복은 두 배로, 열 배로 커진다.

인간의 가장 큰 기쁨은 내가 가진 것을 나눌 수 있다는 것, 나의 작은 도움이 상대에게 힘이 되고 보탬이 되었을 때 가장 행복하다고 한다.

농업·농촌은 우리 민족의 뿌리요, 생명 창고요, 우리 모두의 고향이라고 거창하게들 얘기하지만, 묵묵히 농촌을 지키며 살아가는 우리네 농업인들이 흘리는 땀과 소산의 가치를 얼마나 이해할 수 있을까?

닫힌 가슴을 활짝 열고 마음의 문으로 세상을 보자

우리가 가진 것 중 무엇인가를 다른 사람에게 나눌 수 있다는 것, 그 이상의 기쁨과 행복이 어디 있으랴!

우리가 보내는 작지만 아름다운 나눔의 조각들이 그들에게 전해질 수 있다면 그것이 우리 사회의 희망을 일구는 밑알이 되리라 믿어 본다.

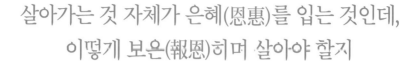

살아가는 것 자체가 은혜(恩惠)를 입는 것인데,
이떻게 보은(報恩)히며 살아야 할지

ⓒ 진안신문(2016년 1월 18일 월요일 황의영 전북대학교 무역학과 강의전담교수)

날씨가 차다. 겨울의 한 중간, 소한(小寒)과 대한(大寒) 사이에 있다. 칼바람 추위를 녹여 줄 훈훈한 얘기가 많다. 임성기 한미약품 그룹 회장은 계열사 전 직원에게 그들 일 년치 봉급만큼 자기 소유 주식을 나눠 줬다. 전주 노송동 얼굴 없는 천사는 2015년 연말에도 어김없이 어려운 이웃에 나눠 주라며 거금을 화단에 놓고 갔다. 참으로 흐뭇한 소식이 아닐 수 없다.

이 외에도 많은 훈훈한 미담들이 연말연시 움츠러든 서민들의 가슴을 펴지게 한다. 반면에 김만식 몽고식품 회장은 운전기사가 조금만 잘못한다 싶으면 마구 욕설을 퍼붓고 국소(局所)를 걷어찼다. 제자를 2년여 동안 야구방망이 등으로 폭행하고 인분을 먹인 대학교수 사건도 있었다. 갑(甲)질에 대한 비난이 많은 사람의 입에 오르내리기도 했다. 마치 간판의 번쩍거리는 현란한 앞면과 먼지가 덕지덕지 끼어 지저분한 뒷면이 확연하게 대비되듯 사람의 인격에서도 완연히 다른 두 부류의 사람들이 크게 대두돼 많은 사람의 가슴을 훈훈하게 했는가 하면 본인이 당한 것처럼 울분을 토해 내게도 했다.

사람은 누군가의 은혜를 입고 살아간다. 숨 쉬고 밥 먹는 것도, 걷고 일하며 잠자는 것도 모두 다른 사람들 덕택이다. 부모님의 은혜로 이 땅에 태어났다. 그분들의 덕으로 유년기를 보내고 학교에 갔다. 가정이 윤택하거나 빈한하거나 부모님, 또는 누군가의 후원으로 학교에 갈 수 있었다. 학교에서는 선생님들의 사랑으로 학문을 익히고 인성을 키웠다. 사회에 나와 내 가정을 위해 보수를 받을 수 있는 일자리를 얻었고 열심히 일하며 행복을 누렸다.

이 또한 사회의 은덕인 것을! 직장에서 일할 때, 부하·동료·상사가 있어 그들 도움으로 내가 일할 수 있었으며 그것도 좋은 평가를 받고 직장에서 성장할 수 있었다. 내가 잘나서가 아니라 위아래 옆에서 모두 도와주고 시기(時期)가 적절하게 잘 맞았기 때문이지 결코 내가 잘나서, 잘해서 잘된 것이라고 생각하지 않는다. 직장에 다닐 때, 사무소 단위 평가에서 좋은 결과가 나오면 그것이 다 부하 직원들의 덕이라고 생각했다. 그래서 그들에게 공을 돌렸다. 사실 나는 뭐 하나 남 앞에 제대로 내세울 만한 것이 없는 그저 그런 사람이다. 운이 좋이 좋은 분들 만나고 시운(時運)이 좋아서 오늘의 내가 있다고 생각한다. 결코 내가 잘나서가 아니다. 그러니 내 주위에 있는 사람 모두 내게는 은인(恩人)이고 선생님이다. 그저 나하고 인연을 맺었던 모는 사람이 고맙고 감사할 따름이다.

대학 재학 중 들어간 직장에서 40년 동안 일하고 정년에 이르러 나온 직장이니 그 직장이 고맙고 감사하다. 그곳에서 나는 많은 분들에게서 분에 넘치는 큰 사랑을 받았다. 참으로 고맙고 감사할 따름이다. 지금까지 살아오면서 내가 도와줄 수 있는 일이라 여겨 남이 내게 부탁하면 가급적 거절하지 않으려고 노력했다.

아픈 것을 보면 같이 아파하려고 했다. 택시를 타면 기사님이 고맙고 감사했다. 그래서 목적지만 말하고 어느 길로 가든 그들에게 길을 맡겼다. 요금을 낼 때 거스름돈으로 동전은 받지 않고 내린다. 나를 목적지까지 안전하게 데려다준 고마움에 대한 조그마한 내 성의를 표시하는 것이다.

지하철을 타거나 길을 지날 때 어려움을 호소하는 사람을 보고 그냥 지나치지 못해 천 원짜리 한 장이라도 건네야 마음이 편하다. 그것도 남이 보지 않게 주먹에 쥐고 건넨다. 그래야 그 사람이 덜 미안해할 것 같아서다. 길을 묻는 사람들에게는 가급적 친절히 길을 안내해 주려고 노력한다.

'내가 그 사람이라면 얼마나 답답할까?'라는 역지사지(易地思之) 마음에서다. 외국에 나가 길을 몰라 당황할 때 누군가가 친절히 안내해 주면 얼마나 고맙고 감사하던지! 누군가와 후련하게 얘기하고 싶을 때 식사라도 하면서 내 얘기를 들어주는 친구가 있어 얼마나 고맙고 감사한지 모른다. 그런 고마운 친구가 내겐 여럿 있어 더욱 행복하다. 식사대(食事代)야 그가 내든 내가 내든 그것이 무엇이 그렇게 대수인가? 그가 한 번 내면 내가 한 번, 아니 두 번 사면 마음이 편치 않던가?

태어나고 자란 고향이 있기에 어릴 적 향수를 느낄 수 있어 행복하다. 내 고향에선 많은 사람이 물속에 고향을 묻고 고향을 그리며 애절해하지만 내 고향 마을은 아직도 남아 있어 행복하다. 잘 자라서 가정을 이뤄 나간 자식들이 고맙고 부족한 나를 믿고 평생을 같이해 주는 아내가 더 없이 고맙고 감사하다.

강원도 색시가 일가친척 하나 없는 전라도사람에게 시집와 시동생 시누이 데리고 있다가 출가시키고 부모님 병수발 들면서도 숙명(宿命)이려니 여기며 살아가는 그런 사람이어서 더더욱 고맙고 감사하다.

병신년 새해를 맞아 이제 나도 육십 중반을 넘어 인생 고개 6~7

부 능선에 다다랐다. 어떻게 여기까지 왔는지 기억이 아른아른하다. 나는 이런 행복한 삶을 살아오면서도 남에게 신세만 지고 살았다. 그래서 조그마한 보답이라도 하는 의미에서 내가 거쳐 왔던 마을과 지역, 학교, 문중 등에 작은 성의를 표하며 자위(自慰)도 해 봤다. 그것이 어떻게 나에게 노움을 준 국가와 사회, 시익과 이웃, 사람들에게 보은이 되겠는가? 하지만 그것만이라도 하지 않았다면 내 인생은 얼마나 황량했을까?

　혹시라도 누군가가 나를 갑(甲)질했던 사람이었다고 여기는 사람은 없는지 두렵기도 하다. 평가는 상대방이 하는 것이기에 더욱 두렵다. 산다는 것 자체가 두려운 것이 아니겠는가? 이렇게 고마운 세상을 살아가면서 어떻게 남에게 피해를 주면서 살 수 있다는 말인가? 도무지 이해할 수 없다. 내겐 고마움을 간직하고 감사하며 살기에도 남은 시간이 짧다. 내겐 이 세상에 계신 모두가 고맙고 감사를 드려야 할 은인이고 스승들이시기에 더욱 그렇다.

프란치스코 교황의 방한에
열광한 대한민국

ⓒ 진안신문(2014년 10월 20일 월요일 황의영 전북대학교 무역학과 강의전담교수)

2014년 8월 14일 오전 10시 30분에 프란치스코(Francis, Jorge Mario Bergoglio) 교황이 서울에 도착한 후, 100여 시간의 바쁜 일정을 마무리하고 8월 18일 오후 1시에 떠나갔다. 교황이 머문 4박 5일 동안 우리나라는 가히 열광의 도가니 속에 파묻혔고 가톨릭 신자든 신자가 아니든 많은 국민이 행복 속에 푹 빠졌다. 두 달이 지난 지금도 교황에 대한 열기가 식지 않고 설레는 가슴도 아직 진정되지 않고 있다.

8월 14일, 78세 노구임에도 불구하고 12시간 장거리 비행 후 트랩을 내려오는 교황의 얼굴엔 피곤한 기색은 보이지 않고 호기심 많은 소년처럼 해맑은 미소로 가득했다. 손수 서류 가방을 들고 소형차에 오르는 교황의 모습은 생경(生硬)하고 아름답기까지

했다. 8월 15일 성모승천대축일 미사에 참석하기 위해 대전에 내려갈 때 청와대가 제공한 헬기를 마다하고 일반인들과 같이 KTX를 탔다. 행사장에 입장하면서 아기 이마에 입맞춤을 해 줬다. 당진 솔뫼성지에서 아시아 청년들과 대화를 마치고 나오다가 다시 행사장으로 들어가 젊은이들과 대화를 이어 갔다.

2014년 8월 16일 서울 광화문 광장에서 열린 '윤지충바오로와 동료 순교자 124위 시복식'에 참석하면서도 파격적인 행보가 이어졌다. 예정에 없이 차에서 내려 세월호 유가족을 만나 대화하고 격려해 줬다. 충북 음성 꽃동네에서는 자기 몸을 스스로 가누지 못하는 중증 장애인들의 손발을 만져 주고 얼굴을 비비고 끌어안아 감싸 주었다. 8월 17일 세월호 유가족 세례식을 직접 집전하기도 했다. 8월 18일 명동성당에서는 허리 굽혀 일본군 위안부 피해 할머니들의 손을 잡고 위로하며 축복해 줬다. '평화와 화해를 위한 미사'를 마지막으로 일정을 모두 마치고 한국을 떠나갔다. 프란치스코 교황은 세계 12억 가톨릭 신자를 대표하는 세계적 지도자임에도 교만하지 않고 낮은 자세로 병들고 힘들어하는 자들을 찾아 상처를 어루만지며 고통을 나누고 용기를 불어넣어 주었다.
"나쁜 계모한테 얻어터지다 며칠 친엄마 품에 안긴 느낌"이란 말이 프란치스코 교황이 떠난 8월 18일 SNS에 올라오기도 했다.

이번 방한 기간 중 교황이 가는 곳마다 구름처럼 관중이 모이고 가톨릭 신자든 아니든 많은 국민이 교황의 행동을 보고 열광하며 행복해했다. 외신들도 "방한 기간 내내 교황은 록스타(Rock Star)와 같은 환대를 받았다."(미국 월스트리트저널) "78세의 나이에도 교황은 겸손함을 머금은 온정으로 한국에 비범한 카리스마와 활력을 보여 줬다."(프랑스 일간 르피가로) "교황이 행동과 몸을 통해 적극적으로 소통하려 했다."(이탈리아 안사통신) "가톨릭이 국교(國敎)가 아닌 나라가 이처럼 교황을 환대하는 것도 드문 일"(러시아 이타르타스통신) 등이라 교황 방한 활동에 반응했다. 이토록 신드롬을 남기며 한국 사회를 뒤흔들어 놓았다.

그의 어떤 면이 이토록 큰 반향(反響)을 일으켰을까? 프란치스코 교황의 리더십에 대하여 생각해 보자. 가장 돋보이는 것이 본인을 낮추는 자세다. 교황은 세계적으로 영향력이 매우 높은 지도자다. 그런데 이번 방한에서 보여 준 것처럼 낮은 곳으로 발걸음을 옮기고 병들고 힘들어하는 사람을 찾아가서 가슴으로 안아 주고 아픈 곳을 쓰다듬어 주었다.

교황이 되고서 첫 번째 맞은 생일에도 노숙자들을 초청하여 간담회를 가진 바 있다. 두 번째로 솔선수범하는 자세다. 교황은 교회가 허영에 빠지고 성직자가 사치하는 것을 경계한다. 모든 교회와 성직자들이 동참하기를 호소하고 있다. 그러면서 본인이 앞장서서 실천하고 있다. 교황으로서 누려야 할 특권 중에서 내려놓을 수 있는 것들은 내려놓고 있다. 교황궁(敎皇宮)이 아닌 사제(司祭)를 위한 게스트하우스(Guest House)에서 머물고 대중교통으로 이동하고 개인 자가용도 소형차로 바꾸고 숙박비도 직접 결제한다고 한다. 이번 방한 시에도 소형차를 타고 서류 가방을 직접 들고 헬기를 마다하고 기차로 이동했다.

셋째로, 소통하는 자세다. 이 시대 독선에 빠져 남의 말을 듣지 않는 지도자들이 얼마나 많은가? 그러나 교황은 어렵고 힘들어하는 사람들을 찾아가서 그들의 얘기를 들어주고 안아 주며 토닥여 주고 있다. 교황의 이러한 행보가 많은 사람의 마음을 열게 하고 가슴을 따뜻하게 하며 열광하게 하는 요인이라고 생각한다.

교황의 이번 방한은 한국의 지도층에게 큰 숙제를 떠안겼다. 앞으로 지도층 인사들은 세계 최고 수준의 리더십을 코앞에서 목격한 국민의 높아진 눈높이와 기대치 때문에 골치 아프게 생겼다. 이번 방한에서 보여 준 언행일치, 소통하는 교황의 리더십을 보고 우리의 지도자들은 무엇을 배웠을까? 어떻게 하면 사람들이 열광하며 좋아한다는 것을 배웠고 자기들도 그렇게 해야겠다는 것을 깨달았을 것이다. 자칭(自稱) 타칭(他稱) 지도자라고 하는 우리의 많은 지도자들이 구성원을 지극정성으로 섬기는 리더십을 발휘하기를 간절히 빌어 본다.

일본 제일 큰 부자 손정의 회장과
'사카모토 료마(板本龍馬)'

ⓒ 진안신문(2013년 5월 13일 월요일 황의영 전 NH무역 대표이사)

"저는 한없이 빠져들었습니다. 고등학교 2학년 때 소설 '사카모토 료마(板本龍馬)'의 일대기를 그린《용마가 간다(龍馬がゆく)》를 읽으면서 책 속에 한없이 빠져들었습니다. 밤새워 읽었습니다. 열권으로 된 책을 한 번 읽고, 두 번, 세 번, 열 번을 읽었습니다."

재일교포 3세이면서 일본 제1의 부자가 된 '소프트 뱅크'의 손정의 회장이 2011년 중앙일보 연재를 시작하면서 한 말이다. 손정의 회장은 가난한 조선인 가정에서 태어나 어릴 때 방황을 많이 했다.

조선인으로 태어난 것과 집안이 가난하다는 것을 원망하며 비관했다. 그러다가 고등학교 1학년 때 '사카모토 료마' 일대기를 그린 이 책을 읽고 정신을 차려 공부에 열중하게 되었다고 그는 회고록에서 증언했다. 칠흑같이 어두운 현실 속에서 탈피하기 위해서는 오로지 공부밖에 다른 대안이 없다는 것을 뼈저리게 인식하고 대학교 1학년 때 아버지를 설득하여 미국 유학길에 오르게 된다. 이후 열심히 공부한 손정의 회장은 사업을 크게 일으켜 일본 제1의 부자가 되었다.

  손정의 회장의 인생을 반전시킨 '사카모토 료마'는 어떤 사람인가? 궁금하여 중앙일보에서 손정의 회장의 연재 기사를 읽고 나서 바로 서점에 가서 '시바 료타로(司馬遼太郎)'가 쓴 소설 《용마(龍馬)가 간다》 열 권 한 질을 샀다.

  책이 재미있어 하루에 한 권을 다 읽고 늦은 밤까지 다음 권을 읽었다. 일주일이 안 되어 열 권의 책을 다 읽었다. 책을 읽는 동안 시간이 왜 이렇게 빨리 가는지 모르겠고, 내가 소설 속의 사카모토 료마로 대입되어 일본의 근대화를 이루어 나가는 것 같았다. 한 번 읽고 거듭하여 두 번, 세 번을 읽었다.

  내가 읽으면서 집사람도 읽었고 회사의 직원들도 돌려 가며 읽었다. 내가 전에 근무했던 회사가 무역 회사였는데 일본과의 거래가 전체 수출량의 절반이 넘었기 때문에 일본에 대한 이해(理解)는 우리 회사의 미래에 아주 큰 영향을 줄 수 있었다.

‘사카모토 료마’는 1835년 11월 15일 시코쿠(四國)의 도사한(土佐藩)에서 하급무사의 아들로 태어났다. 어머니를 일찍 여의고 누나 밑에서 유소년기를 보냈다. 출중한 무사가 되기 위해서 에도(江戶, 지금의 도쿄)의 검술도장에 유학하면서 세상을 알게 된다. 미국의 구로후네(黑船)의 잠범으로 일본의 개항을 요구하는 무력시위를 경험하고 해상 교통의 중요성을 인식한다.

　개화사상을 가진 스승을 만나고 사상가들과 교류하면서 신사상(新思想)에 젖게 된다. 세상은 엄청나게 변하는데 일본의 도쿠가와(德川) 막부(幕府)의 쇼군(將軍)과 각 번주(藩主)들은 변화를 거부하고 현실에 안주하고 있었다.

　이에 회의를 느낀 ‘사카모토 료마’는 탈번(脫藩)하여 떠돌이가 된다. 나라가 부강해지기 위해서는 무역이 발달되어야 하고 무역이 발달되기 위해서는 해상 운송이 발달해야 한다는 것을 깨닫고 무역 회사와 정치 조직을 겸한 카메야마사주(龜山社中)를 결성하여 운영하다 후에 가이엔타이(海援隊)로 바뀌게 된다.

　막부에서 황제에게 권력을 되돌려 주는 대정봉환(大征奉還)을 위해 진력했다. 쇼군에 반하는 사츠마한(薩摩藩)과 쵸슈한(長州藩)이 결합한 삿초동맹(薩長同盟)을 이끌어내서 도쿠가와 막부와 대립하게 하면서 쇼군이 권력을 내려놓는 혁명(明治維新)을 일으키게 한다.

그러나 그는 메이지 유신이 일어나기 몇 개월 전인 1867년 11월 15일 반대 세력에 의한 암살로 생을 마감한다. 그는 죽고 나서 더욱 유명해진 인물로, 현대의 일본인들로부터 가장 추앙받는 인물 가운데 한 사람이 되었다.

　'사카모토 료마'는 주어진 처지를 결코 비관하지 않고 발전의 주춧돌로 삼았다. 에도(江戶)로 유학을 떠나 자기 발전의 기회로 삼았고 근대 국가 일본을 만들기 위해 닷판(脫藩)하여 떠돌이 신세가 되는 것을 두려워하지 않았다.

　그리고 쇼군의 막강한 권력을 국민에게 되돌려 주고 황제를 섬기는 군주 국가로 바꾸기 위한 일들을 목숨을 걸고 한 가지 한 가지씩 이루어 나갔다. 부강한 국가를 만들기 위해 자기가 직접 무역 회사와 해운 회사를 세워 운영하는 실천력을 발휘하였다.

　또한, 서로 앙숙인 두 세력을 하나로 묶어 다른 세력을 공격하게 하는 고도의 설득력을 발휘하기도 하였다. 이러한 '사카모토 료마'의 일생은 조센징(朝鮮人)이라고 멸시를 받으며 어려운 여건 속에서 방황하던 재일 조선인 3세 소년 손정의에게 큰 영향을 주었다. 아무리 어려운 여건이라도 이를 뚫고 나가는 의지를 배웠으며 유학을 통해 눈을 크게 뜨고 세계를 향해 달려나가야 한다는 글로벌 정신을 배웠다. 일본 내 최고가 되기 위해서 그 앞에 다가오는 어려움을 한 가지 한 가지씩 극복해 나갔다. 그리고 그는 마침내 일본에서 최고가 된다.

지난 3월 '사카모토 료마'가 태어나고 자란 일본 고치시(高知市)를 찾아 그의 발자취를 더듬어 보면서 싶이 생삭해 보았나. 비록 어려운 여건의 조그마한 시골에서 나고 자란 우리들이지만 '사카모토 료마'나 손정의 회장처럼 큰 뜻을 품고 중요한 시기마다 발상의 전환을 통해 한 가지 한 가지씩 성취해 나간다면 우리 중에서 제2의 '사카모토 료마'나 손정의가 나오지 말라는 법은 없을 것이다.

지금 우리의 처지가 아무리 어렵더라도 어느 분야에서건 자기가 좋아하는 한 분야에서 대한민국 제일가는 전문가가 돼야겠다는 목표를 세우고 이를 달성하기 위하여 노력해 보자. 고비마다 발상의 전환을 통해 이를 극복해 낸다면 우리도 인생의 종반부에는 반드시 풍성한 결실을 거두리라고 믿어 의심치 않는다.

어떤 나라가 선진국(先進國)인가?

ⓒ 전북도민일보(2014년 11월 30일 일요일 황의영 전북대학교 무역학과 강의전담교수)

온 세상을 노란색으로 채색할 것만 같던 교정의 은행나무 잎이 다 떨어졌다. 벚나무·감나무·단풍나무도 아름다움을 자랑하던 잎새를 떠나 보내고 나목(裸木)이 됐다.

봄에 아름다운 꽃으로 여름에는 푸르름으로 가을엔 단풍으로 변신하면서 우리에게 행복을 주던 나무들이 추운 겨울 동면할 준비를 마치고 을씨년스럽게 서 있다. 마지막 한 장밖에 남지 않은 달력을 바라보며 덧없이 흘러가는 세월을 아쉬워하는 12월 초입(初入)에 서 있다.

2014년 9월 초, 새 학기를 시작한 것이 엊그제 같은데 어느덧 학기를 마무리해야 할 시기다. 학기를 시작하면서 학생들과 재미 있는 시간을 가지며 의미 있는 수업을 진행하리라 마음먹었다. 직장에서 정년(停年)을 마친 나에게 수업을 맡긴 것은 단순한 지식만을 전하라는 것이 아니고 그간 경험했던 여러 가지 인생살이를 학생들에게 전달하면서 폭넓은 인생을 설계하도록 도와주라는 뜻이 숨어 있으리라 생각했다.

학생들이 교과서에서 벗어나 넓은 세상을 보고 큰 꿈을 꿀 수 있도록 수업을 진행하고자 했다. 수업 시간이 되면 정시에 출석을 불렀다. 수업은 학생과 선생의 약속이다. 처음에는 지각하는 학생이 다수 있었으나 이제는 미리미리 교실에 들어와 수업 준비를 하고 지각생이 거의 없다.

수업을 시작하면서 어려움을 극복하고 큰 업적을 남긴 위인들의 말씀을 한두 소절씩 들려주었다. 웅지(雄志)를 품고 열심히 공부하면서 훌륭한 사람이 되도록 준비하라는 의미에서였다. 학기 초, 학생들에게 "어떤 나라가 선진국인가?"에 대해 예고하고 한 달쯤 지난 다음 토론을 실시하였다.

학생들이 발표한 선진국의 개념은 다양하고 주장하는 논리도 정연하였다. 토론회에서 학생들이 주장한 '선진국의 기준'은 다음과 같았다.

먼저 '교육의 질'이라고 한다. 민주 시민이 될 수 있도록 국민을 교육해 주는 나라가 선진국이라고 한다. 사교육(私敎育)이 아니라 공교육(公敎育)만으로도 국민이 만족하는 사회가 선진국 사회라는 것이다.

다음은 '경제의 발전'이다. 경제가 발전할수록 삶의 질이 향상되고 사회가 다양해지며 이런 사회 속에서 국민이 하고자 하는 일을 열심히 하며 만족하는 사회가 선진국 사회라고 한다. 또 '표현의 자유'라고 한다. 자기의 생각과 주장을 말과 글, 행동으로 표현하는 데 제약이 없어야 한다. 자기의 표현이 중요하듯 남의 표현도 중요하게 여기고 존중해 주는 사회가 선진국 사회라는 것이다.

다음은 '복지의 수준'이다. 아기 기르기가 힘들어 아이 낳기를 꺼리는 젊은 가정이 없고, 돈이 없어 병원에 못 가고 굶거나 학교에 못 가는 사람이 없는 사회가 선진국 사회라고 한다.

이어서 '삶의 질'이다. 국민 개개인이 경제적으로 자립하고 사회·문화 활동을 자유롭게 할 수 있으며 살아가는 삶이 즐겁고 행복하다고 느끼는 사회가 선진국 사회라고 한다.

또, '국민 의식'이 선진국의 기준이 된다고 한다. 국민이 자기 나라를 사랑하고 약속과 질서를 잘 지키며 예절 바른 국민이 많은 사회가 선진국 사회라고 한다.

'준법 정신' 또한 선진국의 기준이 된다. 다른 사람이 보든 안

OECD국 선진화 순위

1위	스웨덴	84.3점
2위	덴마크	83.9점
3위	미국	83.0점
4위	핀란드	82.1점
5위	노르웨이	82.0점
9위	호주	80.4점
10위	캐나다	80.2점
⋮ 24위	한국	65.5점

〈자료 : 삼성경제연구소〉

보든 교통법규 등 질서를 잘 지키고 시위나 집단 의사를 표현할 때도 법 테두리 안에서 남에게 피해를 주지 않고 질서 정연하게 행동하는 사회가 선진국 사회라고 한다. '법치(法治)'가 선진국의 기준이 된다고 한다. 죄를 지으면 지위고하를 막론하고 법의 심판을 받는 사회가 선진국 사회라고 한다. '유전무죄(有錢無罪) 무전유죄(無錢有罪)', '유권무죄(有權無罪) 무권유죄(無權有罪)'라는 말이 나오는 사회는 후진국이다. 이런 나라는 결코 선진국이 될 수 없다는 것이다.

'배려심'이 선진국의 기준이 된다고 한다.

국가가 국민을 배려하는 정치를 하고 국민은 타인을 배려하는 사회가 선진국 사회라는 것이다. 턱이 없는 보도(步道)와 건물의 출입구, 수화와 자막으로 방송하는 등 약자를 보호해 주는 사회적 장치(裝置)가 잘 갖춰진 나라가 선진국이라는 것이다. 이외에도 학생들은 '사회간접자본의 발달' '국가의 이미지' '국민의 정치 기여도' 등 다양한 의견을 피력하였다.

선진국이란 '다른 나라의 경제 개발이나 문화 향상에 이바지할 수 있을 만큼 경제·문화 등이 앞선 나라'라는 사전적(辭典的) 의미를 떠나 국민 스스로 우리나라가 선진국이라는 생각하는 것이 매우 중요하다.

이번 토론회에서 학생들이 발표했던 여러 가지의 기준이 충족된다면 선진국임에 틀림이 없다. 그러나 이러한 기준이 충족될 수 있도록 다른 사람이 아닌 바로 내가 실천해 나갈 때 우리나라는 선진국이 되고 우리는 선진국 국민이 되는 것이라는 생각이 더욱 중요하다.

입으로 백 번 외치는 것보다는 '신호등 빨간불에 건널목을 건너가지 않는 한 가지의 실천'이 선진국을 만드는 첩경(捷徑)임을 명심하고 한 가지씩 실천해 가도록 하자.

"내 탓이오, 내 탓입니다."

ⓒ 진한신문(2010년 3월 21일 일요일 황의영 경제학박사)

　　지난주 상가에 조문하러 가다가 자동차 접촉 사고가 났다. 4차선 대로(大路) 교차로에서 정지신호에 대기하고 있다가 직진과 좌회전 동시신호가 떨어져 나는 2차선에서 직진을 하고 상대방 차는 3차선에서 갑자기 좌회전하며 내 차 앞을 빠져나가다가 내 차 오른쪽 전조등 옆 부분과 상대 차 왼쪽 뒷바퀴 윗부분이 접촉하는 사고가 났다. 내 차는 접촉 부위가 찌그러졌고 상대 차는 접촉 부위가 긁히는 피해를 보았다.

　　사고지점에서 조금 앞으로 차를 빼 정차를 하고 각각 차에서 내려 다친 곳은 없는지 우선 부상 유무를 확인했다. 상대 차 운전자가 내려 "죄송합니다. 어디 다친 곳은 없으세요?" 하고 인사를 하며 안부를 묻기에 나도 "나는 다친 곳은 없는데 선생님은 다친 곳이 없습니까?" 하고 물었다. "어디 바쁘신 일이 있으셨는가 보죠?"라고 물었더니 "지리를 잘 몰라 그렇게 됐습니다."라고 한다.

이때까지만 해도 나는 당당했다. 나는 피해자고 상대가 가해자였기 때문이다. 상대가 공손하게 사과하기에 나도 피해자로서는 아주 점잖게 대했다. "어떻게 하실 거예요?"라고 물으니 "보험사를 부르겠습니다."라고 한다. 나도 보험사에 사고신고를 하고 보험사 직원이 오기를 기다렸다.

상대 차 보험회사에서 직원이 먼저 왔다. 상대방 보험사 직원이 이것저것 물으며 사고 당시의 정황을 확인하더니 상대 차 블랙박스에서 메모리칩을 꺼내 사고시점의 영상을 확인한다.

내가 보려고 하니 "개인정보보호법에 의해 보여 줄 수 없다."고 하며 보여 주지 않는다. 내 차가 가입된 보험사 직원이 와서 사고 경위를 묻기에 답했다.

그런데 내 차가 가입된 보험사 직원이 상대 차 블랙박스 영상을 확인하고 나서 사고 당시 내가 운행하던 차로가 좌회전 차로라고 한다. 나는 당연히 2차로이기 때문에 직진차로라고 생각하여 지금껏 피해자로서 당당했는데 이제는 상대방이나 나니 똑같이 교통법규를 위반해서 사고를 유발한 것이고 책임이 50대 50이라고 한다. 한편으로는 어이가 없기도 하고 또 한편으로는 안도의 한숨이

나오기도 했다. 만약에 사고 당시 내가 피해자라고 상대를 억박지르며 큰소리를 쳤다면 지금 어떻게 됐을까? 죄송하디는 사과를 거듭하면서 머리를 몇 번이라도 조아렸을 것이다.

사고 당시 나는 내가 털끝만큼이라도 잘못했다고 생각하지 못했다. "왜 직진차선에서 좌회전을 해서 사고를 내는 거야."라고 생각하며 잘못은 상대에게 있다고 전적으로 믿고 상대를 원망하며 차에서 내려 사고 수습에 임했다.

내가 가는 2차선은 당연히 직진차로로만 생각했다. 그렇다. 사람들은 대부분 자기가 행한 행동이 잘한 것인지 잘못한 것인지 명확하게 분별하지 못하고 자기는 잘했다고만 생각한다. 자기가 행한 행동은 정당하고 설혹 잘못됐더라도 이해될 만한 충분한 이유가 있다고 생각하며 자기에게 관대해진다. 자기 스스로 판단해서 자기에게 면죄부를 줘 버린다.

북한 핵 실험과 미사일 개발에 대응해서 우리가 개성공단에서 철수하니 북한은 그 책임을 우리에게 돌리고 개성공단의 모든 우리 재산을 압수한다고 으름장을 놓는다. 적반하장(賊反荷杖)도 유분수(有分數)라는 말이 있다. 꼭 그 짝이다. 우리나라 대통령이 일을 잘하려고 하는데 국회가 법을 안 만들어 줘서 못한다고 국회를 원망한다.

이번 선거에서 일 안 하는 국회의원은 솎아내자고 한다. 야당은 대통령이 시급한 법률을 통과시키기 위해서 어떤 노력을 했고 야당 수뇌부를 몇 번이나 만나서 설득해 봤냐고 대통령에게 책임을 전가한다. 여당은 야당을 원망하고 야당은 여당을 원망한다. 우리나라 경제가 이렇게 어렵고 청년실업이 늘어나고 젊은이들의 취업이 안 되는 것이 모두 국회의 발목을 잡고 있는 야당의 잘못 때문이라고 대통령을 비롯한 정부·여당은 생각하고 야당은 반대로 대통령이 정치를 잘못하고 있기 때문에 생기는 것이니 정부·여당 탓이라고 정부·여당을 공격한다. 지금, 다음 달에 실시되는 국회의원 선거에 각 당에서 후보자를 공천하고 있다.

현역 국회의원도 탈락하는 사람들이 나타나는데 하나같이 공천에 불복하고 탈당하여 다른 당으로 가거나 무소속으로 출마한다고 한다. 어느 한 사람도 내가 국회의원으로서 활동이 부족했고 역량이 부족했기 때문에 탈락됐다고 수긍하면서 내 탓이라고 죄송하다고 국민에게 사과하는 정치인은 찾아볼 수 없다. 도로에서 앞차가 자기 차의 진로를 방해했다고 상대방 차 운전자의 안전운전을 방해하는 보복운전을 하는 운전자가 늘어나고 있고 이것이 대형 교통사고를 유발할 수 있다고 하여 경찰에서 집중적으로 단속한다고 한다. 부부싸움을 하면서도 내 잘못은 인정하지 않고 상대방 잘못만 질책한다. "모두 다 내 탓이오, 내가 잘못했습니다. 용서해 주십시오."라고 자기 잘못을 시인하고 용서를 비는 사람을 어디에서도 쉽게 찾아볼 수 없다.

　김수환 추기경님이 생존해 계실 때 천주교를 중심으로 "내 탓이오."라는 스티커를 만들어 자동차 뒷유리에 붙이고 다니면서 자기 잘못을 시인하자는 캠페인을 전개한 적이 있다. 추기경님이 선종하시자 흐지부지되고 말았다. '아니 땐 굴뚝에 연기 날까?' '핑계 없는 무덤은 없다.' '방귀 뀐 놈이 성낸다.'는 말이 있는데 모두 그럴 만한 원인이 있고 책임을 인정하라고 하는 우리 선조님들의 뜻깊은 말씀들이다.

　나와 그가 다름을 인정하고 이해와 설득, 배려가 있다면 어떤 결과가 나오든 네 탓, 내 탓 다툴 필요가 있을까? 그 결과가 나에게 되돌아오기까지 내게도 그럴 만한 원인이 분명히 있었을 것이다. 좋은 결과든 나쁜 결과든 내가 제공한 원인이 있었음을 수긍하는 정신이 "내 탓이오."가 아닐는지? 자기 잘못을 시인하는 정신이야말로 선진 사회로 가는 길라잡이가 될 것이다. 우리 다시 한번 더 "내 탓이오." 운동을 전개해 보면 어떨까?

뭐! 희망이 없다고?

ⓒ 진안신문(2016년 4월 18일 월요일 황의영 경제학박사)

　여기저기서 한숨 소리가 높다. 살기가 어렵다고 한다. 금수저·흙수저 논란이 끊이질 않는다. 젊은이들 취업하기가 낙타가 바늘구멍 들어가기만큼 어렵다고 한다.

　대학을 나왔어도 정규직으로 취업하기가 어렵고 힘들게 직장을 얻는다 해도 비정규직이 많다. 대학생들은 휴학하고 졸업을 미루며 학교를 떠나지 않는다. 취업이 안 되니 결혼이 늦다. 이제 초혼 여자의 평균 연령도 30세가 넘었다.

　결혼했어도 아이를 낳지 않는다. 아이를 키우는 데 돈이 많이 들어가니 아예 낳지 않는다는 것이다. 그러다 보니 출산율이 경제협력개발기구(OECD) 회원국 중 우리나라가 최하위다.

　2007년에 국민소득이 2만 달러대에 들어선 이후 8년 동안 3만 달러대로 오르지 못하고 2만 달러대에서 맴돌고 있다. 경제 성장률도 2%대로 떨어져 경제기 활력을 잃고 불황 조짐마저 보인다. 2015년 대비 수출 실적도 매달 더 떨어지고 있다. 중산층이 얇아져 부자와 가난한 자로 양극화가 심화되고 있다.

여러 곳에서 갑실 논란이 끊이실 않고 새벌 회장과 새벌 3~4세들의 운전기사 폭행 등 비행(非行)이 도를 넘고 있다. 자영업자들은 장사가 안된다고 아우성이다. 부모가 자기 아이를 살상(殺傷)하는 아동 폭력이 사회이슈화(社會issue化)되고 있다.

깡통 전세라는 말이 나올 정도로 전세금이 천정부지로 뛰고 있다. '헬조선(hell朝鮮)'이란 말이 유행한다. '헬조선'이란 청년실업·전세난 등 현재 대두되고 있는 한국 사회의 어려움을 지옥에 비유한 말로 한국의 옛 명칭인 '조선'에 지옥이란 뜻의 접두어 '헬(Hell)'을 붙인 합성어다. 취업난·전세난 등 지옥 같은 한국 사회를 가리켜 청년들이 냉소적(冷笑的)으로 부르면서 최근에 생겨난 신조어다.

그렇다. 우리나라 형편이 어려운 것은 확실하다. 정치권에서는 네 탓, 너희 탓, 남의 탓만 하면서 싸우고 있다. 좀처럼 나아질 전망이 보이질 않는다. 세계 경제가 안 좋기 때문에 우리 경제가 안 좋다고 한다. 다 맞는 말이다. 그러나 "내 잘못이니 미안하다."는 사람은 없다. "우리, 앞으로 뼈를 깎는 아픔을 감수하면서 다시 한 번 더 해 보자!"고 하는 소리가 어디에서도 들리지 않는다. 국민에게 희망을 주는 목소리가 누구한테서도 나오지 않는다. 오로지 네가 잘못해서 이렇게 됐으니 네가 잘해야 된다는 것이다. 참으로 한심하다. 국회의원을 뽑는 이번 20대 총선에서 젊은이 일자리 창출이 주요 쟁점 사항이 되어 정당마다 젊은이들 일자리를 늘리겠다는 공약을 쏟아 냈다.

그러나 어떻게 해서 일자리를 만들겠다고 하는 청사진이 없다. 그저 무턱대고 만들겠다는 것이다. 전형적인 포퓰리즘이다. 돈을 푸는 양적완화정책도 시행한다고 한다.

한국은행에서 돈을 마구 찍어내 경제를 살리겠다는 것이다. 지금 미국이나 일본, 유럽에서 양적완화정책을 실행하고 있지만 경제가 회복될 기미가 보이지 않는다. 그 피해가 어떻게 나타날지도 모른다. 아무튼 살기가 힘들고 어렵다. 젊은이뿐만 아니라 국민 모두 힘들다. 어렵다.

그러나 다시 한번 생각해 보자. 우리나라가 풍족하고 여유로웠던 때가 얼마나 있었던가? 근래에 들어와 무역액 1조 달러가 넘으면서 세계 8위니 7위니, 우리 경제가 세계 10위권 안으로 진입했느니 하면서 우리 스스로 들떠서 언론이나 정부가 마치 우리가 선진국이라도 된 양 선전하는 말을 자주 들었기에 우리가 잘사는 것으로 착각하고 있었는지도 모른다.

역사적으로 봐도 우리나라는 강대국 사이에 낀 작은 나라로 얼마나 어려운 환경 속에서 명맥을 유지해 왔는지 우리는 잘 알고 있다.

고려시대 몽고의 침략을 받아 90년 동안 항거하며 나라를 지켜 냈고 조선시대에는 임진왜란과 병자호란 등 수차례 외침을 당하면서도 끈질긴 생명력으로 나라를 지키고 민족을 보존했다. 일제 식민 통치 36년과 6·25 전쟁을 겪으며 폐허가 된 땅에서도 오늘날과 같은 경제 기적을 이루어 낸 것이다.

그 시절 백성의 삶은 지금의 우리가 상상할 수 없을 정도로 열악한 환경이었지만 희망의 끈을 놓지 않고 조국의 영광된 미래를 꿈꾸며 질곡(桎梏)의 나날을 참고 견디어 냈다. 내가 어릴 때인 1950~1960년대만 해도 살기가 퍽 어려웠다. '보릿고개'라는 말과 '장리쌀'이라는 것이 있었다. 먹고살기가 참 어려웠던 시절이었다. 내가 학교를 마치고 취업하던 1970년대도 어렵기는 마찬가지였다. 제1차 석유파동(oil shock)으로 취업하기가 매우 어려웠다. 지금보다도 훨씬 더 어려웠을 것이다.

아무리 어려워도 내가 헤쳐 나가야 한다. 나 아닌 누구도 나를 대신해 주지 못한다. 젊은이들이 취업을 하는 것도 중요하지만 내가 좋아하는 일을 해야 한다. 내가 좋아하는 일이라면 잘할 수 있다. 관심을 가지고 좋아하는 분야의 책 100권 이상 읽고, 하고자 하는 꿈을 100일 동안 하루에 100번씩 외우고 쓰라고 한다. 그리고 '들이대'라고 한다. 그러면 성공한단다.

　모 방송국의 〈서민재벌〉이란 프로를 자주 본다. 그곳에는 젊은이들이 땀 흘려 노력하며 성공하는 얘기가 있다. 도시뿐만 아니라 농촌에도 희망은 얼마든지 있다. 지리산 산골 청년이 아버지를 따라 산양삼을 키우고 고로쇠 물을 채취하고 그 고로쇠 물로 산양삼을 넣은 막걸리를 빚고 성공하겠다는 이야기가 TV에서 방영됐다. 어느 곳에서든지 열심히 연구하고 노력한다면 성공의 열쇠는 보장받을 수 있다.

　지금 잠시 어렵고 힘들지만 희망을 품고 죽지 않을 만큼 노력한다면 반드시 성공할 수 있다. 희망은 내가 만들어 내는 것이고 행복은 내 마음속에서 느끼는 것이다.

　2010년 칠레 광산 붕괴 사고로 지하 700m 아래에 갇혀 있던 33명의 광부가 79일 만에 전원 구조된 사건을 우리는 잘 알고 있다. 이들은 죽음밖에 없는 절망의 순간에서도 살 수 있다는 희망의 끈을 놓지 않았기 때문에 살아날 수 있었다. 뭐! 희망이 없다고? 아니다. 지금 우리에게 희망이 없는 것이 아니고 희망은 많이 있다. 다만 우리가 그 희망의 끈을 잡지 않고 놓고 있을 따름이다. 자, 우리 젊은이들이여! 내가 잘 살 수 있다는 희망의 끈을 꽉 잡고 노력하자.

"아! 살맛 납니다. 행복합니다."

ⓒ 전북도민일보(2017년 5월 29일 월요일 황의영 경제학박사)

"얼굴이 활짝 피었습니다. 좋은 일이 많으신가 봐요?" "네, 좋은 일이 많습니다." "좋고 말고요! 이렇게 좋을 수가 없어요! 하루하루가 행복합니다." "웃을 일만 자꾸 생기는 것 같아서 즐거워요." "살다 보니 참말로 이런 날도 오네요!" "비로소 사람 사는 세상에 살고 있는 것 같습니다." 며칠 전 오찬 모임에 참석하는 사람들이 자리에 앉으며 한마디씩 하는 말들이다. 요즘 세상이 변하는 걸 보고 국민이 행복해한다. 좋단다. 즐겁단다. 일찍이 이런 세상을 왜 만들지 못했을까?

당선증을 받는 순간 우리나라 제19대 문재인 대통령 임기가 시작됐다. 문 대통령이 취임하고부터 세상이 깜짝깜짝 놀랄 정도로 바뀌기 시작했다. 난공불락 철옹성 같았던 권위주의가 양파 껍질 빗겨지듯 한 꺼풀 한 꺼풀 벗겨지기 시작했디. 시간이 없어서 준비할 겨를이 없었겠지만 취임식을 생략한 채 '민의의 전당' 국회 로텐다홀에서 취임 선서만 하고 나서 대통령 직무 수행에 들어갔다.

역대 대통령들 취임식에 수십억 원의 논이 늘었는데 이번엔 설약됐다. 어떤 대통령 시절에는 대변인이 "나도 몰랐지롱~."하면서 발표하던 인사 내용을 대통령이 직접 기자실을 방문해 발표한다. 대통령이 각본도 없이 기자들에게 "질문 없습니까?"라고 하니 겁먹은 국민소통수석이 "정말로 질문을 받으시렵니까?"라고 묻는다. 미리 준비하지 못한 기자들이 말문을 열지 못한다.

이 시대 젊은이들의 가장 큰 걱정거리인 일자리 창출을 위해 청와대에 '일자리수석비서관제'를 만들고 대통령업무지시 제1호로 '일자리위원회' 설립을 지시했다. 가신 그룹이랄 수 있는 대통령의 남자들 3철(양정철, 이호철, 전해철)을 비서직 등 공직 등용에서 배제해 전(前) 정권의 문고리 3인방과 대비케 했다.

총무비서관에 7급 출신인 기획재정부 심의관을 임용했다. 취임 후 이틀 만에 외부 일정으로 인천공항을 찾았다. 비정규직원들과 둘러앉아 그들의 애환을 듣고 보듬어 줬다. 군의 대비 태세를 점검하고 업무보고를 듣고자 부처에서는 가장 먼저 국방부와 합참을 찾았다. 이는 북한의 핵 개발과 장거리 탄도미사일 발사 실험이 우리 안보상 위중함을 국민과 같이 인식하고 북한에 대해서는 강한 경고 메시지를 보낸 것이다. 국방부 방문 시 하급장교, 부사관들과 악수하고 사진을 같이 찍기도 하고 사인도 해 줬다. 합동참모본부에서는 육·해·공 주요 사령관들은 물론 여성 비행대장, 청해부대 전대장, 목함지뢰 사건으로 부상한 중사, 싱가포르 영주권을 포기하고 입대한 병사와도 통화하여 격려했다.

'미세먼지 바로 알기 교실'에 참석하기 위해 초등학교를 방문해서는 교문에서 걸어 들어가면서 어린이들과 일일이 악수했다. 노트를 꺼내며 사인을 부탁하는 학생에게는 쭈그리고 앉아서 사인을 해 주고 어린이와 눈을 맞추고 격려했다.

5·18 민주화 운동 기념식에서는 아버지를 잃은 유가족과 같이 눈물을 흘리고 따뜻하게 안아 줬다. 대통령 차량은 앰뷸런스에 길을 내주며 생명의 소중함을 교육했다. 기념식을 마치고 유가족이 운영하는 식당을 찾아 육회비빔밥으로 식사했다.

상의를 벗어 팔뚝에 걸고 노타이에 와이셔츠 차림에 커피잔을 들고 청와대 경내를 산책하는 모습도, 나무 그늘에 앉아 참모들과 격의 없는 대화를 나누는 모습도 참신하다.

청와대 구내식당에서 직원들과 같이 식판을 들고 음식을 담고 식사를 하고 식기를 반납했다. 회의 시에는 상의를 벗어 직접 걸고 앉을 때도 본인이 의자를 끌어당겨 앉는다. 경쟁자의 사람들도 등용시키는 탕평책을 쓰고 있다. 국회 원내대표를 초청하여 허심 단화하게 국정 현안을 논의하고 협조를 부탁한다. 협치를 실천하고 있다. 영부인이라는 호칭을 사양하고 여사님이라고 불러 달라는 퍼스트레이디가 화룡점정(畵龍點睛), 압권이다. 손수 10시간 이상 달여 인삼정과를 만들어 조각보에 '귀한 설음 감사하다.'는 손편지까지 써 넣어 선물한다. 앞서간다는 얘기도 있지만 상대방을 배려하고 챙기는 그 마음만 보자. 이 어찌 아름답지 아니한가.

역대 어느 대통령이 지금처럼 국민을 위하고 행복하게 해 줬는가? 잘하고 있다. 그래서 국민이 박수를 보내고 살맛 난다고 한다. 행복하다고 한다. 언제까지 국민이 이런 행복을 누릴지는 아무도 모른다. 문 대통령 임기 다하는 날까지 국민이 지금처럼 행복해했으면 좋겠다. 후보 시절 '좌빨, 말 바꾸기를 자주 해 믿을 수 없다.'고 문 대통령을 지지하지 않은 투표자 58.9%의 국민은 '끝까지 잘하나 어디 한번 두고 보자.'라고 눈을 부릅뜨고 지켜보고 있다. '실패는 성공하는 순간 싹튼다.'고 한다. 자만하지 말고 지금처럼만 하면 된다. 훗날 '제19대 문재인 대통령은 확고한 안보관을 가지고 자유 대한민국을 지키고 나라를 발전시켰으며 국민을 하늘같이 섬긴 위대한 대통령이었다.'라고 역사에 기록되기를 간절히 바란다.

'김영란법'이 시행되면
부정부패가 사라질까?

ⓒ 전북도민일보(2016년 8월 8일 월요일 황의영 경제학박사)

'김영란법'이라고 하는 「부정청탁 및 금품 등 수수의 금지에 관한 법률」이 2016년 7월 28일 헌법재판소의 합헌결정으로 9월 28일부터 시행된다.

이 법은 공직자 등이 1회 100만 원, 연간 합계 300만 원 이상의 금품을 받을 경우 직무 관련성과 대가성에 상관없이 처벌하도록 하고 있다. 국민권익위원회가 2016년 7월 8일 확정한 시행령을 보면 식사는 3만 원, 선물 5만 원, 경조사비는 10만 원으로 상한선을 정하고 있다.

이 법의 적용 대상자로는 공무원, 공공기관 임직원, 언론계 종사자, 사립학교·사립유치원 임직원 등 전국 4만여 기관 240만 명이고 배우자까지 포함하면 400만 명에 이르는 것으로 추산된다. 요즘 온 나라가 시끄럽다. 전국이 들썩인다. 이 법이 시행되면, 인 간관계가 살벌해지고 경제가 위축되며 특히 농·수·축산업이 큰 타격을 받게 될 것이라고 한다. 대상에 공무원도 아닌 언론계 종 사자와 사립학교 교원을 포함한 것은 과잉 적용이라는 것이나.

마땅히 대상에 포함되어야 할 국회의원과 시민단체 관계자가 빠진 것은 잘못된 것이라고 한다. 배우자 금품수수 신고 의무도 문제가 있다고 한다. 나름 다 일리가 있는 말이다. 그러나 헌법재 판소가 합헌결정을 내리게 된 것은 부정부패를 발본색원(拔本塞源) 하는 것이 위 어느 것보다 더 중요하다고 여겼기 때문일 게다. 최 근 고위공직자들의 부정부패 의혹이 크게 대두하면서 국민 정서 가 크게 나빠진 것도 헌법재판소의 결정에 영향을 미쳤을 것이다.

인간이 원래 탐욕스러워 권력을 가지면 부까지 탐하는 것인가? 옛날부터 권력은 백성을 괴롭혀 치부했던 사례가 많았다. 매관매 직과 삼정의 문란을 견디다 못한 민초들은 변란을 일으키기도 했 다. 홍경래의 난, 진주 임술 농민봉기, 동학혁명 등 우리 역사 속에 서도 권력자들의 가렴주구(苛斂誅求)가 발단이 되어 이에 항거하는 백성들의 민란이 여러 번 있었다.

권력자들의 부정부패가 인간이 달나라에 다녀오는 첨단과학시대인 지금도 버젓이 자행되고 있다. 전직 대통령들의 비자금 사건, 국회의원 등 정치가들의 부정부패, 공직자들의 독직 사건, 기업인들의 비자금·탈세 사건, 법인카드 사적 사용 등은 국민의 귀에 익숙하여 이제 새삼스럽지도 않다. 패거리를 지어 내 편이 아니면 헐뜯고 좋은 것은 우리끼리 나누어 갖고 힘든 것은 네가 해야 한다는 식이다.

머리 좋아 고위공직에 오르면 국가와 민족을 위해서 무엇을 하고 어떻게 몸 바쳐 일할 것인가를 생각하기 이전에 어느 줄을 타야 더 높이 출세를 할 것인가를 저울질하고 있는 것 같다. 헌법이 정한 국민의 4대 의무를 잘 이행하는 것이 애국이라 여기고 이를 지키는 사람이 국민 대다수일 것이다. 우리 같은 소시민들은 그저 말없이 군대에 가고 세금 꼬박꼬박 내고 교육을 받고 열심히 일하는 사람이 진정한 애국자라 여겼다.

그런데 요즘 사회는 각종 해괴한 질병으로 군 면제를 받고, 자녀 병역 논란에 진땀을 흘리고, 체납된 세금쯤이야 몰아서 내면 그만이고, 또 위장전입과 부동산 투기는 필수 과목이 되어 버린 사람들도 많은 것 같다. 그것도 고위공직자 인사청문회만 하면 불거지고 있으니 이러한 현상을 어떻게 받아들여야 할까? 적어도 인사청문회 대상이 되는 고위공직자는 청백리 중의 청백리는 아니더라도 최소한 국민의 4대 의무를 성실히 수행한 사람 중에서 선발하는 것이 맞고 특히 국민의 모범이 되는 사람이면 더욱 좋을 것이다.

그러나 현실을 보자. 국가의 부정부패를 방지하는 최고위기관의 우두머리가 부동산 투기와 아들의 병역특혜, 세금회피를 위한 가족회사 설립 등 "부정부패는 이렇게 하는 것이다."라고 사례를 드는 것 같은 의혹을 받고 있다.

부정부패를 단죄하는 기관의 전·현직 고위직 인사 한 사람은 대기업의 뇌물성 주식을 받아 거부되고 또 한 사람은 전관예우의 부당한 수임료를 받아 100여 채가 넘는 집을 가지고 있다고 하니 우리 같은 필부필부(匹夫匹婦)의 벌어진 입은 닫히질 않는다.

2015년 우리나라 부패인식지수(CPI)가 경제협력개발기구(OECD) 34개국 중 27위라고 한국투명성기구가 2016년 1월 27일 밝힌 바 있다.

우리나라가 선진국이 되기 위해서는 어떻게 해서든지 부정부패를 없애야 한다고 세계적 석학들은 충고하고 있다. '김영란법'이 시행된다고 해서 하루아침에 부정부패가 일소되겠는가?

　그러나 분명히 이 법의 시행이 변곡점이 되어 우리나라의 부정부패가 사라지는 시발점이 되는 것만은 확실하다. 이런 면에서 다소 잡음이 있고 경제적 불편이 수반되더라도 대다수 국민은 이를 흔쾌히 감수하리라고 생각한다. 이 법에서 다소 문제가 되는 부문은 시행 후 보완하면 될 것이다. 우리 후손들은 고위공직자의 부정부패 뉴스를 접하고 미간을 찌푸리는 일이 생기지 않았으면 좋겠다.

이 세상에서 가장 큰 죄(罪)는?

ⓒ 진안신문(2016년 2월 22일 월요일 황의성 전북대학교 무역학과 강의전담교수)

며칠 전 저녁 식사 모임 자리에서 선배 한 분이 "이 세상에서 가장 큰 죄(罪)가 무엇인지 아세요?"라고 묻는다. 좌중은 뜨악한 표정으로 잠시 침묵이 흐르더니 제각각 한마디씩 한다. "사람을 죽이는 것" "하느님을 속이는 것" "도둑질하는 것" "남의 것을 빼앗는 것" "거짓말하는 것" "약속을 지키지 않는 것" "남을 속이는 것" "남의 돈을 떼먹는 것" "신의를 저버리는 것" "불효하는 것" "매국하는 것" "싸우는 것" 등등 평소 자기 나름대로 나쁘다고 생각하고 있던 것들을 이야기한다.

다 그럴 듯하다. 인간관계에서 있어서는 안 되는 것들이다. 모두 귀를 쫑긋하고 듣는다. 어느 정도 분위기가 익어갈 무렵 질문한 분은 "이 세상에서 가장 큰 죄는 '시간을 낭비하는 것'"이라고 한다. 의외의 답에 모두 의아해한다.

최근에 어느 목사님 강론을 들었는데 독일의 사회학자 마르크스 베버(Max Weber, 1864~1920)가 1904년과 1905년에 발표한 논문 〈프로테스탄트(청교도) 윤리와 자본주의 정신(The Protestant Ethic and the Spirit of Capitalism)〉에서 주장한 말이라고 한다. 언뜻 생각해 보니 그럴 듯도 하다. 시간의 소중함을 강조하는 말이다. 시간의 소중함은 아무리 강조해도 지나치지 않을 것이다.

위 책은 막스 베버가 논문을 발표할 당시부터 서구 지성계(知性界)의 큰 반향을 일으켰으며 오늘날까지 자본주의 발생과 발전을 연구하는 학자들에게 귀중한 고전이 되고 있다. 그에 따르면, 근대 시민 계급은 종교적인 측면에서 프로테스탄티즘이라는 종교개혁을 수용한 사람들이었다.

프로테스탄티즘은 금전 추구라는 인간의 기본적인 욕망에 윤리적인 통제를 가함으로써 향락·방탕·재산을 낭비하는 일을 절제하고 최선을 다해 일하고 금욕하는 것을 윤리적인 것으로 보았으며, 이렇게 얻은 자산의 양은 그의 신앙의 진실성을 나타낸다고 봤다.

이는 재산 획득을 윤리적으로 정당화하여 결과적으로 자본주의 발전을 돕는 것이다. 이와 같이 신이 내린 '직업'을 최선을 다해 수행하여야 한다는 청교도적 세계관은 '자본주의 정신'을 더욱 강화하는 것이 되었다. 사람은 누구나 최선을 다해 일해야 하는데 시간을 낭비하는 것이야말로 최악의 죄를 짓는 것이라고 보았다.

사람은 언젠가는 죽는다. 이 세상의 모든 유체물(有體物)은 언젠가는 소멸하여 없어진다. 이는 만고불변(萬古不變)의 진리다. 태어난 생명체는 길든 짧든 간에 생(生)을 마치고 왔던 곳으로 되돌아간다. 누구도 어느 것도 예외일 수 없다. 아직 영생(永生)인 생명체는 알려지지 않고 있다. 지금은 90세를 넘어 백 살까지 사는 사람도 있지만 1세기 전만 해도 회갑(回甲)까지 사는 사람이 많지 않아서 환갑이 되면 잔치를 열어 여러 사람이 축하해 줬다.

'인생칠십 고래희(人生七十 古來稀)'라는 말이 있을 정도로 칠십 살까지 사는 것이 드물었다. 육십 살을 살든 백 살을 살든, 살아 숨쉬는 순간순간이 소중한 것이다. 한평생이 긴 것 같아도 순간순간의 연결이다.

일 분은 60초, 한 시간은 3,600초, 하루는 8만 6,400초, 한 해는 3,153만 6,000초, 10년은 3억 1,536만 초다. 이러니 1분 1초가 아깝지 아니한가?

그래서 옛 어른들은 "인생은 일촌광음(一寸光陰)", "초로인생(草露人生)"이라 하여, 짧은 인생과 덧없이 흘러가는 시간을 아쉬워하면서 순간순간 최선을 다하여 살아가도록 경계하지 않았던가?

《죄와 벌》(1866), 《백치》(1868), 《악령》(1871~1872), 《카라마조프의 형제들》(1879~1880)을 쓴 19세기 러시아를 대표하는 세계적인 대문호 표도르 도스토옙스키(Fyodor Mikhailovich Dostoevskii, 1821~1881)는 1849년 페트라셰프스키(Petrashevsky, 1821~1866) 사건이라는 반체제 사건에 연루되어 사형 언도를 받고 총살대에 묶여 사형 집행을 기다리고 있었다.

집행관은 최후 진술을 하라고 5분의 시간을 준다. 5분이 그의 생에서 남은 유일한 시간이다. 사형 집행 직전 이 시간이 길게 느껴지기도 하겠지만 실질적으로는 얼마나 짧은 시간인가? 최후진술을 하고 있는데 사형을 면하고 징역형으로 감형한다는 황제의 특사가 도착한다. 특사가 5분 늦게 도착했다면 그는 형장의 이슬로 사라졌고 《죄와 벌》, 《백치》, 《악령》, 《카라마조프가의 형제들》 등과 같은 불후의 명작은 이 세상에 존재하지 않았을 것이다.

죽음의 문턱까지 갔던 그는 시간의 소중함을 가슴 깊이 새기며 창작 활동에 전념했다고 한다. 전화를 처음 발명한 사람이 미국인 알렉산더 그레이엄 벨(Alexander Graham Bell, 1847~1922)로 알려졌지만 실제로는 이탈리아계 미국인 안토니오 무치(Antonio Meucci, 1808~1889)라고 한다. 그는 발명을 먼저하고도 특허등록이 벨보다 늦어 전화기 발명에 대한 명예와 부를 빼앗겼다. 시간의 소중함을

함께 생각해 봄직한 사건과 말들

다시 한번 더 보여 주는 사례다.

누구에게나 하루 24시간이 주어진다. 누군가는 그 시간을 알뜰 살뜰 활용하여 하루 25시간, 26시간으로 만들어 살고 어떤 이는 하루를 10시간도 안 되게 소모해 버린다.

한국의 '달가스(Enrico Mylius Dalgas, 1828~1894)'라 불리었던 서울대학교 농과대학 전 교수 류달영 박사는 〈젊은 그대〉라는 시에서 "그대 아끼게. 나 청춘을! 이름 없는 들풀로 사라져 버림도, 인생에 광영을 누림도, 젊은 날의 쓰임새에 달렸거늘, 그대 아끼게 나 청춘을……."이라 노래하면서 시간을 소중히 여겨 잘 활용하라고 젊은 학도들을 일깨웠다.

"못자리할 때를 놓치면 일 년 농사를 망치고 젊어 공부할 때를 놓치면 인생을 망친다."는 옛 어른들의 가르침이 지금의 우리에게도 큰 교훈이 되고 있다. 내가 이 세상에서 숨 쉴 날이 그렇게 많지 않다는 것을 깨닫고 살아가는 사람이 얼마나 될까?

'해야 할 일'과 '하지 말아야 할 일'

ⓒ 진안신문(2014년 5월 7일 수요일 황의영 전북대학교 무역학과 강의전담교수)

세월호가 침몰한 지 보름이 지났다. 아직도 온 국민이 슬픔의 도가니에 빠져 헤어 나오지 못하고 있다. 흘린 눈물이 강(江)을 이루고 뱉어낸 한숨이 태풍(颱風)을 일으키고도 남을 것이다. 합동분향소마다 참배객이 꼬리에 꼬리를 문다.

왜 이토록 국민이 비통(悲痛)해하고 허탈(虛脫)해하며 분노(憤怒)할까? 희생자의 대부분이 어린 학생들이어서? 일어나서는 안 될 일이 일어나서? 조금만 더 잘 했더라면 이렇게 큰 희생을 치르지 않았을 거라는 후회 때문에? 국가나 공직자가 해야 할 일을 안 해서? 역할을 맡은 사람들이 제 할 일을 안 해서?

지금 국민의 아픈 마음이 어찌 한 가지 이유에서만 연유됐다고 할 수 있겠는가? 이 모든 원인이 중첩적으로 작용했기 때문일 것이다.

함께 생각해 봄직한 사건과 말들

이번 세월호 사건을 보면서 '해야 할 일'과 '하지 말아야 할 일'에 대하여 생각해 봤다. '해야 할 일'을 다 했더라면 이번 사고는 발생하지 않았을 것이고 수많은 꽃다운 청춘을 차디찬 바닷물 속에 수장(水葬)시키지 않았을 것이다. '하지 말아야 할 일'을 하지 않았더라면 이렇게 비통해하거나 분노하지도 않았을 것이다.

먼저, 국가가 선박회사를 제대로 관리 감독했어야 했다. 선박회사는 일본에서 수명(壽命)이 다된 노후한 선박을 들여와서 영업을 했다. 하늘을 찌르는 인간의 욕심은 돈을 더 벌기 위해 두 개 층을 증축하여 정원을 늘렸다. 이는 마치 내용연수(耐用年數)가 다 된 아파트에 층수를 늘려 사람을 더 들인 것과 같다.

자동차를 정기검사하듯 여객선도 정기검사를 할 것이다. 이 검사를 제대로 했을까? 해운회사가 법률을 제대로 지켜서 운항하는가? 정기적으로 정비는 하고 있는가? 선원들은 유자격자(有資格者)이고 교육은 주기적으로 받고 있는가? 재난 시 승객의 생명을 담보할 구명동의(救命胴衣)와 구명정(救命艇) 등 안전장구는 충분히 갖추어져 있고 제대로 작동되는가? 유사시 승객을 안전하게 대피할 매뉴얼은 구비되어 있는가? 화물과 승객을 정량과 정원을 초과하여 싣거나 탑승시키지는 않는가? 출항 시 승객에 대한 비상시 안전교육은 실시하는가? 등 관리 감독을 해야 할 일들이 수도 없이 많은데 이를 제대로 이행했을까?

    지금까지 알려진 바에 의하면, 세월호가 인천항을 출발해서 사고 해역인 진도 병풍도 앞바다까지 기본과 원칙에 의해서 운항되지 않았다는 것이다. 당일 인천지역에 안개가 끼었는데 무리하게 출항했다고 한다. 이때 출항을 포기했더라면 이러한 비극은 잉태되지 않았을 것이다. 운항을 시작하면서 승객에 대한 안전 교육을 실시하지 않았다.

    구명조끼를 둔 장소도 잘 모르고 그 숫자도 부족했다. 지연출항으로 소비된 시간을 회복하기 위하여 정해진 항로를 이탈 맹골수로로 접어들었다고 한다. 조타실에는 수습 경력 일 년밖에 안 된 항해사가 키를 잡았다. 배 안의 화물을 고정시키지 않아서 급회전 시 화물이 한쪽으로 쏠려 배가 넘어졌다고 한다. 많은 짐을 싣기 위해서 평형수(平衡水)를 부족하게 실었을 수도 있다고 한다.

    또, 사고 후 대처 과정에서 있을 수 없는 일들이 벌어졌다. 배가 침몰하고 있는데도 선내 방송에서는 움직이지 말고 배 안에서 있으라는 방송밖에 없었다. 승객을 대피시켜야 할 승무원들이 가장 먼저 탈출했다. 그것도 선장은 내의만 입고서 말이다. 배 안의 구명정은 작동되지 않았다. 현장에 도착한 해경은 구조에 미온적이었다고 한다. 선내에 진입하지 못하고 밖에서만 구조했다. 신고 접수를 받으면서 우선적으로 조치해야 할 일을 서로 미루고, 촌각을 다투어야 할 헬기에 고위공직자가 타기 위해 출동 시간이 지연됐다고 한다.

다음으로, 구조 과정에서의 문제점이다. 사고 현황도 제대로 파악하지 못하고 발표 내용을 번복하며 허둥대는 정부, 현장을 알고 지휘할 지휘부 없이 우왕좌왕하며 시간을 허비한 구조 활동, 실종자 가족은 식음을 전폐하고 비통해하는데 현장에서 기념사진을 찍는 고위관료, 컵라면을 먹는 장관, 자동차 속에 갇힌 국무총리 등등 정부와 지휘부는 유가족이나 실종자 가족들을 넘어 온 국민을 분노케 했다. 대통령의 사과는 시기를 잃었고 진심성이 없다고 하여 여론에 오르내리고 있다.

위의 여러 가지 사안 중에는 '해야 할 일'들과 '하지 말았어야 할 일'이 있다. 우리는 우리나라가 경제대국이라고 얘기한다. 경제대국에서 어떻게 이런 일이 일어날까? 이런 일이 일어난 우리나라를 외국인들은 결코 경제대국, 선진국이라 하지 않을 것이다. 우리는 과거를 쉽게 잃어버리는 것은 아닌가? 서해 페리호 사건, 삼풍백화점 붕괴 사건, 성수대교 붕괴 사건, 태안 기름유출 사건 등 세계토픽에 나옴직한 큼지막한 사건이 일어나 수많은 생명을 잃고 경제적 대가를 톡톡히 치렀다. 그런데도 아직 똑같은 사고가 반복되고 있으니 참으로 안타깝다. 앞으로는 누구라도 '해야 할 일'은 반드시 하고 '하지 말아야 할 일'은 결코 안 해야겠다. 하루속히 사고공화국(事故共和國)이라는 오명을 씻고 진정한 선진국이 됐으면 좋겠다.

거짓, 거짓말, 거짓말쟁이

ⓒ 전북도민일보(2016년 11월 16일 수요일 침희정 경세의박사)

어릴 때 부모님으로부터 맨 처음 가르침을 받은 것이 "거짓말을 하지 마라." "정직하라."는 말이다. "성실하라." "노력하라." "인내하라." 등 여러 가지 가르침을 받았지만 "거짓말을 하지 마라."라는 말이 맨 처음이었던 것으로 기억된다.

나만이 아니라 많은 사람이 부모님에게서 가장 먼저 듣고 가장 가슴 깊이 새긴 말이 "거짓말하지 마라." "정직하라."는 말일 것이다.

거짓말은 사람이 살아가는 데 불편하게 하고 불이익을 가져오게 하기 때문일 것이다. 거짓말은 대인 관계를 형성하는 데 가장 큰 걸림돌이 된다. 진실하지 않으면 어느 누구도 상대 자체를 하지 않으려고 할 것이기 때문이다. 사전에는 '거짓'이란 사실과 다

른 것, 사실이 아닌 것을 사실같이 꾸민 것, 허위(虛僞)라고 표기해
놓았다. '거짓말'은 ①사실과 다르게 꾸며서 하는 말, 가언(假言),
망어(妄語), 허언(虛言) ②전과 판이함이라고 표기했다. '거짓말쟁
이'는 거짓말을 잘하는 사람이라고 설명해 놓았다.

　거짓말을 안 해 본 사람이 어디 있을까? 살아오면서 크고 작은
거짓말 중에서 한 번도 안 해 본 사람은 아마 한 사람도 없을 것이
다. 거짓말은 선의(善意)의 거짓말(?)과 악의(惡意)의 거짓말로 나눌
수 있을 것이다.
　어릴 때, 할머니에게서 들은 "주었다 도로 빼앗아 가면 이마에
솔(松) 난다."라든지 "섣달 그믐날 밤에 잠을 자면 눈썹이 희어진
다."라는 말 등은 거짓말임이 틀림없지만 손자를 훈육(訓育)하기
위한 선의의 거짓말이었을 게다.
　맛있는 것을 먹을 때, 어머니는 드시지 않으시면서 자식들 먹으
라고 하실 때 "어머니도 같이 드세요."라고 하면 "나는 고기를 싫
어해."라든지 "나는 배가 불러서 더 먹을 수가 없다."고 하신 말씀
들은 좋은 음식을 조금이라도 더 많이 자식 입에 넣으려고 하신
어머니의 자식 사랑에서 나온 거짓말이었을 것이다.
　어릴 때 부모님이 공부하라고 하거나 심부름을 시킬 때면 "배
가 아파서 못 하겠어요." "숙제가 많아서 못 하겠어요."라고 나도

거짓말을 한 적이 있다.

초등학교 시절 교실에서 돈이나 학용품을 잃어버린 학생이 있으면 선생님은 학생들을 눈을 감게 한 다음 "나는 다 알고 있으니 가져간 사람은 조용히 손들면 용서해 준다."고 하셨다. 이 또한 선생님의 선의의 서짓말일 것이나.

직장에서 직원들의 적극적인 업무 추진을 독려하기 위하여 "경제 여건이 안 좋아 우리 회사의 경영 실적이 매우 어렵다."라고 얘기하고 독려했는데 결산일이 지나고 보면 평년보다도 더 많은 흑자를 달성했을 때 이를 선의의 거짓말이라고 할 수 있을까?

거짓말하면 가장 먼저 떠오르는 얘기가 '양치기 소년과 늑대'라는 이솝우화일 게다. 사람들은 처음에는 거짓말이라도 믿고 도움을 주고 따른다. 그러나 두 번째는 그 말의 진의를 반신반의한다. 세 번째는 믿지 않는다. 실제로 어려움이 닥쳤는데도 누구 하나 돕지 않아 결국에는 거짓말을 한 사람이 곤궁에 빠지게 된다.

사람이 사람을 사귈 때 진실을 얘기하고 진솔함을 보일 때 서로 신뢰가 쌓여서 절친한 우정을 갖게 되는 것이다. 정치가들의 공약(公約)이 공약(空約)이 될 때 거짓말을 한 것이 된다.

사이비 종교가들이 혹세무민(惑世誣民)하는 것도 거짓말이다. 잉카 제국을 침략한 스페인군의 지휘관 프란시스코 피사로는 1544년 아타우알파 잉카 왕을 포로로 잡고 잉카인들에게 "방 안에 가득 황금을 채우면 왕을 풀어 주겠다."고 해놓고 황금이 방 안에 가득 차게 되자 왕을 죽여 버린다. 피사로는 거짓말로 한 방 가득한 황금과 잉카제국을 얻게 된다. 그러나 그는 종국에 비참한 최후를 맞는다.

최근 우리나라의 최고 지도자인 대통령이 비선 실세들에 의해 국정을 농단 당했는데도 진솔한 사과가 아니고 거짓말로 일관한다고 하여 국민이 크게 분노하고 있지 않은가? 이메일 사건에 거짓말을 이어 가던 힐러리 클린턴은 당선이 거의 확실시되던 제45대 미국 대통령 선거에서 패배했다. 거짓말, 거짓말쟁이의 말은 누구도 믿지 않는다. 진실이 아닌 거짓은 통하지 않기 때문이다.

선한 거짓말은 훈육을 위해 필요할지 모르겠지만 어떠한 경우든 악의적 거짓말은 반드시 대가를 치르게 된다. 대인 관계는 물론 상거래에서도 거짓말은 파국으로 가는 지름길이다. 국민과 지도자와의 관계에서도 믿음이 사라지면 권위가 소멸하는 것이다. 그래서 옛 말씀에 "민심(民心)은 천심(天心)"이라는 말이 있지 않던가? 민심을 얻어야 천하를 도모할 수 있다고 했다. '거짓말을 하는 사람은 어떤 사람이라고 하더라도 사람들은 등을 돌린다.'라고 하는 평범한 진리를 더욱 가슴 깊이 새길 때가 아닌가 하는 생각을 해 본다.

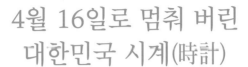

4월 16일로 멈춰 버린
대한민국 시계(時計)

ⓒ 전북도민일보(2014년 5월 7일 수요일 황의영 전북대학교 무역학과 강의전담교수)

2013년 봄, 일본 히로시마에 있는 '평화기념공원'에 갔다. 자료관에 전시된 '부서진 시계'가 8시 15분에 멈춰 있었다. 1945년 8월 6일 8시 15분에 히로시마 상공에 원자폭탄이 터지면서 멈춰 버린 시계다. 이 공원 안은 온통 원폭이 투하되어 폭발한 그 시간에서 멈춰 버린 듯 암울하기만 했다.

"사고를 예방하지 못하고 초동대응과 수습이 미흡했던 데 대해 뭐라 사죄드려야 그 아픔과 고통을 잠시라도 위로받으실지 모르겠다. 이번 사고로 많은 고귀한 생명을 잃었는데 국민 여러분께 죄송스럽고 마음이 무겁다."고 2014년 4월 29일 국무회의에서 박근혜 대통령이 세월호 참사에 대해 공식 사과했다. 사고 다음 날인 4월

1945.8.6. 원자폭탄이 투하되어 뼈대만 남은 일본 히로시마 평화공원 내의 원폭돔 앞에서 필자

17일에 이어 5월 4일에도 대통령이 사고 현장을 찾아 사고자 가족을 위로하고 구조 활동에 최선을 디할 것을 당부했다.

경기 안산 단원고 2학년 학생 325명 등 승객과 승무원 476명을 태우고 인천에서 제주도로 가던 여객선 세월호가 4월 16일 전남 진도 앞바다에서 침몰했다. 세월호는 오전 8시 52분 기울어시기 시작하여 10시 21분에 완전히 뒤집힌 채 선미만 남기고 물속에 가라앉았다. 5월 7일 오전 6시 현재 세월호 인명 피해 현황은 174명을 구조하고 사망 268명, 실종 34명이다. 아직도 사고 현장에서는 잠수사들이 침몰한 세월호 선내에 들어가 실종자 수색을 계속하고 있다.

사고 당시 현장 중계를 시작한 방송사들은 경쟁이라도 하듯 생방송을 계속했다. 도하 신문에서도 스무날 이상 특집으로 다루고 있다. 현장의 슬픈 소식이 여과(濾過) 없이 국민에게 지속적으로 전달됐다. 국민의 눈물샘은 마른 지 오래고 우울증을 호소하는 사람들이 많아졌다. 국민은 이번 사고로 유명을 달리한 사람들을 생각하며 슬퍼하고, '구조활동을 더 잘했더라면 희생을 줄일 수도 있었을 턴데……' 하며 애석해하고 있다. 해야 할 일을 하지 않은 사람에 대해서 분노하고 있다.

국민은 지금 우울하다. 무기력해졌다. 의욕이 없어졌다. 누구를 원망하고 미워해야 할지 초점도 잃었다. 그저 이런 사고를 나게 한 사람들과 사고가 나도록 관리 감독을 소홀히 한 관계당국에 대한 원망이 하늘을 찌른다. 보라! 합동분향소에 꼬리에 꼬리를 문 조문객의 행렬을……. 이들에게 누가 강제한 것도 아닌데 분향소에서 들러 "부디, 어른들의 잘못을 용서해 다오. 사고 없는 그곳에서 편히 잘 쉬려무나!" 이야기한다. 피지도 못하고 시들어 버린 어린 학생들의 영령 앞에 사죄라도 해야 마음이 편할 것 같아서 제 발로 걸어온 사람들이다. 살아 숨 쉬는 것이 미안하고 죄송할 정도가 됐다.

분위기가 이러니, 돈 쓸 의욕도 없고 돈을 쓴다는 것이 죄스러워 국민이 지갑을 닫아 버렸다. 백화점은 물론 재래시장, 음식점, 택시, 대리운전기사도 손님이 뚝 끊겼다고 울상이다. 마치 시장 경제가 멈춰 버린 듯하다.

4월 하순은 체육주간이다. 평상시 같았으면, 기업체마다 관공서마다 지역마다 산과 들, 운동장으로 나가 체육 행사를 실시했을 것이다. 그러면서 행사비를 집행하여 경제를 돌아가게 했을 것이다. 5월 1일은 근로자의 날이다. 직장마다 크고 작은 기념 행사가 열리면서 소비 활동을 했을 것이다.

5월 5일은 어린이날이다. 조용히 행사를 치르고 있다. 5월 7일 석가탄신일, 5월 8일 어버이날, 5월 15일 스승의 날이다. 각종 공연이나 행사를 취소하거나 가족, 소규모 단위로 조촐하게 지내고 있다. 직장인들은 일과 후 동료들과 술 한 잔 나누며 스트레스를 풀고 활기찬 내일의 업무를 대비한다. 그러나 지금 이러한 분위기에서는 그런 자리를 만드는 것 자체가 죄를 짓는 것 같아서 퇴근하여 바로 집으로 간다. 마치 대한민국 시계가 4월 16일에 멈춰선 것 같다.

이렇다 보니 경제가 폭삭 주저앉아 버렸다. 학생들의 수학여행이 전면 금지되고 일반인들도 여행을 자제하는 분위기여서 여행업계가 개점휴업 상태다. 수산업계도 기름 유출과 구조 활동에 전념하면서 어려워졌다. 신용카드 사용액도 급감하고 있다. 카드업계에 따르면 외식업, 유흥, 미용, 레저용품의 거래에서 10% 이상 감소세를 보이고 있다고 한다. 경제는 돌아가야 한다. 희생자를 마음속 깊이 추모하며 다시는 이런 일이 재발하지 않도록 제도를 마련하고 교육하며 실천해야 할 것이다.

우리 모두 하루속히 일상으로 돌아와 자기 자리에서 다시 일감을 손에 잡아야 한다. 폭삭 주저앉은 경제를 다시 일으켜 세워야 한다. 이번 세월호 사고로 유명을 달리한 그들도 국민이 우울증에 빠져 무기력해지는 것을 원하지 않을 것이다. 지도자들은 국민의 상처 난 마음을 달래고 아울러 조속히 일상으로 돌아올 수 있도록 진력해야 한다. 4월 16일로 멈춰 버린 대한민국 시계를 조속히 다시 돌아갈 수 있도록 하자.

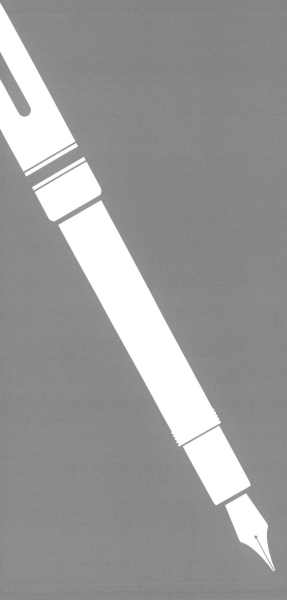

제6장

일상생활
더 알차게 할 수 있다면

행정행위는 신중에 신중을 기하여
결정해야 한다

ⓒ 전북도민일보(2017년 9월 19일 월요일 황의영 경제학박사)

"당신, 돈 들어가게 생겼어요. 세금을 어떻게 냈기에 부족하다고 가산세가 붙어서 통지서가 나왔어요."

"세금은 무슨 세금요? 세금이라는 세금은 모두 챙겨서 다 냈는데 무슨 세금을 안 냈다는 거예요?"

"이것 보세요. 세무서에서 통지가 왔는데 무슨 소리 하고 있는 거예요!"

외출했다가 현관에 들어서는데 아내가 질책이라도 하듯 서류를 내밀면서 말한다. '2015년 귀속 종합소득세' 산정 시 2,000만 원이 넘는 소득 금액이 누락됐으니 가산세 포함하여 130여만 원을 더 내라는 과세예고 통지를 하니 권리구제 절차를 밟으라는 것이다. 기분이 썩 좋지 않다. 소태나무 씹은 듯 입안이 쓰다.

2015년 귀속 종합소득세 신고 시 세무회계법인에 의뢰하여 신고했는데 도대체 무엇이 어떻게 잘못돼서 100만 원이 넘는 생돈을 물어내야 한단 말인가? 참으로 난감했다.

　　'과세예고 통지서'를 세밀히 검토했다. 2015년은 퇴직을 한 상태였기에 국민연금, 금융기관 개인연금과 여기저기 강의료, 수당, 원고료, 회의 참석수당 등 다양한 곳으로부터 찔끔찔끔 조금씩 수입이 있었다. 당시 세무 신고했던 서류를 가지고 기관별로 신고된 소득 내역을 살폈다. 대학의 강의료가 수령액보다 적게 신고됐다고 해서 월별로 실제 수령한 금액을 확인했더니 누락됐다고 하는 금액의 절반도 안 된다. 적어도 세무서에서 누락됐다고 하는 금액과 내가 실제로 수령한 금액의 차액만큼은 세금을 덜 낼 수 있을 것 같아서 세무서에 나가 확인하기로 했다.

　　'과세예고 통지서'를 보낸 세무서 담당자에게 전화했다. "'과세예고 통지서'를 받은 사람인데 내용이 상이하다."고 했더니 "수입금액이 누락돼서 '과세예고 통지서'를 보냈으니 그리 알라."고 하며 '고지서를 보냈으면 내면 됐지 뭔 전화냐?'라고 하는 것 같다. 뜨악해하면서 "올 테면 오라."고 퉁명스럽게 대답한다. 시간을 약속하고 세무서에 가는 도중에 담당자로부터 전화가 왔다.

　　"전화를 받고 당시 신고서류를 면밀히 검토해 보니 학교에서 신고한 수입 금액에 다른 기관에서의 수입도 함께 포함돼 있었다.

이중으로 계산된 것을 확인했으니 애초 맞게 신고했다. 안 오셔도 되겠다.”고 한다.

"그러면 과세 예고 통지된 내용을 내가 없었던 것으로 알고 거기에 대응을 안 해도 되겠느냐?"고 물었더니 "그러셔도 좋다."고 한다. 한편으론 주가로 세금을 내지 않아도 된다는 안도감이 들었지만 다른 한편으론 행정이 이렇게 '아니면 말고' 식으로 막 해도 되는가? 부아가 솟구친다.

담당자는 크게 미안해하지도 않는 것 같다. 참으로 한심한 행정이 아닐 수 없다. 내가 의구심을 가지고 대응했으니까 바로잡아졌지, 잘 모르는 사람 같았으면 그냥 당하지 않았겠는가? '행정에서 했으니 어련히 잘했을까'라고 생각했다면 억울하게 세금을 이중으로 더 냈을 것이다. 일반 상거래에서와 달리 행정행위는 상대에게 미치는 영향이 다대(多大)하다. 인허가를 담당하는 행정기관이 명확한 사실관계나 관계 법률을 자세히 확인하지 못해서 잘못된 결정을 내린다면 당사자에게는 엄청난 피해를 주게 된다.

만약, 형사 사건을 다루는 경찰이나 검찰에서 명확한 사실관계에 의한 일 처리를 하지 않는다면 억울한 옥살이를 하는 사람이 생겨날 수도 있을 것이다. 옥살이로 끝나면 그나마 다행이지만 살인사건에 연루돼 사형선고를 받고 집행된다면 애매한 사람의 목숨까지도 빼앗을 수 있다. 이렇게 중요한 행정행위를 결정하고 시행하는 사람들은 남다른 사명감을 가지고 일해야 한다.

"일이 많아서, 시간이 없어서, 잘 몰라서 대충대충 했다."고 하는 말은 행정행위를 집행하는 공무원에게는 변명이 될 수 없다. 한 가지 일을 하더라도 세밀하게 조사하고 검토해서 신중하게 결정해야 한다. 그렇게 하라고 공무원에게는 공직자로서의 사명이 부여된 것이다. 공무원은 국민을 위해서 일하는 것이고 그걸 전제로 공무원에게 막강한 국가의 업무를 국가를 대신해서 집행하라는 권한을 준 것이다.

요새는 도정(搗精) 기술이 발달해서 쌀에 뉘가 거의 없다. 행정기관에도 사명감이 부족한 공무원은 거의 없으리라고 본다. 혹 국가가 쓸 곳은 많고 세원이 부족해 세수를 확보하기 위해 혈안이 돼서 이중으로 세금을 부과하지는 않을 것이다. 그렇다고 하더라도 국민의 재산과 직결되는 조세 문제는 민심과 밀접한 관계가 있다. 더욱 신중하고 세심한 업무 처리가 필요하다.

미국 독립운동·프랑스혁명·동학혁명 등 과거 역사를 들먹이지 않더라도 작은 행정행위들이 정권을 바뀌게 하는 나비효과를 일으키게 한다는 것을 행정행위를 집행하는 사람들은 명심해야 한다. 국가는 국민을 위해 있고 국가기관에서 일히는 사람들은 국민을 위해서 일하는 사람이라는 것을 한시라도 잊지 말기를 바란다.

지하철에서 발등을 밟혔는데도
기분은 상쾌하다

ⓒ 진안신문(2014년 4월 17일 월요일 황의영 전북대학교 무역학과 강의전담교수)

오후 3시경 서울지하철 열차 안은 비교적 한가하다. 내가 탄 칸에는 서 있는 사람이 몇 사람뿐이다. 목적지에 도착하여 내리려고 출입문 앞에 가서 섰다. 중학생쯤 되어 보이는 남학생과 그 학생의 어머니인 듯싶은 분이 내리려고 내 앞에 서 있다.

열차가 정차하면서 덜컹하는 순간 앞에 있는 학생이 옆으로 휘청하면서 뒷걸음질로 내 발을 밟았다. 발을 밟히는 순간 기분이 언짢았는데 학생이 바로 뒤를 돌아보며 머리를 숙이며 "죄송합니다. 미안합니다."라고 사과하면서 몸 둘 바를 몰라 한다.

"괜찮아요. 모르고 밟았는데요, 뭐."라고 답하면서 학생이 무안해하지 않게 달랬다. 학생이 인사하며 정중히 사과하는 순간 찌르르 감전(感電)이라도 된 듯 뿌듯한 감정의 전율(戰慄)이 섬광(閃光)

336
·
337

처럼 인다. 정월 대보름 달집 사를 때 불꽃이 맹렬하게 피어오르듯 행복감이 가슴속 깊은 곳에서 머리끝으로 확 치솟아 오른다. 기분 좋다. 행복하다.

바깥나들이를 할 때면 지하철이나 버스 등 대중교통수단을 주로 이용한다. 그동안 대중교통을 이용하면서 여러 가지로 불쾌한 장면을 목격하였거나 불편을 당하는 경우가 있었지만, 이번처럼 행위자로부터 즉각적인 사과를 받아 본 적이 없었다. 그래서 학생의 사과는 나에게 신선했고 충격으로 다가왔으며 행복의 전율까지도 일게 했다. 발등을 밟혔는데도 기분은 상쾌했다.

내 발을 밟고 바로 사과(謝過)한 학생은 부모로부터 교육을 잘 받은 모범생인 것 같다. 학교에서도 예의와 도덕 교육을 제대로 받은 품행이 방정(方正)한 학생인 것 같아서 학생의 얼굴이 더 예쁘고 믿음직스럽고 더욱 의젓해 보였다. 지하철에서 내려 집으로 와 잠들기 전까지 내내 스펀지에 물이 스며들듯 온몸에 행복이 가득 스며들었다. 행복했다.

요즘 대중교통을 이용하다 보면 눈에 거슬리는 모습을 보는 경우가 많이 있다. 지하철을 이용하면서 눈에 비친 광경을 사진을 찍듯이 옮겨 보기로 한다. 대체로 수도권의 지하철이나 전철 좌석은 차창을 등지고 앉도록 돼 있는데 좌우 쪽에 3인석 노약자석과 7인석이 세 줄 있고 다시 3인 노약자석이 있다. 한가한 시간대(時間帶)도 있지만 대부분 좌석은 꽉 차서 운행된다.

지하철을 이용하면 교통체증이 없어서 약속 시각에 늦시 않고 도착할 수 있어서 좋다. 지하철은 1863년 영국에서 처음으로 개통 운행되기 시작한 이후 유럽, 미국, 남미, 아시아 지역으로 퍼지며 건설 운행됐다. 우리나라에서 지하철이 처음 운행된 것은 1974년 8월 15일(1971년 4월 12일 착공)이다. 서울지하철 제1호선 서울역과 청량리역 구간(9개 역, 7.8㎞)이다. 이후 지하철 건설을 확대하여 현재는 서울에 아홉 개 노선, 부산 대구 등 지방 도시에도 개통 운행되고 있다. 이제 지하철은 서민들과는 떼려야 뗄 수 없는 중요한 교통수단이 됐다.

요즘 지하철 좌석에 앉은 사람들은 대부분 스마트폰을 들여다보며 카톡, 문자, 게임, 자료 검색, TV 시청, 음악 감상 등에 몰입해 있다. 많은 수의 남자들이 다리를 쩍 벌리고 앉아서 옆 좌석까지 침범하여 옆 사람을 불편하게 한다. 젊은 남녀 등 다수가 다리를 꼬고 앉아서 앞에 선 사람이나 지나가는 사람에게 불편을 준다.

개중에는 기지개를 켜듯 양 다리를 쭉 뻗고 앉아 있는 사람도 있다. 큰 소리로 전화를 하는 사람도 있고 친구인 듯한 사람들이 노약자석에서 큰 소리로 떠들기도 한다. 내일의 주인공을 맞이하는 임산부 배려석인 '핑크 카펫(pink carpet)'에도 임산부 아닌 사람들이 자리를 차지하고 있기 일쑤다.

　승객이 많아 비좁은 차 안에서 두꺼운 배낭을 메고 뒷사람의 가슴을 압박하기도 한다. 등산용 배낭을 멘 사람이 스틱을 배낭에 거꾸로 꽂아 뾰족한 부분이 뒷사람의 얼굴을 찌를 것 같은 위험한 상황을 연출하기도 한다.

　때로는 물건을 파는 잡상인들의 호객 행위가 귀에 거슬린다. 어려운 처지에 놓인 분들이 어려움을 호소하며 도움을 청하기도 한다. 지하철 차내는 우리네 서민들의 삶의 현장이기도 하고 우리 내면(內面) 한구석에 자리 잡고 있는 이기심을 드러내는 민낯을 비춰 주는 거울이기도 하다. 과민한 탓인지는 모르지만 다른 사람을 배려하는 모습이 잘 보이지 않는다. '나만 즐겁고 편하면 된다.'는 모습이다.

　우리나라는 '동방예의지국(東方禮儀之國)'이라고 칭찬을 받던 나라다. 그러나 요즘 수도권 지하철이나 전철 안에서는 예의를 지키지 않는 모습을 많이 볼 수 있다.

　특히 젊은 사람들의 비례(非禮)가 두드러진다. 나이 든 사람들은 이런 모습을 보며 마냥 그들만을 나무랄 수도 없다. 어른들이 솔선수범하는 모습을 보이지 못하고 있다. 뿐만 아니라 가정에서든 학교에서든 예절과 도덕, 에티켓에 대해서 잘 가르치지 못한 책임도 있기 때문이다.

국민소득만 높다고 해서 선신국이 될 수는 없나. 예절 바르고 도덕을 잘 지키며 다른 사람을 배려하는 사회 분위기가 조성돼야 비로소 선진국이 되는 것이다. 남의 잘못을 책(責)하기 전에 자기 자신이 남에게 폐(弊)를 끼치지 않도록 노력하여야 한다. 가정이든 학교든 예절과 도덕, 남을 배려하며 더불어 살아가는 삶을 살 수 있도록 더 잘 가르쳤으면 한다. 언제까지 이렇게 눈살을 찌푸리며 살아갈 것인가? 우리도 언젠가는 선진국이 돼야 하지 않겠는가?

산민(山民) 한승헌(韓勝憲) 변호사
출판기념회에 다녀오다

ⓒ 진안신문(2013년 11월 25일 월요일 전북대학교 무역학과 강의전담교수)

　2013년 11월 14일(목요일) 오후 6시 30분 서울특별시청 신청사 8층 다목적홀에서 산민 한승헌 변호사의 법조 55년 기념선집 출판기념회가 열렸다. 출판기념회에는 재경진안군민회, 재경전라북도도민회 회원뿐만 아니라 재전진안군민회 회원들도 많이 참석했다. 그리고 진안에서도 군수와 면장, 주민자치위원장 등 다수가 참석했다.

　뿐만 아니라 우리나라를 이끌어 가는 정계, 법조계, 학계, 문학계 등의 기라성(綺羅星)같은 훌륭한 분들이 대거 참석했다. 입추(立錐)의 여지(餘地)없이 가득 메운 축하객의 환호(歡呼)와 갈채(喝采) 속에 기념식이 진행되었다. 국민의례에 이어 간행위원장 신인령

전 이화여자대학교 총장의 인사, '피고인이 된 변호사' '권력과 필화' '한국의 법치주의를 검증한다.' '한일현대사 — 평화와 민주주의를 생각한다(日韓の現代史と 平和民主主義に思う).' 등 기념선집 헌정과 한 변호사에 관한 슬라이더 상영, 이만열 전 국사편찬위원장과 박원순 서울특별시장의 죽사가 있었다.

일본어판 발행인 구시자키 히로시 일본평론사 사장의 발행인 소감, 김삼웅 전 독립기념관장의 서평이 이어졌다. 영혼을 실어 노래하는 가수 장사익의 신명 나는 축가가 이어지고 마지막으로 저자 한승헌 변호사의 답사로 진행됐다.

출판기념회에 참석하는 동안 나는 큰 감동으로 가슴 벅차고 뿌듯했으며 행복했다. 이렇게 훌륭하신 분과 고향을 같이하고 있다는 것이 참으로 자랑스러웠다.

가끔 모임에서 나를 소개할 기회가 있으면, "저는 용담댐과 마이산이 있는 산자수명(山紫水明)한 진안이 고향입니다. 그리고 감사원장을 역임하신 한승헌 변호사님과 고향이 같습니다."라고 어김없이 소개하곤 했다. 나는 한 변호사님을 항상 고향의 큰 어른으로 흠모(欽慕)하고 존경(尊敬)해 왔다. 그러나 이번 출판기념회에 참석하고 난 후, 더욱 존경하는 마음이 더 강해졌다.

한승헌 변호사님을 단순히 변호사로서 '국민의 정부' 시절 감사원장을 지내신 분으로만 알고 있는 사람이 많다. 그러나 그는 민주주의 회복을 위해 온몸을 던져 활동한 운동가이며 40여 권의 저서를 집필한 문인(文人)이다. 시인이며 수필가이고 평론가이기도 하다.

또한 한때 출판사를 운영했던 출판인이기도 하다. 통일의 주춧돌을 마련하기 위해 북한에 세 번이나 다녀온 통일 운동가이기도 하다. 그의 이름 석 자 앞에 어떠한 미사여구(美辭麗句)를 갖다 붙인다 해도 어색하거나 지나침이 없을 것이다.

그는 재조(在朝)와 재야(在野)를 넘나들면서 오로지 우리 민족의 발전만을 위해 헌신해 오고 있는 "이 시대 우리 민족의 큰 스승이시다."라는 말에 누가 이의를 제기할 수 있겠는가? 이런 훌륭한 분을 배출한 우리 고향, 진안(鎭安)이 한없이 자랑스럽다.

한 변호사님은 1934년 가난하지만 학문을 숭상(崇尙)하는 청빈(淸貧)한 농가의 아들로 태어났다. 그의 유소년시절(幼少年時節)은 세계대공황(世界大恐慌)과 일제강점기(日帝强占期) 후반(後半), 일제(日帝)의 야욕(野慾)이 태평양전쟁(太平洋戰爭)을 일으켜 제2차 세계대전이 벌어졌던 전쟁기(戰爭期)였기에 사람이 살아가기에 매우 힘들었던 시절이었다.

농업 생산이 주(主)였던 그 시절, 쌀·보리·콩 등 주요 농산물의 생산물은 공출(供出)로 일제가 다 빼앗아 가고 콩깻묵 등으로 연명(延命)했다. 그래서 많은 사람이 먹고살기 위해서 고향을 등지고 북쪽의 함경도, 만주, 연해주, 북해도, 사할린으로 떠나갔다.

그 시절 어린이들은 잘 먹지 못해 영양실조로 많이 죽었나. 상황이 이러하다 보니 "자식을 반타작하면 잘했다."라는 말까지 생겨나게 됐다. 생각하기도 싫은 참으로 암울한 시기였다.

이런 어려운 시기에 소년 한승헌은 실망하지 않고 스스로 주어진 환경을 개척하면서 자기를 성장시켰다. 아마도 그때, 이 시대의 큰 어른이 되기 위한 기반이 다져졌음이 분명하다.

강한 쇠(鐵)가 되기 위해서는 수천 번 수만 번의 담금질이 필요하듯, 한 변호사님도 이런 어려움을 넘었기에 지금의 훌륭한 인물이 되었음이 틀림없다. 그의 호(號) 산민(山民)은 산골 사람, 즉 촌사람이라는 뜻이라고 한다.

그는 어려운 가정환경을 탓하지 않고 이를 받아들이면서 개척해 나갔다. 대학 재학 중 고등고시에 합격하여 군법무관과 검사를 거쳐 변호사로 활동하면서 그의 진가가 발휘되었다. 불의(不義)와 타협할 줄 모르는 그의 대쪽같은 선비 정신은 젊은 시절 그를 모래바람이 부는 거친 광야(廣野)로 내몰았다. 이 세상 그늘진 곳에는 항상 그가 있었다.

어렵고 힘든 사람들의 편이 되어 법정에 섰다. 독재자에 항거하는 사람들의 변호를 도맡아 하다가 미움을 사, 정보기관에 끌려가 고문을 당하는 등 많은 고초를 겪었고 감옥에 몇 번 다녀오기도 했다. 그와 함께한 자리에는 항상 웃음꽃이 활짝 핀다. 그의 해학과 유머는 좌중의 모든 사람에게 개그맨보다도 더 많은 웃음을 선물한다.

그는 1998년 김대중 정부가 출발하자 감사원장에 임명되어 공직자들의 직무 감찰과 회계 감사를 총지휘하여 맑고 깨끗한 공직 사회를 구현하는 데 헌신하였다. 재임 시(在任時) 공직자들의 작문(作文) 실력을 고양(高揚)시키기 위해 맞춤법 등 글 쓰는 교육을 본인이 직접 실시하였다는 일화는 아직도 감사원 공직자들 사이에 유명하다고 한다.

이후에도 그는 크고 작은 공(公)·사(私)의 직(職)을 맡아 활발하게 활동하고 있다.

이와 같이 훌륭한 어른과 고향을 같이하고 있는 우리도 이 어른을 본(本)받아 각자 몸담고 있는 조직 속에서 꼭 필요한 인재가 되어 그 조직을 이끌어 가는 중추(中樞)적인 역할을 하도록 노력해야 우리 고향 진안이 더욱 그 이름을 빛낼 것이다. 나도 어느 일을 하너라도 더 열심히 노력하여 신민(山民) 선생님과 같이하는 고향, 진안의 명예를 드높이는 데 작은 힘이나마 보탤 것을 다짐해 본다.

봄이 오는 소리(音)가 들리는가요?

ⓒ 전북도민일보(2016년 4월 14일 월요일 황의영 경제학박사)

경칩(驚蟄)인 지난 주말 고향에 다녀왔다. 선조 산소를 찾아 성묘를 드리고 산에도 올랐다. 응달에는 아직도 잔설이 남아 있다. 눈 녹은 물이 골짜기 도랑에서 졸졸 소리를 내어 흘러내린다.

버들강아지 겨우내 잠자던 눈을 비비고 배시시 꽃눈을 드러낸다. 진달래도 봄을 재촉하는 비에 젖어 꽃망울이 한껏 부풀어 올라 곧 터질 것만 같다. 양지바른 산자락에는 군락을 이룬 쑥이 수줍은 듯 살며시 여린 잎을 드러내고 어서 봄이 오기를 재촉하고 있다. 산골 고래실 논의 물웅덩이에는 개구리가 알을 낳아 놓았다. 수위를 눌러보니 이미 봄이 내 발밑에 와 있었다.

누구는 봄이 소리(音)로 온다고 하고 또 누구는 봄은 빛(色)으로 온다고 하고 또 다른 누군가는 봄이 향기(香)로 온다고도 한다. 오스트리아 작곡가 '왈츠의 왕' 요한 슈트라우스 2세(1825~1899)는 봄이 오는 소리를 오선지에 그려내 뭇사람들의 가슴속에 봄이 오는 소리를 아름다운 선율로 전하며 감동을 주고 있다.

산골짜기 도랑에서 흘러내리는 눈 녹은 물소리가 봄이 오고 있음을 알려 주고 강남 갔던 제비가 돌아와 시시배배 봄이 왔음을 노래하기도 한다. 산에는 잎새를 떨군 나무들이 물이 오르면서 희뿌연 안개 빛으로 변하다가 노르스름한 연초록색으로 변하면서 봄의 농도를 채색해 준다.

제주도에서 노란 유채꽃이, 섬진강변의 연분홍 매화꽃이, 지리산 자락에서 샛노란 산수유 꽃이 봄이 왔음을 시간대별로 알려 준다. 매화꽃의 향기가 코끝으로 봄을 느끼게 한다. 달래와 냉이가 들어간 된장국을 먹으며 식탁에서 봄이 왔음을 코와 혀끝으로 느낀다. 저 멀리 아른거리는 아지랑이가, 산비탈의 진달래꽃이, 담벼락 아래의 개나리꽃이 다투어 피면서 봄이 왔음을 알려 줄 것이다.

봄이 오면 농부들도 씨앗을 뿌리고 풍성한 가을 추수를 꿈꾸며 행복해한다. 봄이 오면 모든 곤충이나 짐승도 새로운 생명을 잉태시키기 위해 짝짓기를 하는 등 생명 활동을 활발하게 전개할 것이다. 이제 얼마 지나지 않아 모든 생명체는 자연과 조화를 이루며 봄을 만끽하면서 풍성한 삶을 살아가게 될 것이다.

내가 어릴 적 고향 농촌에서는 봄이 오면 농부들은 쟁기를 꺼내

보습을 갈고 부러진 써렛발을 바꿔 끼우는 등 농기구를 손보며 농사를 준비했다. 외양간에서 겨우내 만들어 낸 두엄을 논밭에 낸다. 청명과 곡우 사이에 볍씨를 담그고 서리 내리는 것이 끝나기를 기다려 부엌 나뭇가리 밑에 묻어 두었던 씨감자를 캐내어 씨눈이 들어 있도록 도려내 재에 버무린 뒤 밭에 내다 심는다.

서릿발에 떠밀려 올라 허공에 뜬 뿌리를 다시 흙 속에 묻기 위해 보리밭을 밟는다. 얼지 말라고 겨우내 땅속 깊이 구덩이를 파고 묻어 두었던 무를 무 구덩이에서 파헤쳐 꺼내어 무밥·무김치·깍두기·무생채 등을 해서 먹으며 식량을 절약하고 미각을 돋우기도 한다. 그러나 요즘의 농촌은 옛날과는 판이하다.

가을에 추수가 끝난 논에는 비닐하우스가 들어서고 딸기며 오이·토마토·수박·시금치·쑥갓·배추·무가 심어져 싹을 틔우고 계절을 잊고 잎과 꽃을 피워 열매를 맺고 이를 키운다. 땅이 꽁꽁 얼어붙고 흰 눈이 펑펑 쏟아지는 겨울인데도 딸기·토마토·오이·시금치·쑥갓·무·배추가 수확돼 도시민의 식탁에 올라 미각을 자극하고 일본과 동남아 여러 나라로 수출되기도 한다.

봄에 시작하던 농사가 이제는 사시사철 시작하는 농사가 돼 버린 지 오래다. 옛날에는 절대적으로 자연에 의존하던 농업이 이제는 여러 가지 자연 현상의 제약을 뛰어넘어 농사를 지을 수 있게 됐다. 제철 과일이나 채소라고 하는 말이 무색할 정도로 계절의

한계를 넘어 생산되고 있다. 농한기라는 말이 사라지고 겨울에도 농사일에 구슬땀을 흘리는 농부들이 많아졌다. 참으로 격세지감이 많이 든다.

그러나 산골 농촌에는 아직도 비닐하우스가 드물고 많은 농가에서는 봄에 곡식과 채소를 심고 가을에 거두어들이는 과서와 같은 미작 중심의 농사를 짓고 있다. 7~80대 노인들이 대부분이고 젊은 사람은 눈을 비비고 찾아봐도 보이지 않는다. 10년 후, 20년 후 우리 농촌의 모습은 어떻게 변할까?

지금 고향을 지키고 계신 어르신들이 대부분 돌아가시고 나면 농촌에 몇 사람이나 살고 있을까? 걱정이 아닐 수 없다. 귀향하는, 귀농하는 젊은이들을 충분하게 지원하는 프로그램이 많이 생겨나 농촌으로 들어오는 젊은이들이 더 많이 늘어났으면 좋겠다.

농업이 아무리 천덕꾸러기 애물단지라고 하더라도 국민의 먹거리를 책임지고 있는 이상, 나 몰라라 내팽개쳐 버릴 수만은 없다. 식량은 생명을 담보해 주는 가장 확실하고 소중한 자원이기 때문이다. 올해 봄에는 우리 농민들이 어려워 힘들다는 한숨 소리가 들리는 것이 아니라 희망과 행복을 가져다줘 얼굴 가득 미소 짓게 하는 일들이 많이 생겼으면 좋겠다.

'전기료 폭탄'을 제거하자

ⓒ 전북도민일보(2016년 9월 6일 화요일 황의영 경제학박사)

2016년, 올 여름 참으로 더웠다. 1994년 이래 가장 더웠다고 한다. 폭염일(낮 최고 기온이 33도 이상인 날)이 24일, 열대야(오후 6시부터 다음 날 오전 9시까지 최저기온이 25도 이상인 날)가 33일이었다고 한다.

이렇게 덥다 보니 선풍기로는 더위를 가시게 할 수 없어 에어컨을 많이 틀었다. 이상한 전기요금제도 때문에 전국의 가정이 날벼락을 맞았다. '전기료 폭탄'을 맞은 것이다.

한국전력이 한 국회의원에게 제출한 자료에 따르면 '7월에만 36만 4,991가구의 전기요금이 전월보다 2배 이상 오르고, 5배 이상 오른 가구도 1만 8,807가구'가 된다고 한다. 7월 전력사용량은 6.5% 늘었는데 전기요금은 13.7%나 급증했다고 한다. 이의 주원인으로 주택용에만 적용되는 6단계, 11.7배에 달하는 고율의 전기요금 누진제가 지적되고 있다.

이 국회의원의 발표에 따르면 "전기료 판매단가가 주택용은 123.69원/kwh, 산업용은 107.41/kwh로 산업용보다 주택용이 15.2%나 비싸다. 일반 가정에서는 우리나라 선제 선기사용량의 13.6%를 사용하면서 요금은 15%를 내고 있다. 이런 요금체제 때문에 국민이 최근 5년 동안 6조 6,089억 원의 전기요금을 더 냈다."고 한다.

이번에 '전기료 폭탄'을 맞은 가정에서는 이에 대한 불만이 하늘을 찌를 것 같이 높다. 그것도 독점기업이라는 지위를 앞세워 국민에게 이러한 요금체계를 명확히 알리지 않고 경제 발전이라는 미명 아래 개발독재시대에 만들어진 비정상적인 요금체계를 40년이 넘게 숨기고 유지해 왔다는 데 대한 분노가 한꺼번에 터진 것 같다.

가격은 원래 시장에서 수요·공급량에 의해 결정된다. 우리나라에서 전기는 독점기업인 한국전력에서 공급한다. 원래 독점기업은 이윤을 극대화하는 선에서 가격을 결정한다. 전기가 공익적으로 꼭 필요한 재화이기 때문에 한국전력을 국유화하여 국민에게 피해가 가지 않도록 국가가 간여(干與)하는 것이다. 그런데 과연 국가가 독점기업의 폐해(弊害)를 줄이고 국민을 위하여 어떻게 전기요금제에 대하여 관여(關與)하고 있는지 묻지 않을 수 없다. 지금 국민은 대부분 국가가 국민을 위하기보다는 전기회사를 도와주는 데 정책의 우선순위를 두는 것 아닌가 하는 의구심을 가지고 있다.

더욱이 소비자가 누구이든 간에 전기 생산비는 똑같을 텐데도 산업용·농업용·가정용 등으로 나누어 요금을 차등적용하고 가정용을 비싸게 판매하는 것에 대하여 불만이 크다. 또한 요금체계를 6단계로 나누고 사용량이 많을수록 비싼 요금을 내는 누진제를 적용하는 데 그 차이가 11.7배나 되는 징벌적 요금제도에 대하여 국민은 분노하고 있는 것이다. 잘못인 줄 알았으면 바로 고쳐야 한다. 고칠 때는 최선이 되도록 개선하여야 한다.

땜질식으로 국민의 불만을 누그러뜨리려 고치는 시늉만 해서도 안 되고 시간을 질질 끌어서도 안 된다. 지금의 요금제도가 그 나름의 이유야 있겠지만, 정부는 차제에 전기요금제도를 국민의 입장에서 고쳐 주기를 바란다. 필자는 소비자인 고객, 가정주부의 입장에서 전기요금제도 개선에 대하여 몇 가지를 제안하고자 한다.

첫째로, 개선하는 목표가 전기 사용자인 국민을 위한 제도개선이 돼야 한다. 국가의 재정이나 전기회사의 수익, 다른 어떤 것을 염두에 두고 개선에 임해서는 안 된다. 둘째로, 땜질식 임시방편이 돼서는 아니 되겠다. 차제에 장래의 전기 수급 계획, 산업 발전, 사회 발전 등을 감안하여 요금체제를 검토해야 한다. 셋째로, 선진국의 발전한 제도를 벤치마킹하여 합리적인 제도를 도입해야 한다. 넷째로, 어느 특정 계층의 희생으로 어느 또 다른 계층을 도와주는 식의 제도는 지양돼야 한다. 이제 이러한 제도로는 국민의 공감을 얻지 못할 것이다. 다섯째, 과소비를 억제하는 요금체계가 필요할지 모르겠지만 만약에 필요하다고 하면 선진국들이 적용하고 있는 정도만큼의 누진요금체계를 도입해야 한다.

최근 정부가 흘리는 바에 의하면 전기요금을 통신요금제도처럼 소비자가 선택하는 제도를 도입하겠다는 것이다. 이는 꼼수다. 국민을 우습게 보는 처사라고 생각한다. "생산단가가 이러니 판매가격은 이렇다."라고 정당하게 요금체계를 밝혀야 한다.

지금 이 시대는 세계의 어느 곳이라도 리얼타임(real time)으로 들여다보는 개명천지(開明天地)의 시대다. 정책 당국자들이 이런 시대에 국민의 눈높이를 착각하여 우(愚)를 범해서는 안 된다. 차제에 잘못된 전기요금제도를 일반 소비자들이 만족할 수 있도록 완전무결하게 개선하기를 바란다.

국민으로부터 박수 받는 정책 입안자가 되기를 기대한다. 전기의 최종 소비자인 가정주부들은 이번에 맞은 '전기료 폭탄'의 아픔을 오래도록 기억할 것이다. 그리고 국민은 속히 '전기료 폭탄'이 제거되기를 기대하고 있다. 한국전력이나 정책 당국자들은 이러한 국민의 여망을 저버려서는 안 될 것이다. 오로지 국민을 위한 전기요금제도로 개선되기를 전국의 1,800만 가구주들은 간절히 희망하고 있다.

커피(Coffee)의 경제학(經濟學)

ⓒ 전북노민일보(2015년 8월 5일 수요일 황의영 전북대학교 무역학과 킹희진팀교수)

거리에 나가면 한 집 건너 한 집이 커피집이다. 헤럴드경제
(2015년 2월 26일 자)에 의하면 우리나라에 커피집이 2만 개소가 넘
는다고 한다. 가히 커피집 홍수가 났다. 점심때 거리에서 커피가
담긴 커다란 종이컵을 들고 다니는 젊은이들을 자주 본다. 대부분
식당에서는 자판기를 설치해 놓고 식후에 손님들에게 커피를 무
료로 서비스해 준다. 가정집을 방문하거나 기업 등에 손님으로 가
면 특별히 다른 차를 주문하지 않으면 으레 커피를 내온다. 농촌
에서 놉을 얻어 일할 때도 커피를 내는 것은 기본이다. 외국에 여
행을 나갈 때도 커피믹스는 필수 준비물이 됐다.

커피가 우리 일상생활 깊숙이 자리 잡았다. 우리 식생활에서 커
피가 차지하는 비중이 매우 높아졌다.

지난해 우리나라는 커피 13만 3,700톤을 수입하고 5억 2,730만 달러를 지불했다. 국가 전체 수입액 5,255억 1,500만 달러 대비 0.1%에 달하는 어마어마한 돈을 커피를 마시는 데 썼다. 국내 커피 시장 규모가 1조 6,000억 원이라니 거대한 시장으로 성장됐다.

우리나라 국민 1인당 커피 소비량은 2013년에 3.38kg인데 2008년 2.9kg 대비 17% 증가했다. 이는 일주일에 12.3회, 하루에 1.7잔을 마신 결과다. 커피를 마시지 않는 사람도 많은 것을 감안하면 커피 애호가들은 통계치보다 훨씬 더 많은 양의 커피를 마신다고 봐야 할 것이다. 2012년 ICO(국제커피협회, International Coffee Organization)에 의하면 국민 1인당 커피 소비량이 핀란드가 12kg으로 제일 높고, 2위 노르웨이 9.9kg, 3위 아이슬란드 8.7kg, 4위 덴마크 8.4kg, 5위 스웨덴 8.2kg 등 1위에서 5위까지 모두 북유럽 나라들이다.

추운 나라에서 커피를 많이 소비하는데, 그 이유는 추위를 이기려 따뜻한 커피를 물처럼 많이 마신다고 한다. 세계적으로도 매년 커피 소비량이 많이 늘어나고 있다. 경제에서 차지하는 커피의 비중도 점점 더 높아가고 있다.

커피는 독특한 풍미를 가진 갈색에 가까운 기호 음료다. 커피나무 열매(Cherry) 속의 씨앗(생두, Green Bean)을 볶고(원두, Coffee Bean) 물을 이용하여 그 성분을 추출하여 만든다. 어원은 아랍어인 카파(Caffa)로 '힘'을 뜻하며, 에티오피아의 산악지역에서 기원한 것으로 알려졌다.

우리나라에는 1896년 아관파천으로 고종황제가 러시아 공사관에 머물 때, 초대 공사 웨베르(Karl Ivanobichi weber, 1841~1910)의 처형인 손탁(Antoniette Sontag, 1854~1925)으로부터 커피를 집한 후 커피 애호가가 됐다고 한다. 이후 1902년 손탁호텔(Sontag Hotel) 안에 '정동구락부'라는 최초의 다방이 생겼고, 6·25 전쟁을 계기로 미군을 통해 인스탄트 커피가 일반인들에게 유통되기 시작했다.

커피나무는 남위 25도 북위 25도 사이 아열대지역에서 주로 재배된다. 이를 커피존(Coffee Zone), 커피벨트(Coffee Belt)라고 한다. 주요 생산국은 브라질, 베트남, 인도네시아, 콜롬비아, 인디아, 페루, 에티오피아, 과테말라, 멕시코, 온두라스 등으로 중남미와 아시아에 분포돼 있다.

세계 3대 커피는 자메이카의 '블루마운틴(Blue Mountain)', 하와이의 '코나(Kona)', 예멘의 '모카(Mocha)' 커피다. 커피 메뉴에는 에스프레소, 카푸치노, 카페 아메리카노, 카페라테, 카페 비엔나, 카페 모카 등 다양한 종류가 있다.

커피에는 카페인이 함유돼 있다. 카페인을 적정량 섭취하면 각성 효과로 집중도와 지구력을 높여 주고 글루타민산과 도파민 등

신경전달물질의 분비를 촉진시켜 뇌, 신장, 근육 등의 기관 활동을 활발하게 해 준다.

카페인을 과다 섭취하면 불면증, 두통, 신경과민, 불안감 등의 증세가 발생하기도 한다. 커피를 마시면 암 발생과 전이를 억제하고 다이어트와 담석 예방에 도움을 주고 콜레스테롤 수치를 내리게 하고 항산화와 치매 예방에 효과가 있다고 최근에 알려지고 있다.

커피를 마시면 건강에 좋은지 나쁜지 명확하진 않다. 그러나 현재 우리 국민이 가장 자주, 가장 많이 섭취하는 음료가 커피라는 사실은 명확하다. 커피의 익해(益害) 논란을 떠나, 과유불급(過猶不及)이라는 말이 있듯이 아무리 몸에 좋은 음식이라 할지라도 많이 먹어 탈이라도 난다면 먹지 않으니만 못할 것이다.

커피가 아무리 몸에 좋다고 하더라도 신체적으로 악영향을 끼치지 않는 범위 내에서 적절히 마시는 것이 좋다. 대신 우리 농산물로 만든 인삼차, 대추차, 유자차, 녹차, 율무차, 둥굴레차 등의 우리 차를 자주 마심으로써 건강도 챙기고 커피 수입으로 인한 소중한 외화도 절약하자. 농사를 짓는 우리 농업인도 돕는 일석삼조(一石三鳥)의 효과를 거둘 것이다. 다만 커피가 우리 경제에 미치는 영향은 점점 더 커져 가고 있다는 것은 누구도 부정할 수 없는 엄연한 사실이다.

영화 〈명량(鳴梁)〉의
성공 요인은 무엇인가?

ⓒ 전북도민일보(2014년 9월 30일 화요일 황의영 전북대학교 무역학과 강의전담교수)

"장사가 왜 이렇게 안 되는지 모르겠어요. 안 되네 안 되네 해도 이렇게 안 될 수 있나요? 아이엠에프(IMF) 때보다도 더 안 되는 것 같아요."

"이러다가 점포 임대료도 못 낼 것 같아요."

"아주머니도 그만두게 하고 집사람과 같이 둘이서 겨우 꾸려 나갑니다."

"과일값이 폭락했는데도 사 가는 사람이 없네요."

"점심때 손님들로 벅적거려야 할 식당 안에 파리만 날리고 있네요."

2014년 9월, 요즘 내가 들렸던 음식점, 옷 가게, 과일 가게, 재래시장 등에서 사장님들의 탄성과 절규다. 장사하는 사람들이 원래 장사가 잘 돼도 잘 된다고 하지는 않지만 그래도 이번에는 엄살만은 아닌 것 같다. 정말 장사가 안 되는가 보다. 장사하는 많은 사람이 땅이 꺼지라 내쉬는 한숨과 걱정하는 소리를 들으니 가슴이 아프고 아리다.

이런 극심한 불경기에도 대박을 터트려 사람들 입에 오르내리며 우리를 즐겁게 해 준 사업이 있다. 영화 〈명량〉이다. 〈명량〉은 7월 30일 전국 1,159개 스크린에서 개봉됐다. 개봉 2일 만에 100만, 12일 만에 1,000만 관객을 돌파하며 개봉 두 달이 못 된 9월 24일 현재, 누적 관객 수가 1,758만 명이라는 기록을 세우고 있다. 이제까지 흥행 1위였던 할리우드 블록버스터 〈아바타〉가 세운 1,360만 명을 훌쩍 뛰어넘는 대기록이다. 미국에서도 개봉된 〈명량〉은 순항을 하고 있으니 앞으로 얼마나 많은 관객을 더 동원하고 돈을 더 벌어들일지 알 수 없다.

〈명량〉은 김한민이라는 젊은 감독이 만든 영화로 우리 국민이 가장 좋아하며 존경하는 위인 중 으뜸인 불세출(不世出)의 영웅, 충무공 이순신 장군의 부공을 그렸다.
1597년 임진왜란 6년, 단 12척의 배로 330척에 달하는 왜군의 공격에 맞서 싸운 역사상 가장 위대한 전쟁 '명량대첩(鳴梁大捷)'을 그린 전쟁액션대작이다. 같은 해, 7월 원균의 조선수군은 '칠천량해진'에서 왜군에 디피하여 배 12척만 남았고 사기는 땅에 떨어져 지리멸렬(支離滅裂)하며 궤멸(潰滅) 직전에 있었다. 국가의 명운이 풍전등화(風前燈火) 누란지세(累卵之勢)에 달렸을 때, 모함을 받아 옥고를 치르고 백의종군하던 이순신은 나시 삼노수군동세사에 제수되어 왜군과 싸운 '명량해전'에서 기적이라 말할 수밖에 없는 대승을 거두어 세계사에 기록됐다.

영화 〈명량〉이 이렇게 어려운 국내 경제 속에서도 전대미문(前代未聞)의 관객을 동원하여 한국의 영화 역사를 새로 쓴 원인은 무엇일까? 영화를 본 여러 사람들 애기를 간추려 보면 다음과 같다.

첫째, 이순신 장군의 위대한 업적이 애국심을 북돋웠다고 한다. 1597년 정유재란 때 장군의 업적은 누구나 다 알고 있다. 장군이 바다를 지켜 줬기 때문에 나라를 빼앗기지 않았다는 점은 이 시대 누구에게나 애국심을 불러일으키기에 충분하다.

둘째, 이 시대 우리 사회에 이순신 같은 위대한 리더십을 갈망하고 있다는 것을 증명한 것이라 하겠다. 근래에 크고 작은 사건 사고가 많이 발생했다. 특히, 꽃다운 청춘들을 수장시킨 세월호 사건으로 국민이 크게 슬퍼하고 선장의 무책임, 지도층의 비리와 부정부패에 대해 분노하고 있을 때, 나라와 백성을 섬기는 장군의 리더십은 국민에게 감로수가 됐다.

셋째, 국민 배우 '최민식'이 전설적인 영웅 '이순신'을 연기했다는 것이다. 우리나라 역사상 가장 위대하다고 하는 이순신 장군 역에 우리나라 최고 배우 최민식이 맡아 절정의 연기력을 보여 줬다. 기타 조연급들의 감칠맛 나는 연기도 영화를 더욱 돋보이게 했다.

넷째, 여름방학 기간인 7월 30일에 개봉되어 많은 학생들을 극장으로 불러 모을 수 있었다. 역사의 위대한 인물 영화이기에 학교마다 단체 관람으로 많은 학생들이 영화를 관람하였다. 이러한 이유 외에도 역사적으로 수많은 침략과 굴욕의 식민통치까지 받았던 일본을 그렇게 열악한 환경에서 싸워 이겼고 그것도 세계사에 길이 빛나도록 통쾌하게 이겼기 때문에 카타르시스(Catharsis)를 느끼게 해 주었다고 생각한다.

무엇보다도 국민이 〈명량〉에 열광했던 가장 큰 이유는 이 시대에 볼 수 없는 충무공의 리더십을 갈망하고 있기 때문이라고 생각한다. 크고 작은 조직의 지도자들이 이순신 장군의 리더십을 본받아 조직원들의 신뢰를 받을 수 있도록 제 역할을 다하기를, 영화 〈명량〉의 돌풍이 대변하고 있는 것은 아닌가? 우리 사회에 이순신과 같은 훌륭한 리더십을 발휘하는 지도자가 많이 나오기를 기원한다.

바보(?)같은 어떤 경영인

ⓒ 진안신문(2014년 6월 23일 월요일 황의영 전북대학교 무역학과 강의전담교수)

대학교는 기말고사를 마치고 벌써 긴 여름방학에 들어갔다. 지난해 여름방학 때 있었던 일을 소개하고자 한다.

2013년 8월 6일, 35℃가 넘는 불볕더위에 지방의 한 대학교 합동 강의실에서는 방학임에도 불구하고 200여 명이 넘는 학생들이 강의를 열심히 듣고 있었다. 강의를 듣고 있는 학생들의 열기가 바깥 날씨보다도 더 뜨거웠다. 한국과 중국에서 자동차 부품 회사를 운영하고 있는 이상춘 사장이 이사장으로 있는 '상록수장학회' 고교생 장학생들의 여름 캠프장이었다.

이상춘 이사장은 글로벌 금융위기가 왔던 2008년 다른 기업인들이 한 치 앞을 내다보기 어려운 경영 환경 속에서 힘들어할 때,

가진 전 재산 105억 원을 출연하여 '상록수장학재단'을 만들었다.

당시 상황에서는 누가 봐도 정신 멀쩡한 정상적인 기업인이 할 수 있는 조치가 아니라 정신 나간 사람이나 할 수 있는 미친 짓이었다. 그 이후 그는 돈이 벌리면 장학기금에 출연을 거듭하여 현재 장학기금이 120억 원으로 불어나 있고 앞으로 더욱 키워 나가겠다는 계획을 세우고 연차적으로 차분하게 조금씩 늘려나가고 있다. 그동안 상록수장학회에서는 1,500명이 넘는 학생들에게 20억 원 이상의 장학금을 지급했다.

그는 중학교를 졸업하고 돈이 없어 고등학교 진학을 포기하고 단돈 500원을 손에 쥐고 돈 벌러 서울에 왔다. 그는 서울로 오는 차 속에서 "앞으로 돈 때문에 더 이상 눈물을 흘리지 않도록 해 주시고 사업가가 되어 돈을 많이 벌면 나처럼 돈이 없어서 학업을 포기하는 학생이 없도록 돕겠습니다."라고 간절히 기도하였다.

열다섯 살 소년은 친척이 운영하는 조그마한 공장에서 수습생으로 사회생활을 처음 시작했다. 돈을 벌어 좋은 일에 잘 쓰겠다는 꿈을 가지고 일하는 산골 소년에게는 모든 것이 새롭고 흥미로웠으며 일하는 그 자체가 행복이었다. 공장 기숙사 선배들의 밥을 짓고 청소를 하기 위해 새벽부터 일어나야 했다. 낮에는 공장에서 일하고 밤에는 야간 고등학교에 다녔다. 하루 24시간이 부족할 정도로 시간을 쪼개며 일하며 공부했다. 그러나 소년은 아무리 힘들어도 절망하지 않았다.

쇠는 담금질을 오래 해야 강해지듯 앞으로 큰일을 하기 위해서는 어떠한 시련도 참고 견뎌 내야 한다고 다짐하면서 열심히 일하고 공부했다. 그는 '피할 수 없으면 즐겨라.'라는 말을 가슴속에 천 번 만 번 되새기며 어렵고 힘든 일을 묵묵히 해냈다.

1977년 그동안 모은 돈과 동료들의 지원을 받아 자그마한 자동차 부품공장을 차려 운영했다. 잘나가던 회사는 1980년 석유파동이 발생하여 큰 위기에 봉착하게 됐다. 눈덩이 같이 불어나는 사채 이자를 갚느라 죽다 살아났다. 이어서 1990년대 초, 노동자 대파업 등 몇 차례의 고비를 넘기는 과정에서 악덕 사채업자에게 시달려 자살을 생각하고 유서까지 작성했다고 한다.

그는 평소 쌓아 온 신용의 덕으로 간신히 위기를 넘을 수 있었다. 그 이후 그는 무분별한 확장은 지양하고 무리한 부채에 휘둘리지 않는 내실 경영으로 가까스로 회사를 정상화했다. 1997년 외환위기 때는 경쟁회사를 인수해 회사를 성장궤도에 올려놓았다. 이제 그는 국내에 세 곳, 중국에 두 곳에 공장을 운용하는 연 매출액 1,000억 원대의 중견 기업 대표가 되었다.

그는 상록수장학재단 설립 외에도 어려운 사람을 돕는 데 발 벗고 나섰다. 2011년 태국에 있는 미얀마 난민 수용소에 300명이 공부할 수 있는 '퓨처 가든 스쿨(Future Garden School)'을 설립 지원하였으며 앞으로 10여 곳에 학교를 더 지어 줄 계획이다. 2012년에는 1억 원을 지원하여 '기부자조언기금' 1호가 됐다. 그의 아내도 '사회복지공동모금회'에 1억 원을 기부하여 부부가 '아너 소사이어티(Honor Society)' 회원이 됐다. 2013년 5월에는 동탑산업훈장을 수상하기도 했다.

앞으로도 그는 청소년들을 반듯한 국가의 동량(棟樑)으로 키우기 위해 상록수장학기금을 200억 원으로 늘리는 것 외에도 고향인 김천에 청소년문화센터와 노인복지센터를 건립하여 지원하고 교회도 몇 군데 지을 원대한 꿈을 가지고 있다.

요즘 우리나라에서는 어느 종교 지도자가 삐뚤어진 기업 경영으로 범죄자가 되었고, 그를 체포하는 데 거액의 현상금이 걸려 있는데도 꼭꼭 숨어 오리무중이다. 또한 총리 후보자의 과거 언행이 국론을 분열시키고 있는 등 나라가 시끌벅적하다.
재벌이 더 갖기 위해서 빵집까지도 운영하고 종교 지도가 모리배가 되어 있는 마당에 자기가 가진 것을 모두 힘들고 어려운 사람들에게 내놓는 이런 사람이 멍청이 바보일까? 아니면 어두운 사회를 밝게 비추는 빛과 같은 훌륭한 사람일까? 나는 그냥 '착한 바보' 같은 경영인이라고 말하고 싶다. 여러분의 생각은 어떠한가?

참 이상한 미국 대통령 선거 이해하기

ⓒ 진안신문(2016년 12월 5일 월요일 황의영 경제학박사)

졌다. 표를 더 많이 얻고도 졌다. 2016년 11월 8일(현지 시각) 실시된 미국 제45대 대선에서 공화당의 도날드 트럼프 후보가 민주당의 힐러리 클린턴 후보에게 득표수에서 졌는데도 대통령에 당선됐다. 클린턴은 6,422만 3,958표를, 트럼프는 6,220만 6,395표를 얻어 클린턴보다 201만 7,563표가 적은데도 트럼프가 당선됐다.

말이 안 된다. 득표를 적게 한 후보가 어떻게 당선된다는 건가! 이상하지 않은가? 뭐 이런 선거가 다 있느냐고 의아해할 것이다. 우리의 상식으로는 도저히 풀 수 없는 수수께끼다.

미국은 우리나라와 다른 선거 방식을 갖고 있다. 미국은 50개 주(州)가 있는데 이 중 48개 주에서 각 후보를 지지하는 선거인단을 국민이 투표로 선출한다. 이들 주에서는 투표 수가 한 표라도 더 많은 후보가 선거인단 모두를 가져가는 승자독식제도를 채택하고 있다. 메인주와 네브래스카주, 두 개 주에서는 각 후보가 얻은 투표수에 비례해서 선거인단을 분배한다.

선거인단은 총 538명이다. 트럼프가 투표자 수에서는 졌지만 선거인단을 과반수가 넘는 290명을 차지하여 대통령에 당선됐다. 이런 이상한 미국 대통령 선거 제도를 이해하기 위해서는 먼저 미국의 역사를 알아야 한다.

연합의회 출범과 세이스의 반란

미국의 정식 명칭은 아메리카합중국(United States of America)이다. '주(州, States)'는 각각 하나의 나라다. '주'라고 불리는 나라들이 모여 공동의 연방 정부를 구성하고 연방 정부와 주 정부가 권력을 나누어 가지고 있다.

1492년 크리스토퍼 콜럼버스(Christopher Columbus, 1451~1506)가 서인도제도를 발견한 이후 시작된 에스파냐(Espana) 사람의 식민 지배는 오래 지속되지 못했다.

1607년부터 시작된 영국 이주민(移住民)이 차츰 세력 범위를 넓혀 영국은 1733년까지 13개의 식민지를 대서양 연안에 건설했다. 이 13개 식민지 국민은 '인지세법(印紙稅法)'과 '차법(茶法)' 등 과도한 조세에 대항하여 1776년 독립을 선언하고 힘을 합쳐 영국과의 독립 전쟁에서 승리해 독립 국가가 됐다.

13개 나라는 외국의 침략에 대응하기 위해 '국가 연합 헌장'을 채택하고 연합 의회를 구성한다. 연합 의회는 외교·국방 권한 정도만 갖고 있었다. 미국인들은 연합 의회를 넘어서는 강력한 중앙 정부의 필요성을 인식하고 있었지만, "새로운 중앙 정부가 나타나면 식민 시대처럼 또다시 개인의 자유와 권리를 탄압 받지 않을까?" 하는 두려움이 컸다. 그러나 이런 국민의 의식을 변화시키는 커다란 사건이 발생했는데 바로 1786년에 일어난 '셰이스(Shays)의 반란'이다.

매사추세츠 주정부의 과중한 세금에 시달리던 농민 1,000여 명이 퇴역 군인 대니얼 셰이스(Danyal Shays, ?~1787)의 지휘하에 반란을 일으키고 보스턴으로 진격하다 진압된 사건이다. 당시 매사추세츠주뿐만 아니라 13개 주 모두 독립 전쟁을 치르면서 재정이 고갈되고 심각한 경제난에 빠져 있었다.

막대한 빚을 진 주정부들이 과도하게 세금을 걷으면서 많은 국민의 불만이 팽배해졌는데, 셰이스의 반란은 이런 국민의 불만을 대변한 것이었다. 영국·스페인 등 외국 군대가 미국 근처에 주둔하고 있는 상황에서 반란까지 일어나게 되자 심각한 위기감을 느낀 미국의 엘리트 지식인들이 경제·안보 위기를 해결할 수 있는 중앙정부를 만들기로 한다. 1787년 각 주 대표들은 중앙정부를 만들기 위한 새로운 헌법을 만드는 '헌법 제정 회의'를 필라델피아에서 열었다.

새 헌법을 둘러싼 갈등과 코네티컷 타협

하지만 중앙정부를 얼마나 강력하게 만들 것인지를 두고 대표들의 의견이 엇갈렸다. 제임스 메디슨(James Madison, 1751~1836) 등 강력한 중앙정부를 원하는 연방주의자들은 의회로부터 독립된 강력한 권한을 갖는 대통령을 직접 선거로 뽑고 상·하원의 연방의회를 만들어서 인구 수와 세금 액수에 비례해 상·하원 의원을 선출하는 버지니아안(案)을 제시했다. 그러나 강력한 연방정부 등장을 꺼렸던 반(反)연방주의자들과 인구가 적은 주의 대표들은 버지니아안에 반대하고 대신 대통령을 의회에서 선출하고 연방의회를 단원(單院)으로 구성해 인구 수와 세금에 관계없이 모든 주가 똑같은 수의 국회의원을 갖자는 뉴저지안(案)을 지지했다.

격렬한 토론 끝에 코네티컷주 대표의 중재로 양측은 타협을 이루었다. 상원과 하원으로 된 연방의회를 꾸리는 대신 하원 의원은 각 주의 인구 수에 비례해 뽑고 상원 의원은 인구수와 무관하게 주마다 2명의 의원을 뽑기로 했다.

대통령을 선출하는 방식도 절충을 이뤘는데 국민이 직접 대통령을 선출하지 않는 대신 각 주에서 선거인단을 뽑고 선거인단이

주를 대표하여 대통령을 선출하는 간접선거 방식을 채택하게 됐다. 선거인단의 수는 각 주의 하원 의원과 상원 의원 수를 합친 수만큼 뽑기로 했다.

이런 선거인단 제도는 대통령을 뽑는 데 국민 개개인의 입장보다 주의 입장이 더 강조되도록 한 것이다. 대통령 후보들이 드넓은 미국 땅을 돌아다니며 선거 유세를 하기 어렵다는 당시의 현실적인 어려움도 반영한 결정이었다. 이번 선거와 같이 이기고도 지는 불합리한 현상이 발생되고 있는 대통령 선거 제도를 바꾸자고 하는 여론이 미국 사회에서 크게 일어나고 있다. 바뀔지? 바뀌지 않을지? 바뀐다면 어떻게 바뀔지는 두고 볼 일이다.

아베의 망언(妄言)은 계속될 것인가?

ⓒ 진안신문(2015년 3월 16일 월요일 황의영 전북대학교 무역학과 강의전담교수)

2015년 3월 1일 96주년 3·1절 기념식에서 박근혜 대통령은 "일본이 용기 있고 진솔하게 역사적 진실을 인정하고 한국과 손잡고 미래 50년의 동반자로서 새로운 역사를 써 나가기를 바란다."고 말했다.

"정부는 올바른 역사 인식에 기초한 21세기 한·일 신(新)협력 시대를 열어 가고자 했으나 과거사를 둘러싼 갈등 때문에 안타깝게도 마음의 거리를 좁히지 못하고 있다."

"'역사란 편한 대로 취사선택해 필요한 것만 기억하는 게 아니며 역사에 대한 인정은 진보를 위한 길'이란 최근 한 역사학자의 지적을 (일본은) 깊이 유념할 필요가 있다."고 말하며 미래지향적 한·일 관계 구축을 위한 전제 조건으로 일본군 위안부, 교과서 왜곡 문제의 해결을 촉구했다.

　2015년 3월 10일 일본을 방문 중인 제2차 세계대전 패전국 독일의 앙겔라 메르켈 총리가 오카다 다쓰야(岡田克也) 민주당 대표와 만나 "일본군 위안부 문제를 제대로 해결하는 것이 좋다." "일본과 한국은 가치관을 공유하고 있어 화해가 중요하다."고 말했다고 한다. 이에 오카다 대표가 "아픔을 준 쪽은 빨리 잊고 싶고, 당한 쪽은 쉽게 잊지 못한다. 그 점을 토대로 대응해야 한다."고 말하자 메르켈 총리도 고개를 끄덕이며 동의했다고 한다.

　이웃 간에 사이좋기가 어렵다. 국가 간에는 더욱 그렇다. 동서고금의 역사를 보더라도 강대국은 약소국을 복속시켜 버리거나 조공을 바치게 하여 자기 나라 영향력하에 뒀다.
　우리나라도 이웃하고 있는 중국, 일본과 수많은 전쟁을 통해 나라를 빼앗기고 되찾는 역사를 거듭해 왔다. 일본의 침략 역사는 우리 겨레 가슴속 깊이 한(恨)으로 남아 있다.
　고래(古來)로 식량이 부족했던 일본은 우리나라 해안지방을 침략하여 약탈을 일삼았다. 얼마나 왜구(倭寇)에 시달렸으면 신라의 문무왕은 "죽어서도 왜구의 침략을 막으려고 하니 왜구의 출몰이 잦은 해변의 바다 속에 내 무덤을 만들어 달라."고 했을까? 고려시대에는 왜구의 규모도 커지고 출몰 횟수도 잦았다.

일정 지역을 몇 개월씩 점령당하기도 했다. 고려 말 장수 이성계가 1380년 전북 남원에서 왜구를 크게 물리친 황산대첩을 계기로 세력을 얻어 조선을 개국하는 발판을 마련하기도 했다. 조선시대에도 왜구의 침략은 그치지 않았고 1592년 임진왜란을 일으켜 7년 전쟁을 치르며 국토는 초토화됐다. 강화도조약·을미사변·을사보호조약 등 갖은 만행을 저지르더니 1910년 조선을 통째로 삼켜 버렸다. 일본과 우리의 역사는 침략 역사의 점철일 뿐이다.

망언을 일삼는 현 일본 수상 아베신조(安倍晉三)는 어떤 사람인가? 야마구치(山口)현 출신 자유민주당 소속 중의원 의원이자 제90·96대 내각총리대신(수상)으로 제21대 자유민주당 총재다. 그의 집안에는 정치가를 지낸 이들이 많다. 조부는 중의원 의원을 지낸 아베 간(安倍寬)이고, 외조부는 제56·57대 총리를 역임한 기시 노부스케(岸信介), 외종조부는 제61·62·63대 총리를 지낸 사토 에이사쿠(佐藤榮作), 고조부는 1894년 경복궁을 점령하고 청일전쟁의 도화선이 되었던 오오시마 요시마사로 요시다 쇼인(吉田松陰)의 정한론을 배우기도 하였다. 아버지는 외무대신을 지낸 아베신타로(安倍晉太郞), 남동생은 참의원인 기시 노부오(岸信夫), 부인은 모리나가제과 사장을 지낸 마쓰자키 아키오의 딸 아키에이다.

아베가 가장 존경하는 인물이 초대 일본 수상과 초대 조선 총독을 역임한 이토 히로부미(伊藤博文)라고 한다. 이토(伊藤) 또한 요시다 쇼인에게서 정한론(征韓論)과 대동아공영론(大東亞共榮論)을 공부한 사람이다. 이런 가문에서 나고 자란 사람이 존경하는 인물도 정한론을 주장한 일본 우익의 태두(泰斗)의 제자인 침략의 원흉 이토 히로부미라고 하니 아베는 골수 우익 중의 우익이고 보수(保守) 중에 상(上)보수다. 일본 근대화를 이룬 메이지유신(明治維新)의 성공에 결정적 역할을 한 사람들이 야마구치현 출신들이고 유신 이래 일본을 이끌어 온 주류 정치 세력이 이 야마구치현 출신들이다. 일본의 우익은 제2차 세계대전 이전의 일본을 그리워한다. 8.15 패전일(敗戰日)에 야스쿠니 신사 앞에 군국주의 시대 군복을 입고 욱일기(旭日旗)를 든 일본인들이 시위하는 모습을 우리는 보도를 통해 많이 봤다.

아베는 2002년 관방 부장관(副長官)으로 고이즈미 총리를 수행, 북한을 방문했을 때, 정상회담에서 "안이한 타협은 안 된다."고 강경론을 주장하여 납치 피해자 5명을 귀국시켰다. 이후 대중적 인기가 높아져 자민당 간사장, 총재가 되고 내각 총리대신이 됐다.

아베는 인기를 먹고 사는 정치인이다. 일본 국민의 마음에 드는 말과 행동을 하여 인기를 누리고 있고 장기 집권도 노린다고 한다. 앞으로도 그가 수상으로 재임하는 한, 일본은 과거사(過去史)에 대한 사과는 하지 않을 것이다. 대다수의 일본 국민이 과거 제국주의 일본을 동경하고 잘못된 일은 기억하려 하지 않기 때문이다. 어린 학생들에게도 과거의 그릇된 역사를 가르치지 않고 있어 대부분의 젊은이들이 과거 일제의 만행에 대하여 잘 모르고 있다.

앞으로 더 이상 과거 일제의 만행에 대한 국가 지도자의 사과는 듣기 어려울 것 같다. 일본을 이기기 위해서는 우리 국민 모두 일본 국민보다 더 약속과 질서를 잘 지키고 열심히 일하여 우리나라를 일본보다 더욱 부강한 나라로 만들어야 한다. 그러면 언젠가는 그들이 우리에게 사과할 것이다. 일본 정치 지도자들에게서 사과를 받기 위하여 우리나라를 더욱 훌륭한 나라로 만들어야 한다. 우리 모두 훌륭한 나라를 만드는 데 기꺼이 동참하자.

"독도는 한국 땅"이라 외친
캄보디아 여인

ⓒ 진안신문(2013년 2월 25일 월요일 황의영 전 NH무역 대표이사)

시간이 조금 지난 이야기지만 2011년 6월 17일자 캄보디아 현지신문인 엔-솜복(N-SOMBOK)에 엉뚱하게도 "독도는 한국 땅"이라는 전면광고가 실렸다. 한국 교민 사회가 왈칵 뒤집혔다. 누가 왜 캄보디아 신문에 이런 광고를 냈을까? 대한민국 정부가 냈을까? 아니면 특정 기업이? 그것도 아니면 개인이? 모두 수군거리고 광고를 낸 사람을 찾았다. 그런데 광고를 낸 사람은 한국 정부도, 기업도, 한국인도 아닌 캄보디아 사람이었는데, 그것도 남자가 아니라 여자였다.

그 당시 한국대사관에서나 교민 사회에서도 큰 의문거리였다고 한다. 캄보디아 여성이 거금을 들여 영토 분쟁이 일고 있는 독도

를 한국 땅이라고 이역만리 캄보디아에서 왜 광고를 했을까? 광고
는 한 달간이나 계속되었디. 한 달간 광고비가 미화 3,960달러였
다. 당시 캄보디아 샐러리맨 평균 월급이 미화 70달러인 것을 감
안하면 5년에 가까운 월급으로 어마어마한 큰돈이었다. 광고를 낸
사람은 10년 전 한국인과 결혼하여 얼 살 난 딸 하나를 두고 현시
에서 살고 있는 도 띠 티엔(DO THI TIEN, 당시 30세) 씨로 밝혀졌다.

도 띠 티엔 씨는 자기를 숨기고 누구도 만나지 않다가 광고를
실은 신문사 엔-솜복사 기자의 끈질긴 설득으로 인터뷰하면서 광
고를 싣게 된 배경이 알려지게 됐다고 한다. 다음은 도 띠 티엔 씨
의 인터뷰 내용이다.

언제나 저를 아끼고 사랑해 주는 남편과 10년 전에 결혼했습
니다. 남편은 큰돈은 못 벌지만 성실하고 무엇보다 아이에게 깊은
사랑을 베푸는 따뜻한 사람이죠. 그런데 사실 남편은 한국 사람이
에요. 캄보디아에서 만나 결혼도 했고 삶터를 만들어 살고 있는데
여기 생활이 지쳤는지 향수병에 걸려 한국으로 가서 살자고 했습
니다. 저도 남편의 뜻에 따라 그렇게 하기로 했습니다. 하지만 한
국으로 돌아가면 저도 여기에 못 올 수도 있다는 생각이 들었습
니다. 마지막으로 제 딸에게 뭔가 캄보디아와 한국에 대한 추억을

갖게 해 주고 싶었습니다. 그러던 어느 날 텔레비전으로 한국 방송을 보고 있는데 독도가 나오더군요. 뉴스를 본 남편이 화를 내면서 독도에 대해 제게 설명해 줬습니다. 얘기를 들으면서 '쁘레아뷔히어'가 떠올랐습니다. 태국과 국경지대에 있는 쁘레아뷔히어는 독도와 닮아 있는 곳이거든요. 마찬가지로 그곳은 캄보디아 땅입니다. 그래서 딸에게 아빠와 엄마의 두 나라에 대한 기억과 역사를 심어 주고 싶었습니다.

인터뷰 요청 전화를 많이 받고 당황해서 연락을 피했다고 한다. 그런데 한국 사람들이 고마워하는 글과 응원의 글을 남기고 있고 진실을 들려 달라고 해서 인터뷰에 응했다고 한다. 남편도 그녀가 인터뷰하기 전까지는 광고를 낸 사실을 몰랐다고 한다. 남편에게 광고 내용을 설명하니 처음엔 화를 내다가 그녀의 의중을 알고 고맙다고 손을 꼭 잡아 줬다고 한다. 광고비는 매월 남편이 주는 생활비 중에서 딸이 대학에 갈 때 등록금으로 쓰려고 10년 전부터 조금씩 모아 오던 돈이라고 했다.

이번 일로 그 돈을 썼지만, 아이와 남편이 좋아해서 자기도 무척 기쁘다고 했다. 돈은 또 벌고 남편 몰래 모으면 된다고 했다. 이후 신문사에서 남편 이정희 씨에게도 인터뷰를 요청했으나 완강히 거절했다고 한다. 하지만 그는 캄보디아 사람들이 독도가 한국 땅이라는 것을 일 수 있게 해 달라는 부닥을 잊지 않았다고 했디. 엔-솜복 신문사는 인터뷰 후 도 띠 티엔 씨에게 독도 광고를 계속해서 게재할 것을 약속함과 동시에 그녀를 설득하여 딸 등록금에 보탬이 될 수 있게 광고비를 되돌려 줬다고 한다.

　캄보디아에 살고 있는 한 여인의 독도 광고가 캄보디아와 한국 두 나라 국민의 가슴을 뭉클하게 했다고 한다. 이후 캄보디아의 한인 사회에서는 '독도사랑회'가 결성되어 캄보디아에 독도를 알리는 활동을 활발히 전개하고 있다고 한다. 독도사랑회가 독도를 알리는 활동을 하다 보니 교민들이 자주 만나게 되고 같이 활동을 하다 보니 교민 사회를 뭉치게 했고 캄보디아에서 다양한 봉사활동을 하게 됐다고 한다.

　캄보디아 한인회에서는 한국의 여러 자선단체들과 힘을 모아 '우물 파 주기', '학교 지어 주기', '학생들에게 교과서와 학습장, 연필 등의 학용품 지원' 등 다양한 사업을 주기적으로 지원하면서 캄보디아인들에게 한국인의 사랑을 심어 주고 있다고 한다. 이런 얘기를 해 주는 캄보디아 씨엠립한인회 부회장님의 말씀을 듣고 숙연한 마음이 들면서 이들을 격려하는 의미에서 우리 일행도 일

정액의 돈을 모아 학용품을 마련하여 호수 위에 있는 수상 학교를 방문하고 학용품을 전달하는 행사를 갖기도 했다.

비록 우리의 일회성 행사가 무슨 큰 의미를 가지지는 못하겠지만 그래도 우리 일행, 또 다른 일행, 그리고 또 다른 일행이 캄보디아를 돕는 활동을 지속적으로 전개해 나간다면 캄보디아인들에게 대한민국은 정말로 고마운 나라로 기억될 것이다. 그리고 머나먼 타국에서까지도 독도사랑운동이 활발하게 전개되고 있는데 국내에서도 독도에 대한 애정을 더욱 키우고 역사 인식을 새롭게 다지는 계기가 됐으면 좋겠다. 우리 후손들이 독도가 대한민국 영토임을 자랑스럽게 여길 수 있도록 잘 지키고 그들에게 물려주자. 빼앗긴 나라를 되찾으려고 분연이 일어섰던 선조들의 3·1 만세 운동의 의미가 더욱 새롭게 느껴진다.

황의영 박사 칼럼집 ❷
마이산·용담댐이 있는 내 고향, 진안 그곳엔
별이 쏟아지고 반딧불이가 난다

내 고향, 그곳엔

초판 1쇄 찍은날 2017년 11월 15일
초판 1쇄 펴낸날 2017년 11월 25일

글 황의영
펴낸이 서경석
편집 류미진, 김설아 | **디자인** 최진실
마케팅 서기원 | **영업, 관리** 서지혜, 이문영

펴낸곳 청어람M&B
출판등록 2009년 4월 8일(제313-2009-68)
주소 경기도 부천시 부일로 483번길 40 서경빌딩 3층 (14640)
전화 032)656-4452
팩스 032)656-4453

ISBN 979-11-86419-37-3 04300
ISBN 979-11-86419-35-9(세트)

이 도서의 국립중앙도서관 출판예정도서목록(CIP)은 서지정보유통지원시스템
홈페이지(http://seoji.nl.go.kr)와 국가자료공동목록시스템(http://www.nl.go.
kr/kolisnet)에서 이용하실 수 있습니다.(CIP제어번호: CIP2017026900)